수능까지 연결되는
초등

디딤돌 독해력

이 책을 쓰신 선생님들

김세동 유신고등학교
나태영 국어 전문 저자
박성희 국사봉중학교
정송희 고려대학교 사범대학 부속중학교
안찬원 서울창도초등학교
유한아 세원고등학교
윤구희 서울대학교 사범대학 부속중학교

디딤돌 독해력[초등국어] 고학년 III
펴낸날 [초판 1쇄] 2019년 2월 25일 [초판 7쇄] 2024년 1월 25일
펴낸이 이기열
펴낸곳 (주)디딤돌 교육
주소 (03972) 서울특별시 마포구 월드컵북로 122 청원선와이즈타워
대표전화 02-3142-9000
구입문의 02-322-8451
내용문의 02-325-6800
팩시밀리 02-338-3231
홈페이지 www.didimdol.co.kr
등록번호 제10-718호

※ (주)디딤돌 교육은 이 책에 실린 모든 글의 출처를 찾기 위해
   최선의 노력을 기울였습니다.
   저작권자를 찾지 못해 허락을 받지 못한 글은 저작권자가 확인되는 대로
   통상의 사용료를 지불하겠습니다.

수능까지 연결되는

좋은 고등학교, 눈높이로 완성

눈높이

고학년 Ⅳ

디딤돌 독해력

어휘 수준 중~상
문장 수준 중~상
글의 길이 연 1400~1800자

고학년 Ⅲ

디딤돌 독해력

어휘 수준 중~상
문장 수준 중~상
글의 길이 연 1200~1500자

고학년
I

디딤돌
초등
독해력

어휘 수준 중하~중
글감 수준 중하
글의 길이 약 800~1100자

고학년
II

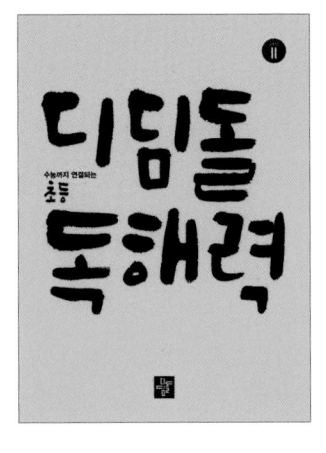

디딤돌
초등
독해력

어휘 수준 중
글감 수준 중
글의 길이 약 900~1300자

수능 본격 독해,
초등 고학년에서 시작해야 합니다.

초등 고학년은 "예비 중등"의 다른 이름입니다.

"예비 중등"인 초등 고학년 때는 본격적인 독해를 해야 하는 시기입니다.

초등 저학년 때 사실적 독해 위주로 독해의 기초를 마련했다면,

고학년 때에는 수능에서 평가하는 보다 종합적인 사고 능력인

추론적 독해, 비판적 독해, 창의적 독해까지 나아가야 하며, 이것이 본격 독해입니다.

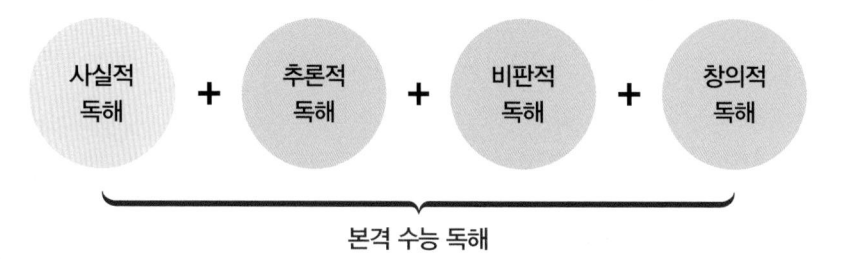

더구나 초등 고학년 때는 학생들의 사고력이 증폭되는 시기이므로

충분한 연습을 통해 독해력을 고등 수준까지 끌어올릴 수 있습니다.

초등 고학년은 본격 독해 훈련의
적기이자, 기회입니다.

학교 교육과 시험 제도에 따른 학습의 패턴으로 볼 때에도

집중해서 독해 실력을 높일 수 있는 시기는 초등 고학년 때입니다.

학교 시험이 있는 중학교 때부터는 학교 내신 위주로 공부할 수밖에 없는 것이

현실이기 때문입니다.

따라서, 초등 고학년 때가 집중해서 독해 훈련할 수 있는 적기(適期)이자, 기회입니다.

학교 시험이 없어요.		학교 시험 준비로 바빠요.	
초등		중등	고등
독해 훈련에 집중할 수 있는 시기!			
독해의 기초 다지기	독해의 실력 높이기		실전 독해 마무리

실력 향상을 위한
본격 독해 트레이닝

이 책은 꾸준히 실전 독해하는 과정 속에서 독해의 방법과 개념을 습득할 수 있는 책입니다.

수능에 출제되는 여러 영역, 즉 인문, 사회, 과학, 기술, 예술 영역을 다양하게 독해할 수 있도록 지문을

구성하였으며, 역사, 철학, 경제, 환경 등 수능에서 특히 자주 등장하는 세부 영역은 별도의 단원으로

세분화하여 폭넓은 영역의 독해가 가능하도록 했습니다.

초등 고학년이 감당할 수 있는 중등 수준의 난도를 총 4단계로 세분화하여 구성하였기 때문에

체계적으로 난도를 높여가며 독해하는 과정에서 자신감과 성취감을 느낄 수 있을 것입니다.

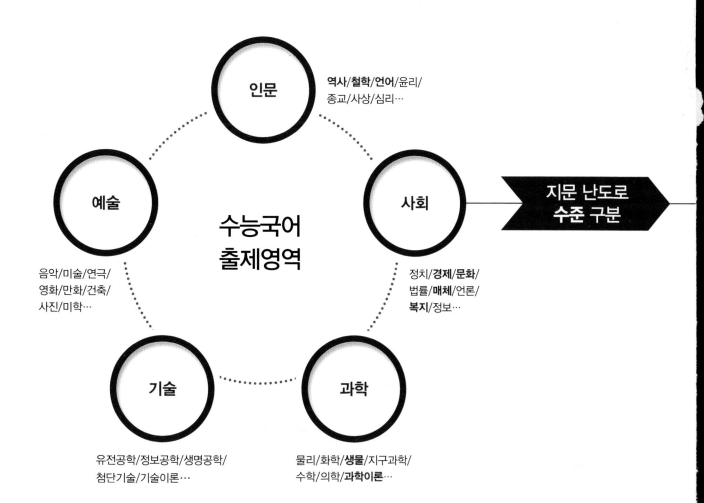

독해 실력을 향상시키기 위해서는
수준을 조금씩 높여 훈련해야 합니다.

독해력을 기르려면 무조건 어려운 글을 읽어야 할까요?

자신의 수준을 뛰어넘어 너무 어려운 글을 읽게 되면 글의 내용조차

파악하기 어렵기 때문에 독해를 할 수가 없습니다.

또한 자칫하다 독해에 대한 흥미를 잃게 될 수도 있습니다.

그렇다면, 자신의 수준에 딱 맞는 글을 계속해서 읽으면 독해력이 향상될까요?

그렇지도 않습니다. **사고력은 생각의 방향이자 흐름이기 때문에**

자신의 수준보다 조금은 수준이 높은 글을 읽어야

사고력도 조금씩 깊어지게 됩니다.

즉 자신의 수준을 고려하여 시작하되, 지문의 수준을 조금씩 높여가며

꾸준히 독해 훈련을 할 때 독해 실력이 자연스럽게 향상될 수 있습니다.

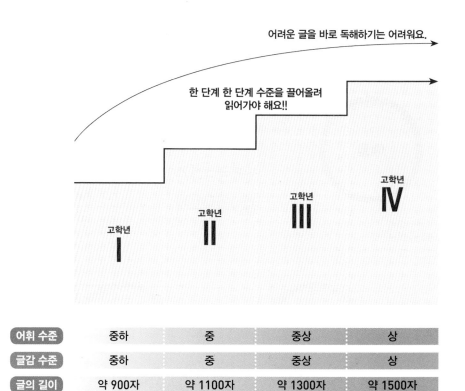

어휘 수준	중하	중	중상	상
글감 수준	중하	중	중상	상
글의 길이	약 900자	약 1100자	약 1300자	약 1500자

고학년
III

수능까지 연결되는
초등

디딤돌
독해력

딤돌

어떻게 공부할까요?

1 본격적인 독해 훈련을 위한 필수 주제별 4개, 총 40지문

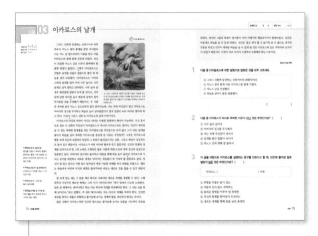

초등 고학년 디딤돌 독해력은 Level에 따라 수준별로 지문이 구성되어 있습니다.

단계별 지문 수준에 따라 인문, 역사, 사회, 경제, 생물, 과학, 기술, 언어, 문화, 예술, 생활의 필수 주제별로 4개씩 지문을 읽다 보면, 독해 실력도 쑥쑥 오를 거예요!

	하 중 상
어휘 수준	★ ★ ★ ★ ★
글감 수준	★ ★ ★ ★ ★
글의 길이	1,441자

지문 수준은 지문 왼쪽의 별 표시로 확인하세요.

디딤돌 고학년 독해력,
어떻게 학습해야 할지 궁금하다면?
QR 코드를 검색해 보세요.

2 독해 실력을 확인하는 실전 문제

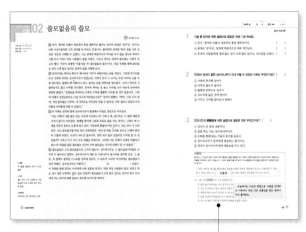

내용 이해/전개 방식/추론/비판/사례 적용/어휘/한줄 요약까지 지문에서 나올 수 있는 모든 문제가 빈틈없이 수록되어 있습니다.

지문을 읽은 후에는 문제를 풀며 자신이 지문을 제대로 읽었는지 확인해 보세요.

＋수능연결

둘 또는 그 이상의 여럿 사이에 두루 통하는 점을 공통점이라고 해요. 비문학 글에서는 비교와 대조의 방법으로 내용을 전개하는 경우가 많습니다. 그래서 글을 읽을 때 대상 간의 공통점과 차이점을 정확하게 구분하며 읽어야 합니다.

이 경우 계약의 자유를 제한하려면 필요한 만큼만 최소로 제한해야 한다는 '비례 원칙'이 적용된다. 이로 인해 국가가 게 미치는 영향이 다양하게 나타나는 것이다. **공통점**

24. ㉠과 ㉡의 **공통점**으로 가장 적절한 것은?

① 법적 불이익을 받는 계약 당사자가 존재
② 계약 당사자들의 급부 의무가 인정되지
③ 계약에 따라 넘어간 재산적 이익을 반
④ 법률 규정을 위반하였으므로 계약의 효
⑤ 계약 당사자가 계약의 구체적인 내용을 결정할 수 없다.

> 수능에서는 비교의 방법으로 내용을 전개하는 지문에서 대상 간의 공통점을 묻는 문제가 자주 출제돼요.

＋수능연결

실전 문제에서 수능까지 연결되는 내용을 살펴보며 자신의 공부 방향이 맞는지 확인해 볼 수 있습니다.

3 독해력을 기르는 어휘

독해력의 기본은 어휘입니다. 실제 수능 문제에서도 어휘 문제가 꼭 출제됩니다.

빈칸 채우기, 연결하기 등 쉽고 간단한 어휘 문제를 통해 지문 속 어휘와 문제 속 개념어를 다시 짚고 넘어갈 수 있어요!

4 독해의 기본 원리를 익히는 독해력 특강

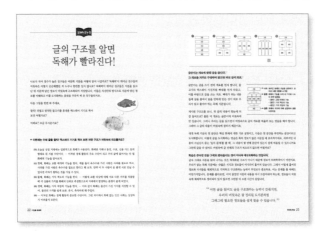

여러분이 평소에 궁금해하는 독해의 기본 개념, 독해의 과정, 독해의 방법 등 독해의 기본 원리를 부담 없이 익힐 수 있도록 구성하였습니다.

재미있는 퀴즈, 이미지, 심리 테스트 등 다채로운 내용으로 꾸며져 있으니, 꼭 읽어 보세요.

5 독해를 완성하는 정답과 해설

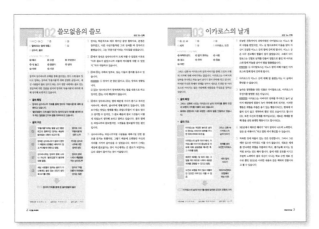

정답과 해설에는 지문의 핵심 내용과 실전 문제의 해설을 제시하였습니다.

내가 틀린 문제는 왜 틀렸는지를 해설을 통해 꼭 확인하고 가세요!

학습계획표

수능까지 연결되는 **제대로 된** 독해 학습,
디딤돌 초등 고학년 독해력 III 권의
강의 소개 영상입니다.

애들러의 〈독서의 기술〉

⏱️ 10분 안에 풀어보세요.

어휘 수준 ★★★★★
글감 수준 ★★★★★
글의 길이 1,500자

본격 독해 훈련

독서의 중요성이야 어린 시절부터 워낙 많이 들어왔기에 새삼스럽지 않다. 그렇다면 책을 그저 많이 읽기만 하면 지식과 지혜를 쌓을 수 있는 것일까? 답을 먼저 말하자면 그렇지 않다. 책은 많이 읽는 것보다 제대로 읽는 것이 중요하다. 구슬이 서 말이면 뭐하겠는가. 꿰지 못하는 보배는 집안만 어지럽히는 쓰레기 신세일 것이다. 이 점에서 모티머 J. 애들러의 〈독서의 기술〉은 중요한 가르침을 준다.

애들러는 〈독서의 기술〉에서 책을 제대로 읽는 법을 일러 준다. 그는 책장을 넘기기 전에 먼저 '점검 독서'부터 하라고 말한다. 점검 독서란 책의 큰 틀을 훑어보는 일이다. 제목은 무엇인가? 책 소개 글은 무엇을 말하고 있는가? 등의 물음을 던지며 책을 가늠해 보는 것이다. 이때 목차도 꼼꼼히 읽어야 한다. 작가들은 목차에 신경을 많이 쓰는데, 이는 책의 뼈대를 세우는 작업이기 때문이다. 목차만 확실하게 짚어도 책이 말하려는 바가 대충 들어온다. 다음은 마지막 2~3쪽을 읽어 볼 차례이다. 결론에는 책의 핵심이 담겨 있기 마련이다. 빠뜨리지 말고 책의 끝부분을 챙겨 보아야 한다. 여기까지 훑어보았다면 책의 주된 부분일 듯한 장 몇 개를 추려서 읽어 보면 점검 독서가 마무리된다.

점검 독서를 마쳤으면 내용의 줄기를 4~5줄 정도의 문장으로 간단하게 정리해 본다. 혹시 알고는 있지만 말로는 설명할 수 없어 한숨이 절로 나오지는 않는가? 그렇다면 내용을 따라가지 못했다고 보는 것이 좋다. 제대로 이해를 했다면 자기표현으로 정리해서 말할 수 있기 때문이다.

본격적인 책 읽기는 '분석 독서'에서부터 시작된다. 읽기는 독자들이 작가와 나누는 대화이다. 말하고자 하는 핵심은 무엇인지, 왜 이런 주장을 펼치는지, 곁다리 내용을 왜 소개하고 있는지를 끊임없이 따지며 읽어 보라. 책을 끝까지 읽었다면 책의 내용을 크게 몇 개의 부분으로 나눌 수 있는지, 각 문단의 중심 내용은 무엇인지 정리할 수 있어야 한다. 한마디로, 책의 전체를 철저하게 꿰뚫어야 한다. 하지만 요즘 독자들은 애들러의 이러한 가르침이 당혹스럽기만 할 것이다. 요즘 독자들을 일컬을 때 쓰는 말로 '쿼터리즘'이란 말이 있다. 쿼터리즘이란, 무엇이건 읽는 시간이 15분을 넘지 못한다는 의미이다. 세상에는 재미있는 읽을거리, 볼거리가 넘친다. 그러니 끈질기게 활자에 주의를 모으는 일이 쉽지 않다. 15분은 무엇을 충분히 생각하고 이해하기에는 너무나 짧은 시간이고 독자는 호기심에 끌려 휘둘리기만 할 뿐이다.

애들러가 알려 주는 독서의 기술은 언뜻 장황해 보이지만, 그의 독서 기술은 세상을 제대로 바라보고 이해하는 방법이기도 하다. 지혜로운

▲ 쿼터리즘은 오늘날 정보 혁명이 우리에게 많은 편리를 제공해 주기도 하지만 정보 기술의 발달이 오히려 우리가 한 가지 일에 진지하게 접근해서 집중하는 능력을 앗아 가고 있는 것을 지적하는 말이기도 합니다.

● 가늠
사물을 어림잡아 헤아림.

● 곁다리
부수적인 것.

● 쿼터리즘(quarterism)
4분의 1을 의미하는 쿼터(quarter)에서 비롯된 말로, 어떤 일에 15분 이상 집중하기 힘든 현상.

● 지구력(持 버틸 지, 久 오랠 구, 力 힘 력)
오랫동안 버티며 견디는 힘.

● 우직(愚 어리석을 우, 直 곧을 직)하다
어리석고 고지식함.

사람이라면 세상을 먼저 큰 틀에서 바라보고, 알게 된 사실을 곱씹어 보며, 올바로 이해했는지를 끊임없이 되묻곤 할 것이다. 이 정도의 지구력은 애들러처럼 우직하게 책을 읽지 않고서는 기르기 어렵다. 공자는 책을 묶는 끈이 세 번이나 끊어질 정도로 〈주역〉을 거듭 읽었다고 한다. 지혜는 지식의 양에서 나오지 않는다. 한 권의 책과 옹골차게 씨름해 본 경험이 지혜의 싹을 틔운다.

정답과 해설 1쪽

1 애들러가 알려 주는 효과적인 독서법을 한 문장으로 요약한 것은 무엇인가요?

(   )

① 책을 많이 읽자.
② 좋은 책만 골라 읽자.
③ 한 권의 책도 제대로 읽자.
④ 한 작가의 책을 여러 번 읽자.
⑤ 어려서부터 책을 꾸준히 읽자.

2 이 글에서 설명한 점검 독서에 해당하지 않는 것은 무엇인가요? (   )

① 목차를 꼼꼼히 읽는다.
② 책 소개 글을 읽어 본다.
③ 제목이 무엇인지 살펴본다.
④ 책의 마지막 부분을 읽는다.
⑤ 책의 주제를 정리하며 읽는다.

3 글쓴이가 읽기를 작가와 나누는 '무엇'이라고 정의하고 있는지 이 글에서 찾아 쓰세요.

(   )

4 이 글에서 글쓴이가 비판하고 있는 요즘 독자들의 태도는 무엇인가요? (   )

① 끈기 있게 글을 읽지 못한다.

② 책의 핵심을 이해하지 못한다.

③ 책에 대한 호기심이 지나치게 많다.

④ 짧은 시간에 많은 것을 얻으려고 한다.

⑤ 책을 감상하지 않고 분석하려는 태도를 보인다.

5 애들러의 독서 기술에 따라 가장 바람직하게 책을 읽는 학생은 누구인가요? (   )

① 학교 수업 진도에 맞춰 다양한 책을 많이 읽는 찬이

② 이해하기 어렵더라도 고전을 중심으로 독서하는 홍이

③ 큰 틀에서 책의 내용을 이해한 후, 꼼꼼히 다시 책을 읽는 들이

④ 책의 핵심 내용보다 곁다리 내용의 의미에 더 집중하며 읽는 준이

⑤ 학교 도서관 사서 선생님이 추천해 주시는 책들 위주로 읽는 윤이

한줄
요약

6 빈칸에 알맞은 말을 넣어 이 글의 핵심 내용을 한 문장으로 요약하세요.

애들러에 따르면 독서를 할 때에는 먼저 책의 전체적인 부분을 훑어보는 ☐☐ 독서를 하고, 이후 책의 내용을 간단하게 정리해 본 후, ☐☐ 독서를 통해 작가와 끊임없이 대화하고 생각해 보는 과정을 거쳐야 한다.

지문 속 필수 어휘

낱말의 뜻을 참고하여, 다음 문장의 빈칸에 들어갈 알맞은 낱말을 완성하세요.

❶ 선발대는 출발을 앞두고, 장비가 모두 갖춰졌는지 ㅈ 검 했다.

낱낱이 검사함.

❷ 네 말이 너무 장 ㅎ 해서 사람들이 집중을 못한 거 아닐까?

매우 길고 번거로움.

❸ 새해에는 예습을 철저히 하겠다는 너의 오 고 찼던 계획은 어디로 간 거니?

매우 실속이 있고 속이 꽉 차 있음.

문제 속 개념어

효과적인 독서법(SQ3R)

SQ3R이란 효과적인 독서를 위한 방법으로, 조사하기(Survey), 질문하기(Question), 자세히 읽기(Read), 암기하기(Recite), 다시 보기(Review)의 다섯 단계를 통해 책의 내용을 완전히 자기 것으로 습득하는 방법입니다. 각 단계의 특징은 다음과 같습니다.

조사하기	질문하기	자세히 읽기	암기하기	다시 보기
제목, 작가, 목차 등 책의 대강을 훑어봄.	책의 내용에 대해 스스로 질문을 만들고 이에 대해 해결하고자 하는 과제를 만듦.	질문하기 과정에서 제시한 질문에 대한 해답을 찾으면서 본격적으로 책을 읽어봄.	질문하기 과정에서 만든 질문과 3단계 읽기 과정에서 찾아낸 해답을 기억하여 이를 암기함.	독서 후 앞서 만든 질문과 찾아낸 해답을 점검하면서 수정이나 보완할 내용이 있는지 최종적으로 돌아봄.

쓸모없음의 쓸모

가 공자, 맹자와 더불어 대표적인 동양 철학자로 불리는 장자의 본명은 '장주'로, '장자'는 다른 사상가들처럼 그의 성씨를 따 부르는 호칭이다. 풀이하면 장자란 '장씨 성을 가진 선생님' 정도로 이해할 수 있겠다. 그는 당대에 학문적으로 따라올 자가 없을 정도로 뛰어나 그를 모셔 가려고 하는 사람들이 줄을 이었다. 그러나 장자는 세상에 쓸모없는 사람이 되고자 했다. 이것이 유명한 '무용지용' 즉 '쓸모없음의 쓸모'이다. 다음 우화를 통해 쓸모없는 것이 크게 쓸모 있다는 장자의 말을 이해해 보자.

나 장석이라는 뛰어난 목수가 제나라로 가다가 곡원이라는 곳을 지났다. 그곳엔 토지신을 모신 사당에 커다란 상수리나무가 있었는데, 어찌나 큰지 그 크기는 수천 마리의 소를 가릴 정도였다. 둘레는 백 아름이나 되고, 높이는 산을 내려다볼 정도였다. 그러나 장석은 거들떠보지도 않고 나무를 지나쳤다. 장석의 제자는 넋 놓고 나무를 보다 뒤늦게 장석에게 달려와 물었다. "선생님을 따라다닌 이후로 이처럼 훌륭한 나무를 본 적이 없습니다. 그런데 어째서 선생님께서는 그냥 지나쳐 버리셨는지요?" 장석이 말했다. "예끼, 그런 소리 말게. 저건 쓸모없는 나무야. 저 나무로는 아무것도 만들 수 없다네. 아무 쓸모가 없었으니까 저렇게 커다랗게 자랄 수 있었지."

다 이 우화는 장석의 꿈에 상수리나무가 등장해서 꾸짖는 장면으로 이어진다.

"너는 어째서 나를 쓸모 있는 나무에 비교하느냐? 사과나 배, 귤나무는 그 열매 때문에 가지가 뜯기고 부러진다. 열매를 맺기에 그토록 괴로운 삶을 사는 것이다. 그래서 제 수명을 다하지 못하고 도중에 죽고 만다. 세상일에 휘둘려 버린 것이니, 모든 것이 다 이와 같다. 나는 쓸모없기를 바란 것이 오래되었다. 여러 번 죽을 고비를 넘기고 이제야 완전히 그렇게 되었다. 이것이 나의 큰 쓸모이다. 만약 내가 쓸모 있었다면 이처럼 클 수 있었을까? 그리고 너나 나나 모두 하찮은 존재이다. 그런데 너는 어째서 상대만 하찮다고 하느냐? 죽음을 앞둔 쓸모없는 인간이 어찌 쓸모없는 나무에 대해서 알 수 있을까."

라 쓸모없음은 그저 쓸모없음으로 그치지 않는다. 상수리나무는 그 쓸모없음이야말로 오히려 큰 쓸모라고 말한다. 상수리나무가 예로 든 사과나무나 귤나무를 생각해 보자. 그 쓸모, 즉 열매가 결국엔 스스로를 상하게 만든다. 그 쓸모가 도리어 자신에게는 쓸모없음이 되어 버렸다. 상수리나무는 어떤가? (⊙   ) 되었다. 이 우화를 통해 장자는 우리에게 이런 질문을 던진다. 과연 세상 사람들이 쓸모 있다고 하는 것이 정말 나에게도 쓸모 있는 것일까? 쓸모없음이 크게 쓸모 있다는 장자의 말이 우리에게 주는 의미에 대해 곰곰이 생각해 보아야 할 때이다.

• 아름
두 팔을 둥글게 모아서 만든 둘레.

• 고비
일이 되어 가는 과정에서 가장 중요한 단계나 대목. 또는 막다른 절정.

• 곰곰이
여러모로 깊이 생각하는 모양.

1   **다음 중 장자에 대한 설명으로 알맞은 것에 ○표 하세요.**

(1) 공자, 맹자와 더불어 대표적인 동양 철학자이다.   (   )

(2) 본명은 '장자'로, 당대에 학문적으로 매우 뛰어났다.   (   )

(3) 후대의 사람들에게 '쓸모없는 것이 크게 쓸모 있다'는 가르침을 남겼다. (   )

2   **나 에서 장석이 말한 상수리나무가 크게 자랄 수 있었던 이유는 무엇인가요? (   )**

① 사당에 위치해 있어서

② 아무런 쓸모가 없어서

③ 훌륭한 묘목으로 심어서

④ 지나치게 높은 곳에 있어서

⑤ 아무도 가치를 알아보지 못해서

3   **나 와 다 의 공통점에 대한 설명으로 알맞은 것은 무엇인가요? (   )**

① 장석이 꾼 꿈의 내용이다.

② 말을 하는 이는 상수리나무이다.

③ 우화를 통해 읽는 이들의 흥미를 돋운다.

④ 상수리나무가 장석에게 질문하는 형식이다.

⑤ 장석이 상수리나무에게 깨달음을 주고 있다.

+ 수능연결

둘 또는 그 이상의 여럿 사이에 두루 통하는 점을 공통점이라고 해요. 비문학 글에서는 비교와 대조의 방법으로 내용을 전개하는 경우가 많습니다. 그래서 글을 읽을 때 대상 간의 공통점과 차이점을 정확하게 구분하며 읽어야 합니다.

이 경우 계약의 자유를 제한하려면 필요한 만큼만 최소로 제한해야 한다는 '비례 원칙'이 적용된다. 이로 인해 국가가   **공통점**   게 미치는 영향이 다양하게 나타나는 것이다.

24. ㉠과 ㉡의 **공통점**으로 가장 적절한 것은?

　　① 법적 불이익을 받는 계약 당사자가 있

　　② 계약 당사자들의 급부 의무가 인정되지   수능에서는 비교의 방법으로 내용을 전개하

　　③ 계약에 따라 넘어간 재산적 이익을 반   는 지문에서 대상 간의 공통점을 묻는 문제가

　　④ 법률 규정을 위반하였으므로 계약의 효   자주 출제돼요.

　　⑤ 계약 당사자가 계약의 구체적인 내용을 결정할 수 없다.

4 📄에서 사과나, 배, 귤나무의 쓸모이자, 결국에는 이 나무들을 쓸모없게 만든 것은 무엇인지 찾아 쓰세요.

(   )

5 📄를 바탕으로 할 때, ㉠에 들어갈 내용으로 알맞은 것은 무엇인가요? (   )

① 쓸모 있음의 소중함을 알게
② 쓸모없는 자신의 모습을 깨닫게
③ 세상 사람들의 쓸모없다는 비난에서 자유롭게
④ 세상에 쓸모없다는 것이 자신에게는 큰 쓸모가
⑤ 유한한 삶을 살고 있는 인간보다 큰 쓸모를 가지게

6 빈칸에 알맞은 말을 넣어 이 글의 핵심 내용을 한 문장으로 요약하세요.

한줄
요약

장자는 장석과 [   ][   ][   ] 나무 우화를 통해 쓸모없음의 [   ][   ]에 대해, 그리고 세상 사람들이 쓸모 있다고 여기는 것과 내가 쓸모 있다고 여기는 것이 같지 않음을 생각해 보게 한다.

지문 속 필수 어휘

다음 문장을 읽고, (   ) 안에 공통으로 들어갈 낱말을 완성하세요.

❶
- 솜씨 좋은 (   )에게 옷장을 짜 달라고 했다.
- (   )는 책상을 만들기 위하여 나무를 치수에 맞추어 잘랐다.

| ㅁ | 수 |

❷
- 이 기계는 성능은 좋으나 (   )이 짧다.
- 현대 의학은 인간의 (   )을 연장하는 데 큰 공헌을 했다.

| 수 | ㅁ |

다음 문장을 읽고, 두 낱말 중 알맞은 것을 찾아 ○표 하세요.

❸ 그는 잘못을 저지른 아이를 호되게 [꾸짖었다 / 꾸짖었다].

❹ 아기는 바람에 날리는 민들레의 꽃씨를 [넉 놓고 / 넋 놓고] 보았다.

❺ 그는 어제의 기억을 [곰곰이 / 곰곰히] 더듬어 보았다.

낱말의 뜻을 참고하여, 다음 문장의 빈칸에 들어갈 알맞은 낱말을 완성하세요.

❻ 신라 | ㄷ | 대 | 최고의 문장가로 평가받았던 그는 후손들에게 많은 것을 남겼다.
일이 있는 바로 그 시대.

❼ 이솝 | ㅇ | 화 | 는 읽을 때마다 다른 깨달음을 준다.
인격화한 동식물이나 기타 사물을 주인공으로 하여 그들의 행동 속에 풍자와 교훈의 뜻을 나타내는 이야기.

❽ | 사 | ㄷ | 에 조상의 위패를 모시고, 자주 찾아뵙는 것이 도리이다.
조상의 신주(神主)를 모셔 놓은 집.

이카로스의 날개

11 분 안에 풀어보세요.

어휘 수준 ★★★★★ _{하 중 상}
글감 수준 ★★★★★
글의 길이 1,441자

그리스 신화에 등장하는 건축가이자 과학자로서 미노스 왕의 총애를 받던 다이달로스는 어느 날 왕으로부터 미움을 받고 아들 이카로스와 함께 탑에 갇히게 되었다. 자신이 건설한 미노스 궁은 너무나 완벽해서 탈출할 방법이 없었다. 그래서 다이달로스는 깃털로 날개를 만들어 밀랍으로 붙인 뒤 하늘을 날아 도망쳤다. 다이달로스는 이카로스에게 날개를 달아 주며 너무 높이도 너무 낮게도 날지 말라고 당부한다. 너무 높이 날 경우 태양열에 밀랍이 녹게 될 것이고, 너무 낮게 날면 바다의 습기 때문에 날개가 젖어 무거워질 것을 우려했기 때문이다. 두 사람

▲ 그리스 신화에서 '자연의 법칙을 거슬러' 하늘을 날고자 한 다이달로스와 이카로스 부자에 관한 이야기는 후대의 많은 문학가와 미술가의 상상력을 자극하는 모티프가 되었습니다.

은 새처럼 날아 미노스 궁으로부터 멀리 달아나는데, 나는 것에 자신감이 생긴 이카로스는 아버지의 경고를 무시하고 하늘로 높이 날아올랐다가 결국 밀랍이 녹아 바다로 떨어져 죽고 만다. 이것이 그리스 신화 속 이카로스의 날개 이야기이다.

이카로스의 비상과 추락이 지니는 의미는 다양한 관점에서 해석이 가능하다. 우선 흥미로운 점은 이 신화의 주인공이 다이달로스가 아니라 이카로스라는 점이다. 인간이 새처럼 날 수 있는 위대한 발명품을 만든 다이달로스를 주인공으로 보지 않고 그가 만든 날개를 붙이고 하늘을 날다 추락한 이카로스를 중심에 둔 이유는 무엇일까? 그것은 이카로스의 행동 속에 인간의 보편적인 욕망과 그 욕망이 불러일으키는 성취, 그리고 재앙이 상징적으로 들어 있기 때문이다. 이카로스가 비록 바다에 떨어져 죽고 말았지만, 인간의 한계와 경계를 넘어서고자 한 그의 노력은 오랫동안 많은 사람에 의해 도전과 개척 정신의 상징으로 칭송받고 있다. 아버지의 경고에도 불구하고 태양을 향해 하늘 높이 올라간 이카로스의 시도는 금기를 위반하고 새로운 세계로 넘어가는 영웅들이 꼭 거쳐야 할 관문과도 같다. 자신이 잘 알고 있거나 어떤 일이 일어날지 예상 가능한 세계를 떠나 위험을 무릅쓰고, 때로는 목숨까지 버리며 미지의 세계로 들어가야만 비로소 새로운 것을 찾을 수 있기 때문이다.

알 속에 있는 새는 그 알을 깨고 밖으로 나와야만 새로운 세계를 경험할 수 있다. 노벨문학상 수상자인 헤르만 헤세는 그의 저서 〈데미안〉에서 "새가 알에서 나오려 노력한다. 알은 곧 세계이다. 태어나려고 하는 자는 하나의 세계를 파괴해야만 한다. 그 새는 신을 향해 날아간다."라고 말했다. 즉 새로 태어나려는 자는 자신의 세계를 버려야 한다. 안전한 세상을 벗어나 새롭고 위험하고 불가능해 보이는 세계에 발을 내디뎌야 한다는 것이다.

많은 사람이 이카로스처럼 인간의 힘으로는 불가능해 보이는 일들을 시도하다 죽음을

● **밀랍**(蜜 꿀 밀, 蠟 밀 랍)
벌집을 만들기 위하여 꿀벌이 분비하는 물질. 누런 빛깔로 상온에서 단단하게 굳어지는 성질이 있음.

● **우려**(憂 근심 우, 慮 생각할 려)
근심하거나 걱정함. 또는 그 근심과 걱정.

● **비상**(飛 날 비, 上 윗 상)
높이 날아오름.

● **관문**(關 관계할 관, 門 문 문)
어떤 일을 하기 위하여 반드시 거쳐야 하는 대목.

맞았다. 하지만 그들의 희생이 밑거름이 되어 비행기와 행글라이더가 발명되었고, 인간은 마음대로 하늘을 날 수 있게 되었다. 인간은 결코 새가 될 수 없기에 날 수 없다는 과거의 믿음을 뒤집고 인간이 새처럼 하늘을 날 수 있게 된 것은 이카로스와 같은 개척자와 선구자가 있었기 때문이다. 이것이 바로 우리가 도전하고 모험해야 하는 이유이다.

정답과 해설 **3쪽**

1 다음 중 다이달로스에 대한 설명으로 알맞은 것을 모두 고르세요.

> ⓐ 그리스 신화에 등장하는 건축가이자 과학자이다.
> ⓑ 미노스 왕과 함께 아들 이카로스를 탑에 가뒀다.
> ⓒ 미노스 궁을 건설했다.
> ⓓ 하늘을 날아서 탑을 탈출했다.

(   )

2 다음 중 이카로스가 바다로 추락한 이유가 <u>아닌</u> 것은 무엇인가요? (   )

① 너무 높이 날아서
② 아버지의 경고를 무시해서
③ 나는 것에 자신감이 생겨서
④ 날개를 붙인 밀랍이 녹아서
⑤ 미노스 궁에 대해 잘 몰라서

3 이 글을 바탕으로 이카로스를 설명하는 문구를 만든다고 할 때, 빈칸에 들어갈 말로 알맞지 <u>않은</u> 것은 무엇인가요? (   )

> 이카로스, (   ) 자여!

① 위험을 무릅쓴 용기 있는
② 머물러 있지 않고 개척하는
③ 놀라운 발명을 이루어 낸 위대한
④ 자신의 한계를 뛰어넘어 도전하는
⑤ 새로운 세계를 향해 몸을 날린 용맹한

4 헤르만 헤세가 새에게 '알'이 의미하는 바가 무엇이라고 했는지 이 글에서 찾아 쓰세요.

(   )

5 이 글을 읽고 쓴 학생의 감상문입니다. 빈칸에 들어갈 내용으로 가장 알맞은 것은 무엇인가요? (   )

> 머물러 있으면 안전하지만 아무것도 이룰 수 없어. 이카로스의 날개 이야기를 읽고 나니 (   ) 생각나. 이러한 경험 덕에 나도 도전의 가치에 대해 깨달을 수 있었던 것 같아.

① 나로 하여금 희생의 가치에 대해 깨닫게 한 작년의 일이
② 답답한 규칙을 벗어나고 싶어서 부모님께 거짓말을 했던 것이
③ 사람은 자신이 원하는 것이라면 무엇이든 할 수 있다는 할머니의 말씀이
④ 물에 대한 공포를 이기고 꾸준히 노력하여 결국 우리 학교 수영 대표 선수로 뽑힌 일이
⑤ 구구단도 못 외우던 내가 좋은 선생님을 만난 덕에 수학 경시대회에서 상을 받게 된 것이

6 빈칸에 알맞은 말을 넣어 이 글의 핵심 내용을 한 문장으로 요약하세요.

> 한줄요약

모험과 개척 정신의 상징으로 많은 사람에게 인정받는 그리스 신화 속 ☐☐ 처럼, 우리도 더 나은 내가 되기 위해서는 안전해 보이는 자신의 세계를 깨고 불가능해 보이는 것에 ☐☐ 하는 자세를 가져야 한다.

지문 속 필수 어휘

밑줄 친 낱말과 바꾸어 써도 뜻이 통하는 것에 ○표 하세요.

❶ 해가 지고 나서는 학교 운동장에서 놀지 말라고 선생님이 <u>**당부하셨다.**</u>

[부탁하셨다, 제안하셨다]

❷ <u>미지의</u> 세계에 대한 막연한 두려움을 가질 필요는 없다.

[알고자 하는, 알지 못하는]

❸ 교감 선생님의 **총애** 덕에, 시합에서 좋은 결과를 얻을 수 있었다.

[계획, 사랑]

다음 문장을 읽고, (　　) 안에 공통으로 들어갈 낱말을 완성하세요.

❹
- 접근하지 말라는 (　　　)를 무시하고 가까이 다가갔다.
- 그 선수는 비신사적인 행동으로 심판에게 (　　　)를 받았다.

ㄱ ㄱ

❺
- 비행기 (　　　)으로 많은 인명 피해가 발생했다.
- 그는 암벽 등반을 하다 (　　　)하는 바람에 허리를 크게 다쳤다.

ㅊ ㄹ

❻
- 그의 훌륭한 행적은 두고두고 (　　　)해도 모자랄 정도이다.
- 그녀는 사람들이 그녀 자신을 미인이라고 (　　　)하는 소리가
  듣기 좋았다.

ㅊ ㅅ

❼
- 교통 법규의 (　　　)은 교통사고를 부르는 원인이다.
- 학교에 귀걸이를 하고 오는 것은 교칙에 (　　　)된다.

위 ㅂ

생각하며 산다는 것

⏱ **11**분 안에 풀어보세요.

어휘 수준 ★★★★★ _{하 중 상}
글감 수준 ★★★★★
글의 길이 1,385자

인류학자나 생물학자들은 인간을 호모 사피엔스라고 부른다. '호모 사피엔스'를 우리말로 옮기면 '슬기 인간'이라고 풀이할 수 있다. 여기에는 '인간은 슬기로운 존재이다.'라는 의미가 담겨 있다. 하지만 슬기로운 존재인 인간은 정말 생각하면서 살고 있을까? 우리는 스스로를 생각하는 인간이라고 부르지만, 실제로는 별 생각 없이 사는 일이 많다. 그리고 이렇게 생각 없이 사는 것이 얼마나 위험한 일인지를 보여 주는 일화가 있다.

독일계 유대인인 한나 아렌트라는 철학자가 있었다. 그는 '악의 평범성'이라는 말을 했는데, 쉽게 말하면 아주 평범한 사람도 악마가 될 수 있다는 뜻이다. 그렇다면 아렌트는 무슨 근거로 이와 같은 말을 했을까? 아렌트는 취재를 위해 '아이히만'이라는 독일 관료에 대한 재판을 보게 되었다. 아이히만은 히틀러 시대에 일어난 수백만 명의 유대인 학살에 관여한 사람으로 유대인들은 그를 잔인한 살인마라고 욕했다. 전쟁이 끝나고 그는 아르헨티나로 도망을 쳤지만 결국 1960년에 체포된 뒤 이스라엘의 한 법원에서 재판을 받게 되었다.

수많은 사람이 이 재판에 관심을 보였다. 아렌트는 재판 과정을 보고 깜짝 놀랐다. 아이히만이 너무나도 평범한 사람이었기 때문이다. 그는 체격이 크지도 않았고, 머리도 희끗희끗한 지극히 평범한 아저씨였다. 정신과 의사들도 그를 '정상'이라고 판정했고, 더 놀라운 것은 그가 유대인을 미워하지 않았다는 사실이었다. 그는 자신이 유대인들을 미워할 이유가 하나도 없었고, 오히려 자신의 생계를 도와준 유대인들에게 고맙다는 말도 전했다.

그렇다면 그는 (㉠)? 그는 "단지 명령받은 일을 성실히 했을 뿐"이라고 말했다. 그런데 그가 성실히 해낸 일이란 것이 무엇이었을까? 그것은 잔인하게도 수백만 명의 사람들을 죽게 만든 일이었다. 아렌트는 이 일을 이렇게 설명했다. "그는 아주 부지런히 일했을 뿐이다. 그리고 우리는 그런 부지런함을 탓할 수 없다. 문제는 그가 자신이 무엇을 하고 있는지 깨닫지 못했다는 데 있다."

아이히만은 너무도 성실한 공무원이었기에 악마가 되었는지도 모른다. 그는 자기에게 주어진 일, 즉 유대인들을 죽음의 장소로 이동시키라는 윗사람의 명령을 성실하게 따랐던 것이다. 어찌 보면 그는 자신에게 주어진 일을 성공적으로 해낸 유능한 사람이었는지도 모른다. 아렌트는 이렇게 말한다. "그가 엄청난 범죄를 저지른 것은 아무 생각이 없었기 때문이다." 아이히만의 경우를 보면, 악마란 악한 생각을 하는 사람이 아니라 '생각하지 않는' 사람이라고 할 수 있다. 아이히만은 자신이 무

● 학살(虐 모질 학, 殺 죽일 살)
가혹하게 마구 죽임.

● 관여(關 관계할 관, 與 참여할 여)
어떤 일에 관계하여 참여함.

● 수행(隨 따를 수, 行 다닐 행)
따라서 실행함.

▲ "나는 시키는 것을 그대로 실천한 하나의 인간이며 관리였을 뿐입니다."
― 아이히만의 말 중에서

슨 행동을 하는지 생각해 보지 않고 주어진 일을 기계처럼 수행했던 것이다. 생각이 없으면 우리도 악마가 될 수 있다. 내게 주어진 일을 성실하게 수행하는 것도 중요하지만, 이 일이 무엇보다 올바르고 정의로운 일인지 생각하고 행동하려고 노력해야 한다.

정답과 해설 **4쪽**

1 **이 글의 한나 아렌트에 대한 설명으로 알맞지 <u>않은</u> 것은 무엇인가요? (   )**

① 독일의 철학자이다.
② 유대인 학살에 관여했다.
③ '악의 평범성'이라는 말을 했다.
④ 아이히만의 재판을 취재하게 되었다.
⑤ 생각이 없으면 누구나 악마가 될 수 있다고 보았다.

2 **보기 는 이 글에 드러난 한나 아렌트의 속마음을 서술한 것입니다. 빈칸에 들어갈 말로 가장 알맞은 것은 무엇인가요? (   )**

> 보기
>
> (   ) 것이라고 생각했다. 그러나 피고석에 서 있는 그는 우리 주변에서 흔히 볼 수 있는 너무나 평범한 보통 사람이었다. 그의 악행보다 이러한 평범함이 내게 더 큰 충격을 주었다.

① 힘들고 어려운 취재가 될
② 모든 사람은 법 앞에 평등할
③ 죄책감을 가지고 모두에게 사과할
④ 그는 분명 괴물처럼 사악한 모습일
⑤ 그의 얼굴을 보면 하고 싶은 말이 생각날

3 ⊙에 들어갈 물음으로 알맞은 것은 무엇인가요? (　　　)

① 언제 유대인 학살을 처음 시작했을까

② 어떠한 방법으로 유대인을 학살했을까

③ 왜 끔찍한 유대인 학살에 관여한 것일까

④ 어떤 계기로 유대인을 싫어하게 되었을까

⑤ 누구와 함께 유대인 학살을 계획한 것일까

4 글쓴이가 생각하는 가장 이상적인 삶을 사는 학생은 누구인가요? (　　　)

① 매 순간 최선을 다하며 사는 현서

② 무슨 일이든 옳고 그른지 고민해 보는 지우

③ 자신에게 손해가 가는 일도 성실히 해내는 상원이

④ 누군가 보지 않을 때에 더 열심히 일을 수행하는 민섭이

⑤ 어른들의 요구에 말대꾸하지 않는 순종적이고 착한 재민이

한줄요약

5 빈칸에 알맞은 말을 넣어 이 글의 핵심 내용을 한 문장으로 요약하세요.

　　자신이 하고 있는 일을 성실하게 수행하는 것도 중요하지만, 내게 주어진 일이 올바른지 지속적으로 □□ 하지 않으면, 우리도 □□□ 처럼 옳지 않은 일을 성실하게 수행하는 악마가 될 수도 있다.

지문 속 필수 어휘

다음 문장을 읽고, 빈칸에 들어갈 알맞은 낱말을 연결해 보세요.

❶ 정부의 한 고위 [ ] 는 이번 사건으로 인해 국
민들이 희망을 가지기를 바란다고 밝혔다.   •   • 학살

❷ 전쟁 중에 평범한 사람들을 대상으로 이루어진 무자
비한 [ ] 은 반드시 중단되어야 한다.   •   • 관료

❸ [ ] 를 이어 가기 위한 할아버지의 노력은 정말
눈물겨웠다.   •   • 생계

다음 사다리 타기에 따라 ( ) 안에 들어갈 단어를 보기 에서 고르세요.

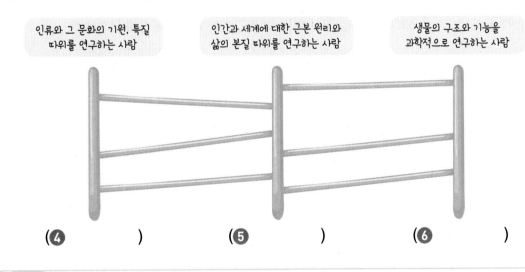

인류와 그 문화의 기원. 특질
따위를 연구하는 사람

인간과 세계에 대한 근본 원리와
삶의 본질 따위를 연구하는 사람

생물의 구조와 기능을
과학적으로 연구하는 사람

(❹   )   (❺   )   (❻   )

보기

ⓐ 인류학자   ⓑ 생물학자   ⓒ 철학자

글의 구조를 알면 독해가 빨라진다!

나보다 국어 점수가 높은 친구들은 비문학 지문을 어떻게 읽어 나갈까요? '독해력'이 뛰어난 친구들의 머릿속은 어떨지 궁금해했던 적 누구나 한번쯤 있지 않나요? 독해력이 뛰어난 친구들은 지문을 읽고 난 뒤 지문에 담긴 정보가 머릿속에 구조화되어 저장됩니다. 이들은 자신만의 방식으로 지문에 담긴 정보를 이해하고 이를 도식화하는 훈련을 꾸준히 해 온 친구들인거죠.

다음 그림을 한번 봐 주세요.

찰칵! 귀엽고 깜찍한 물고기를 휴대용 엑스레이 기기로 찍어 보면 어떨까요?

어때요? 조금 무서운가요?

● **이번에는 아래 글을 찰칵! 엑스레이 기기로 찍어 보면 어떤 구조가 머릿속에 떠오를까요?**

(가) 오늘날 상업 거래에는 일반적으로 화폐가 사용된다. 화폐란 지폐나 동전, 수표, 신용 카드 등의 형태로 된 지불 수단이다. … 이처럼 경제 활동의 주요 수단이 되고 우리 삶에 없어서는 안 될 화폐의 기능을 알아보자.

(나) 첫째, 화폐는 교환 매개의 기능을 한다. 예를 들어 옥수수를 가진 사람은 사과를 필요로 하고, 사과를 가진 사람은 옥수수를 필요로 한다고 해 보자. 만약 이 두 사람이 운 좋게 서로 만날 수 있다면 각자가 원하는 것을 가질 수 있다.

(다) 둘째, 화폐는 가치 척도의 기능을 한다. … 이렇게 교환 대상에 대해 서로 다른 가치를 적용할 때 각 상품의 가치를 화폐의 단위로 측정함으로써 거래에서 발생하는 분쟁이 줄게 되었다.

(라) 셋째, 화폐는 가치 저장의 기능을 한다. … 이와 같이 화폐는 물건이 가진 가치를 저장할 수 있어, 물건의 가치를 쉽게 보관, 유지, 축적하게 해 주었다.

(마) … 이처럼 화폐는 경제 활동의 중요한 수단이다. 그런 의미에서 화폐 없는 인간 사회는 상상하기 어려울지 모른다.

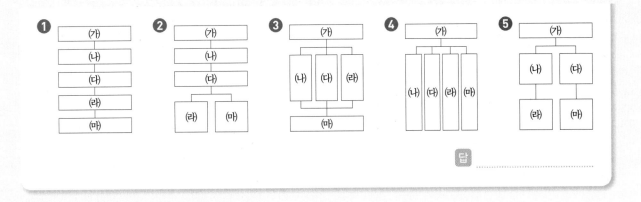

답 ....

글쓴이는 개요에 맞춰 글을 씁니다.
그 개요를 거꾸로 구성하며 읽으면 바로 글이 되죠.

글쓴이는 글을 쓰기 전에 개요를 먼저 짭니다. 물고기의 엑스레이 사진처럼 뼈대를 먼저 만들고, 이를 바탕으로 글을 쓰는 거죠. 뼈대가 되는 내용들에 살을 붙여서 읽을 만하게 만든 것이 바로 우리가 읽고 풀어야 하는 독해 지문입니다.

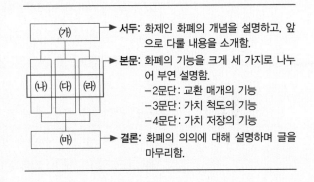

> → **서두:** 화제인 화폐의 개념을 설명하고, 앞으로 다룰 내용을 소개함.
> → **본문:** 화폐의 기능을 크게 세 가지로 나누어 부연 설명함.
> －2문단: 교환 매개의 기능
> －3문단: 가치 척도의 기능
> －4문단: 가치 저장의 기능
> → **결론:** 화폐의 의의에 대해 설명하며 글을 마무리함.

제시된 구조도를 보니, 위 글의 내용이 한눈에 더 잘 들어오죠? 물론 이 개요는 글쓴이의 머릿속에만 있습니다. 그러니 우리는 글을 읽으면서 머릿속으로 글의 개요를 떠올려 보는 연습을 해야 합니다. 그래야 그 글의 내용이 머릿속에 잡히기 때문이죠.

대개 독해 지문의 첫 문단은 핵심 화제에 대한 기본 설명이고, 다음은 첫 문단을 부연하는 문단이라고 도식화합니다. 이렇게 글을 도식화하는 연습은 특히 정보가 많은 지문일 때 효과적이에요. 세부적인 내용이 사실인지 묻는 '일치 문제'를 풀 때, 그 내용이 몇 번째 문단에 있는지 쉽게 떠올릴 수 있으니까요. 그런데 글을 다 읽어도 머릿속에 글 전체의 구조가 떠오르지 않으면 어떨까요?

학습은 주어진 것을 그대로 받아들이는 것이 아니라 재구조화하는 것입니다.
글자 그대로 지문을 읽어 나가는 것은 체계화된 구조가 아니기 때문에 정보가 뒤죽박죽이기 마련이죠. 우리가 읽는 독해 지문에는 수많은 지식과 정보들이 어지러이 흩어져 있습니다. 그래서 이렇게 흩어진 정보와 지식들을 체계적으로 기억하고 구조화하는 능력이 무엇보다 중요하죠. 이는 문제를 풀 때에도 마찬가지입니다. 문제를 풀다보면, 이미 읽었던 지문의 내용을 다시 끄집어내야 하는데, 정보들이 머릿속에 체계적으로 정리되어 있지 않으면 그만큼 더 오랜 시간이 걸립니다.

> 66 어떤 글을 읽어도 글을 구조화하는 능력이 갖춰지면,
> 우리의 머릿속은 잘 정리된 도서관처럼
> 그때그때 필요한 정보들을 쉽게 찾을 수 있습니다. 99

조선의 법전, 〈경국대전〉

어휘 수준 ★★★★★ 하 중 상
글감 수준 ★★★★★
글의 길이 1,248자

⏱️**10**분 안에 풀어보세요.

법은 시대와 사회의 모습에 따라 변화하고 발전해 왔다. 삼국 시대에는 율령이 있었고, 고려 시대에는 중국 당나라의 법률을 참고하여 만든 71조의 법률과 보조 법률이 있었다. 그러나 당시의 법들은 우리나라의 실정에 맞지 않는 것들이 많았고 관습법에 의존하다 보니 법이 그때그때 다르게 적용된다는 문제점이 있었다. 그러던 중 고려를 무너뜨리고 세워진 조선에서는 정치와 사회의 안정을 위해 모두가 따를 수 있는 법을 만드는 것이 매우 중요한 과제로 떠올랐다. 이러한 필요를 토대로 만들어진 것이 〈조선경국전〉, 〈경제육전〉, 〈속육전〉이다. 하지만 이 법전들은 필요할 때마다 법을 만들어 끼워 넣다 보니 앞뒤가 맞지 않고 종합적이지 못하다는 문제점이 있었다. 이에 세조는 나라를 운영하는 변하지 않을 기준을 세우고자 각종 법전들을 하나로 종합하기 시작했고, 30년 뒤 성종 때에 이르러서는 조선의 최고 법전인 〈경국대전〉이 완성되었다.

〈경국대전〉은 오늘날의 정부 부처에 해당하는 이, 호, 예, 병, 형, 공의 6조에서 맡은 업무를 기준으로 내용이 분류되어 있고, 총 319개의 조항을 담고 있다. 이전(吏典)은 중앙 및 지방 관리들의 조직에 관한 법률이고, 호전(戶典)은 호적, 토지 제도, 부세 등 나라를 운영하는 돈과 관련된 내용을 담고 있다. 예전(禮典)은 의례, 외교, 친족, 제사 등에 대한 규정을 담고 있고, 병전(兵典)은 무과, 군사 제도에 대한 규정을, 형전(刑典)은 형벌, 재판, 노비에 대한 규정을, 공전(工典)은 도로, 교통, 도량형, 공장(工匠) 등에 대한 규정을 ㉠담고 있다.

왕실에서부터 일반 백성들에 이르기까지 조선 사람들의 다양한 삶의 모습을 고스란히 담고 있는 〈경국대전〉의 구체적인 내용을 살펴보면 '세금을 가로챈 관리의 재산을 몰수한다.', '곤장은 한 번에 30대를 넘길 수 없다.', '집이 가난해서 혼인을 할 수 없는 경우에는 나라에서 혼인 비용을 지급한다.' 등 백성들의 삶을 편안하고 안전하게 지켜 주려고 했던 조선 시대 사람들의 가치관을 엿볼 수 있다. 하지만 재혼한 여성의 아들은 관직에 오를 수 없고, 서자는 과거 시험을 치를 수 있는 기회조차 없는 등 남성과 양반만을 위한 조항 또한 많았다. 게다가 왕이 잘못했을 때 처벌할 수 있는 조항은 아예 없었다. 왕을 법률의 제약을 받지 않는 무소불위의 권력을 가진 존재로 인식했던 당시 사람들의 가치관을 여기서 확인할 수 있다. 이처럼 〈경국대전〉은 단순한 법전이 아니라 당시 사람들의 삶과 사상을 담은 우리의 자랑스러운 유산이다.

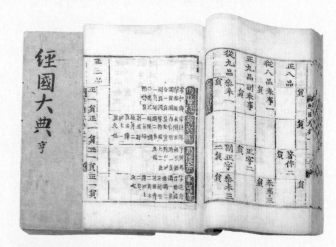

▲ 〈경국대전〉은 이·호·예·병·형·공전의 6전으로 구성된 조선의 기본 법전입니다.

● **율령**(律 법칙 율, 令 하여금 령)
형률과 법령을 아울러 이르는 말. 곧 법률의 총칭임.

● **관습법**(慣 익숙할 관, 習 익힐 습, 法 법 법)
사회생활에서 습관이나 관행이 굳어져서 법의 효력을 갖게 된 것.

● **의례**(儀 법식 의, 禮 예도 례)
관혼상제를 비롯하여 중국 고대 사회의 사회적 의식을 자세히 기록한 것.

● **도량형**(度 법도 도, 量 헤아릴 량, 衡 저울대 형)
길이, 부피, 무게 따위의 단위를 재는 법.

● **공장**(工 장인 공, 匠 장인 장)
수공업에 종사하던 장인.

정답과 해설 5쪽

1 이 글에서 알 수 있는 법의 특징에 대한 설명으로 알맞은 것은 무엇인가요? (   )

① 사회에 따라 변화한다.

② 오래된 것일수록 더 좋다.

③ 삼국 시대에 처음 생겼다.

④ 우리나라 실정에 맞지 않는다.

⑤ 사람들에게 신뢰를 주기 어렵다.

2 다음은 한 학생이 〈경국대전〉의 탄생 과정을 정리한 것입니다. 빈칸에 들어갈 알맞은 말은 무엇인가요? (   )

> 이전의 법들은 상황에 따라 (ⓐ) 적용된다는 문제점을 가지고 있었다. 그래서 여기저기 흩어져 있던 법의 내용을 한데 모아 (ⓑ), 상황이 어떠하든지 간에 일관되게 적용할 수 있는 견고한 기준을 세우고자 했는데, 이렇게 만들어진 것이 〈경국대전〉이다.

	ⓐ	ⓑ
①	자주	나누고
②	어렵게	나누고
③	어렵게	종합하고
④	다르게	종합하고
⑤	다르게	설득하고

3 〈경국대전〉의 분류 기준을 따를 때, 다른 항목에서 다루어지는 법은 무엇인가요?

(   )

① 혼인에 관한 법

② 친척에 관한 법

③ 외교에 관한 법

④ 제사에 관한 법

⑤ 군사에 관한 법

4 다의어인 ㉠과 같은 의미를 포함하고 있는 것은 무엇인가요? (   )

① 그는 흙을 화분에 <u>담았다</u>.

② 마음을 <u>담아</u> 편지를 썼다.

③ 항아리에 <u>담긴</u> 물을 떠 오렴.

④ 바구니에 나물을 가득 <u>담았다</u>.

⑤ 유자차를 <u>담을</u> 병을 가져오세요.

5 이 글에서 알 수 있는 〈경국대전〉의 문제점으로 볼 수 있는 것에 ○표 하세요.

(1) 양반을 위한 법 조항이 많았다.   (   )

(2) 재혼한 여성에 관한 법 조항은 없었다.   (   )

(3) 가난한 사람들을 돕기 위한 조항은 없었다.   (   )

(4) 왕이 잘못했을 때 처벌할 수 있는 조항은 없었다.   (   )

한줄
요약

6 빈칸에 알맞은 말을 넣어 이 글의 핵심 내용을 한 문장으로 요약하세요.

상황에 따라 일관되고 공정하게 적용할 수 있는 법을 만들고자 하는 노력을 통해 만

들어진 〈   〉은, 국가와 국민의 삶에 대한 방대한 내용을 담고 있으

며, 단순한 법전이 아니라 우리의 자랑스러운 [   ]이다.

지문 속 필수 어휘

낱말의 뜻을 참고하여, 다음 문장의 빈칸에 들어갈 알맞은 낱말을 완성하세요.

❶ 우리나라 [ㅅ|정]에 맞지 않는 제도는 발전을 가로막을 우려가 있습니다.
실제의 사정이나 정세.

❷ 고구려인들의 대범함이야말로 우리 후손들이 본받아야 할 [유|ㅅ]입니다.
앞 세대가 물려준 사물 또는 문화.

❸ 정부는 친일파 후손들의 토지를 법에 따라 [ㅁ|수]하기로 결정했다.
범죄 행위에 제공한 물건이나 범죄 행위의 결과로 얻은 물건 따위를 국가가 강제로 빼앗는 일.

문제 속 개념어

다의어 多 많을 다, 義 옳을 의, 語 말씀 어

하나의 낱말이 여러 가지 뜻을 나타낼 경우에 그 낱말을 다의어라고 합니다. 다의어는 조금씩 다른 여러 의미를 가지지만 그 뜻은 서로 연결되어 있답니다. 다음 예문에서 '눈'은 여러 가지 뜻으로 사용되었어요. 각각의 뜻을 살펴볼까요? '눈'은 조금씩 다른 뜻으로 사용되었지만, 무엇인가를 본다는 뜻으로 연결되어 있어요.

눈	● **눈**에 들어온 사과 사람이 바라보는 시선.	● 과일을 고르는 **눈** 사물을 보고 판단하는 힘.

❹ **다음에 밑줄 친 다의어의 뜻을 바르게 연결하세요.**

(1) 윤아는 <u>머리</u>가 크다. ・   ・ⓐ 목 위의 부분

(2) 윤아는 <u>머리</u>를 잘랐다. ・   ・ⓑ 지능

(3) 윤아는 <u>머리</u>가 좋다. ・   ・ⓒ 머리카락

신라 왕호 변천사

어휘 수준 ★★★★★ _{하 중 상}
글감 수준 ★★★★★
글의 길이 1,319자

본격 독해 훈련

10분 안에 풀어보세요.

　신라는 고구려, 백제에 비해 더디게 발전했다. 일단 한반도의 동남부에 있어서 지리적으로 대륙의 우수한 문물을 수입하기에 불리했다. 또한 여러 부족이 연합하여 건국한 연맹 국가의 형태였고, 한 혈통이 왕위를 독차지하지도 못해서 건국 초기에는 왕권이 약했다. 신라 초기에는 박씨, 석씨, 김씨가 번갈아 가면서 왕위에 올랐는데, 왕호도 자주 바뀌었다. 고구려와 백제가 중국처럼 '왕'이라는 칭호를 사용한 데 반해, 신라는 나라의 최고 우두머리를 고유한 이름으로 부르기도 했다. 각 이름에 담긴 의미를 따라가 보면 왕호의 변천이 신라 사회의 성장 과정을 반영해 주고 있음을 알 수 있다.

　우선 '거서간'은 신령한 제사장 또는 군장의 의미로, 신라 시조인 박혁거세에게 붙여진 칭호이다. 박혁거세의 뒤를 이은 2대 남해왕은 '차차웅'이라고 불렀다. 차차웅은 무당이라는 의미인데, 아마 당시 왕이 정치뿐만 아니라 종교까지 도맡았기에 이런 이름으로 불렸을 가능성이 크다. 3대 유리왕부터 4세기 중엽의 흘해왕까지 14명의 왕은 '이사금'이라고 불렀다. 이사금이란 무언가를 깨물었을 때 치아의 자국을 뜻하는 잇금이란 말에서 유래했다. 지혜가 많은 사람이 잇금이 많다는 속설이 있었는데, 유리왕은 다른 왕 후보자보다 잇금이 많아 왕에 올랐다는 이야기가 전해진다. 그래서 유리왕 이후로는 왕을 이사금이라고 부른 것인데, 이사금은 '연장자'라는 뜻이다.

　내물왕부터 지증왕까지 6명의 왕은 '마립간'이라고 불렀다. 훗날 '마님'이라는 호칭이 이 마립간에서 나왔다고 전해진다. 마립간은 대장군 혹은 최고의 우두머리를 의미하는 말이다. 마립간이라는 칭호는 그 전의 이름보다 존칭의 의미가 더 강해졌다. 이런 칭호를 썼다는 점을 보면 내물왕이 왕권 강화에 힘썼다는 사실을 짐작할 수 있다. 실제로 신라가 중앙 집권 체제를 확립하면서 고대 국가로 나아가기 시작한 것이 바로 내물왕이 통치하던 4세기 중반이었다. 내물왕 때에는 오로지 김씨만 왕이 될 수 있었다. 소백산맥 일대에 있는 진한의 땅 대부분을 차지하며 내물왕은 신라가 중앙 집권 국가로 성장할 기반을 갖춘 셈이다.

　'왕'이라는 칭호가 사용된 것은 22대 지증왕 때에 이르러서이다. 지증 마립간으로 즉위한 지증왕은 재위 중에 신라 고유의 왕호였던 '마립간'의 칭호를 중국식 '왕'으로 고치고, 그동안 사라, 사로, 서라벌 등으로 다양하게 사용되던 나라 이름을 '덕업이 날로 새로워지며 사방을 망라한다.'라는 의미의 '신라'로 정하는 등 국가의 체제를 새롭게 했다. '왕'이라는 칭호를 사용한 지증왕 때 이전에 비해 왕의 권한이 강화된 것을 이러한 왕호의 변화를 통해 확인할 수 있다.

● **왕호**(王 왕 왕, 號 이름 호)
왕이라는 칭호.

● **도맡다**
혼자서 책임을 지고 몰아서 모든 것을 돌보거나 해냄.

● **덕업**(德 덕 덕, 業 업 업)
어질고 착한 업적이나 사업.

● **망라**(網 그물 망, 羅 벌일 라)하다
물고기나 새를 잡는 그물이라는 뜻으로, 널리 받아들여 모두 포함함을 이르는 말.

1 이 글의 내용과 일치하지 <u>않은</u> 것은 무엇인가요? (   )

① 신라는 삼국 중 가장 늦게 발전했다.

② 신라는 왕에 대한 칭호가 자주 바뀌었다.

③ 신라는 위치상 대륙의 우수한 문물을 받아들이기 어려웠다.

④ 신라는 나라의 최고 우두머리를 '왕'이 아닌 다른 이름으로 부르기도 했다.

⑤ 신라는 왕권을 강화하기 위해 여러 부족을 연합하여 연맹 국가를 만들었다.

2 신라에서 '왕'이라는 말 이전에 사용했던 칭호 네 가지를 찾아 쓰세요.

(   )

3 보기 는 이 글의 특징을 설명한 것입니다. 빈칸에 들어갈 말로 알맞은 것은 무엇인가요? (   )

보기

　이 글은 신라 왕호의 변천 과정을 (   )에 따라 설명하고 있다. 순서대로 내용을 따라가다 보면 신라 왕호의 변화와 더불어 신라가 어떻게 성장했는지도 파악할 수 있다.

① 공간 이동

② 시간 순서

③ 문답의 형식

④ 사용된 횟수

⑤ 글쓴이의 경험

4 '마립간'이라는 왕호를 통해 알 수 있는 내용은 무엇인가요? (   )

① 여성의 지위가 상승했다.

② 이전보다 왕권이 강화되었다.

③ 백성들의 삶의 질이 높아졌다.

④ 주변 국가들과의 교류를 시작했다.

⑤ 신라에 대한 중국의 압박이 강해졌다.

5 이 글을 읽고 해결할 수 있는 질문이 <u>아닌</u> 것은 무엇인가요? (   )

① 신라 시조 박혁거세의 왕호는 무엇인가?

② 김씨만 왕위에 오를 수 있게 된 까닭은 무엇인가?

③ '연장자'라는 의미를 가진 왕호를 사용한 왕은 모두 몇 명일까?

④ 소백산맥 일대 땅을 정복하며 신라가 성장하는 기반을 갖춘 왕은 누구인가?

⑤ 왕이 종교와 정치에 모두 관여했음을 알려 주는 신라의 왕호는 무엇인가?

+ 수능연결

질문의 형태로 세부 정보를 확인할 수 있는가를 묻는 문제예요. 물어보는 형태만 다를 뿐, 사실은 지문에 담긴 내용을 사실적으로 파악할 수 있는지를 묻습니다. 이 문제를 해결하기 위해서는 질문에서 말하려는 핵심 내용을 찾아, 글의 내용과 대응할 수 있어야 합니다.

수 있는 정보를 투명하게 공개할 때 보통 사람들이 권력자를 감시하는 ㉠역감시의 결과도 낳을 수 있고 ~~~~~~~~~~~~~~~~ **글을 읽고 해결할 수 있는 질문**

22. 윗글을 읽고 해결할 수 있는 질문으로 적절하지 않은 것은?

  ① 전자 패놉티콘 사회의 특징은?

  ② 패놉티콘의 기원과 구조적 특징은?

  ③ 패놉티콘이 초기에 주목 받지 못한 운~

  ④ 패놉티콘과 전자 패놉티콘의 공통점구

  ⑤ 전자 패놉티콘 사회의 문제점을 해결할 수 있는 방안은?

수능에는 내용의 사실적 이해를 물을 때 '윗글을 읽고 해결할 수 있는 질문'이란 말로 바꿔 출제하기도 해요.

6 빈칸에 알맞은 말을 넣어 이 글의 핵심 내용을 한 문장으로 요약하세요.

한줄
요약

다양한 이름으로 왕을 부르던 [ ][ ]는 여러 번의 변화를 거치다가 22대 지증왕 때에 이르러 [ ]이라는 중국식 칭호를 사용하게 되는데, 이러한 왕호의 변천을 통해 신라의 성장 과정을 알아볼 수 있다.

지문 속 필수 어휘

낱말의 뜻을 참고하여, 다음 문장의 빈칸에 들어갈 알맞은 낱말을 완성하세요.

❶ 국제 경쟁력 ㄱ 화 를 위해 우리는 더욱 노력해야 한다.

  세력이나 힘을 더 강하고 튼튼하게 함.

❷ 외국의 발달된 ㅁ ㅁ 을 받아들이도록 결정하는 것은 쉽지 않았다.

  문화의 산물. 곧 정치, 경제, 종교, 예술, 법률 따위의 문화에 관한 모든 것을 통틀어 이르는 말임.

❸ 요즘에는 실화에 ㄱ ㅂ 한 영화가 사람들에게 인기가 있다.

  기초가 되는 바탕. 또는 사물의 토대.

문제 속 개념어

공간 이동 空빌 공, 間사이 간, 移옮길 이, 動움직일 동

'공간'은 글에서 다루는 화제 또는 대상의 배경이 되는 장소를 말합니다. 공간 이동은 시나 소설에서 자주 나오는 전개 방법이지만, 비문학에서도 어떤 대상을 설명할 때 공간의 이동에 따라 내용을 서술하는 경우에 사용하기도 합니다.

> 우리의 전통 가옥인 한옥의 특징은 개방감이다. 대문을 활짝 열고 들어가면 마당이 나온다. 집의 각 채들은 마당을 통해 서로 연결되어 있다. 집의 가장 깊숙한 안채에 들어가 보아도 널따란 대청마루와 앞뒤로 뚫린 창문이 개방적인 느낌을 준다.

❹ '시간 순서'와 '공간 이동' 중, 다음 내용을 설명하기에 알맞은 방법을 쓰세요.

(1) 민요의 지역별 특징과 유래 (   )

(2) 시대별 달라진 미인의 기준 (   )

돈가스의 유래

어휘 수준 ★★★★★ 하 중 상
글감 수준 ★★★★★
글의 길이 1,246자

⏱ **10**분 안에 풀어보세요.

가 돈가스, 카레라이스, 고로케를 일본의 3대 양식이라고 한다. 이 요리들은 서양 음식을 바탕으로 하여 일본만의 독특한 조리법으로 재탄생한 것들이다. 이들 중 돈가스는 욕망이 만들어 낸 음식이라는 평가를 받는다. 그 이유는 무엇일까?

나 1868년에 일본의 군사 정권이 막을 내리고 메이지 정부가 출범했다. 메이지 정부는 서양 열강을 따라잡기 위해 학교와 공장을 세우고, 서양식 군대를 양성하는 등 서양 문화를 적극적으로 유입하는 개혁을 단행했는데, 이를 메이지 유신이라 한다. 일본은 세계적으로 힘 있는 나라가 되고 싶었다. 하지만 제도만 개혁한다고 해서 서양을 따라잡을 수 있을까 하는 의문이 생겼다. 당시에 일본인의 체격은 서양인과 비교할 때 대단히 왜소했다. 정치인들은 일본이 진정한 열강이 되기 위해서는 서양인과 비슷한 수준의 체격을 가져야 한다고 생각했다. 그리고 서양인이 일본인에 비해 체격이 좋은 이유를 그들이 즐겨 먹는 음식에서 찾았고, 서양인은 소고기와 돼지고기 같은 육류를 즐겨 먹는다는 사실을 알아냈다. 이에 메이지 왕은 백성들에게 "앞으로 소고기와 돼지고기를 먹도록 하라."라는 내용의 조서를 내렸다. 그러나 당시 일본 국민들은 이 조서를 반기지 않았고, 의외로 많은 국민이 이 정책에 반기를 들었다고 한다. 왜 그랬을까?

다 일본 국민들은 이전까지 고기를 거의 먹어 본 적이 없었고 육류 자체를 별로 즐기지 않았다. 여기에는 사실 그럴 만한 이유가 있었다. 7세기의 일본 40대 왕인 덴무는 독실한 불교 신도로, 살생을 금했다. 이때부터 일본인들은 육류를 잘 먹지 않았다. 이후 1,000년이 넘는 긴 시간 동안 육류를 즐기지 않는 식습관이 일본인들에게 익숙해졌던 것이다. 그런데 갑자기 고기를 먹으라니 반발이 생기는 것이 어쩌면 당연했고, 극단주의자들은 "고기는 불결하고, 영혼을 더럽힌다."라며 저항하기도 했다.

라 하지만 메이지 정부는 백성들에게 고기를 먹일 방법을 연구하였고, 상하 관계의 질서가 명확한 군대의 병사들에게 고기를 먹이기 시작했다. 병사들은 거부하지 못하고 고기를 먹게 되었는데 막상 먹어 보니 맛이 좋았고, 제대 후 각자의 고향으로 돌아가서는 고기 예찬론을 펼치기에 이르렀다. 이후 우리처럼 쌀로 만든 밥을 주식으로 먹는 일본의 식습관에 고기를 섞은 일본만의 독특한 음식이 여럿 탄생했는데, 그 대표적인 것이 바로 돈가스, 카레라이스, 고로케 등이다. 우리나라 사람들도 즐겨 먹는 이러한 음식들이 사실은 일본의 제국주의에 대한 욕망에서 탄생했다니 흥미로운 일이 아닐 수 없다.

● **열강**(列 벌일 열, 强 강할 강)
여러 강한 나라. 이들은 국제 문제에서 큰 역할을 담당하고 있음.

● **단행**(斷 결단할 단, 行 행할 행)
결단하여 실행함.

● **조서**(詔 조서 조, 書 글 서)
임금의 명령을 일반에게 알릴 목적으로 적은 문서.

1   이 글에 등장하는 일본의 3대 양식을 찾아 쓰세요.

(   )

2   🕓를 바탕으로 할 때, 메이지 정부에 대해 <u>잘못된</u> 비판을 하고 있는 학생은 누구인가요? (   )

① 가희: 국민들 각자의 식습관 차이를 고려하지 않은 것은 너무한 것 같아.
② 다래: 나라에서 국민들에게 억지로 고기를 먹이려고 했다는 것이 이해가 안 가.
③ 민우: 힘 있는 나라가 되기 위해 국민들의 식문화를 통제하려고 했다니, 너무해.
④ 재희: 같은 음식을 먹으면 비슷한 체격을 가질 수 있다고 생각했다는 것이 좀 황당해.
⑤ 승우: 소고기보다 돼지고기가 사람 몸에 더 유익하다는 것을 몰랐다니 정말 어리석어.

3   🕓를 뒷받침하기 위해 활용할 수 있는 자료로 가장 알맞은 것은 무엇인가요?

(   )

> • 승혁: 다른 문단에 비해 내용이 너무 길어서 이해가 잘 되지 않아. 글자를 줄이고, 자료를 제시하면 좋을 것 같아.
> • 주리: 메이지 정부 당시 (   )을/를 활용하면 어떨까?
> • 승혁: 좋아. 그러면 내용을 시각적으로 보여 줄 수 있는 것이 좋을 것 같아.

① 일본인들과 서양인들의 체격을 대조한 도표
② 서양식 군대와 일본식 군대의 공통점을 비교한 자료
③ 서양인들이 육식을 즐겨 먹는 이유를 설명한 문헌 자료
④ 서양 열강을 따라잡기 위해 노력한 당시 일본 정치인들의 사진
⑤ 육류를 즐겨 먹은 후, 일본인들의 체격 변화를 보여 주는 그래프

4 🄳의 내용을 정리할 때, 빈칸에 들어갈 알맞은 말을 찾아 쓰세요.

> 일본 국민들은 독실한 (   ) 신자였던 덴무 왕이 살생을 금지하여, 고기를 자주 먹을 수 없게 된 이후로 오랜 시간 동안 육류를 즐겨 먹지 않는 식습관을 가지게 되었다.

(   )

5 메이지 정부가 군인들에게 고기를 먹인 이유는 무엇인가요? (   )

① 백성들보다 군인들의 수가 많아서
② 서양 문화를 접한 군인들의 요구를 반영해서
③ 군인들의 체력이 좋아져야 나라가 강해진다고 생각해서
④ 군대는 위에서 명령하면 복종해야 하는 집단이기 때문에
⑤ 쌀과 함께 고기를 섭취할 수 있는 좋은 환경을 가지고 있어서

한줄
요약

6 빈칸에 알맞은 말을 넣어 이 글의 핵심 내용을 한 문장으로 요약하세요.

일본을 대표하는 양식인 [ ][ ][ ]는 열강이 되어 세계를 지배하고자 했던 메이지 정부 당시의 [ ][ ][ ] 욕망이 만들어 낸 음식이다.

지문 속 필수 어휘

빈칸에 들어갈 알맞은 낱말을 보기 에서 찾아 쓰세요.

> 출범   왜소   반기

❶ 선생님의 말씀에 ☐☐ 를 드는 학생들도 있었다.

❷ 드넓은 우주에 비하면 모든 인간은 ☐☐ 한 존재이다.

❸ 새로운 학생회의 ☐☐ 에 모든 학생이 기뻐했다.

다음 문장을 읽고, 두 낱말 중 알맞은 것을 찾아 ○표 하세요.

❹ 그가 무사히 돌아왔다는 것은 그 [자채 / 자체] 가 기적이다.

❺ 아이의 잘못된 [식습관 / 식습간] 을 어떻게 하면 고칠 수 있을까요?

❻ 김 병장은 [제대 / 재데] 날짜만 손꼽아 기다리고 있다.

낱말의 뜻을 참고하여, 다음 문장의 빈칸에 들어갈 알맞은 낱말을 완성하세요.

❼ 교육 제도를 학생 중심 교육으로 [개 ☐] 하였다.
　　　　　　　　　　　　　제도나 기구 따위를 새롭게 뜯어고침.

❽ 아무리 작은 생물이라도 함부로 [ㅅ 생] 하지 마라.
　　　　　　　　　　　　　사람이나 짐승 따위의 생물을 죽임.

❾ 학생들의 [반 ㅂ] 이 너무 심해서 방과 후의 보충 수업을 폐지했다.
　　어떤 상태나 행동 따위에 대하여 거스르고 반항함.

거북선의 진실

어휘 수준 ★★★★★ (하 중 상)
글감 수준 ★★★★★
글의 길이 1,437자

가 많은 사람이 거북선을 이순신 장군이 만든 한 척의 배로 알고 있지만 사실 거북선은 임진왜란 이전에도 존재했던 전함이다. 거북선에 관한 기록은 조선 초기의 〈태종실록〉에 처음 나타난다. 그렇다고 해서 거북선의 발명과 이순신 장군이 아무런 관련이 없다는 것은 아니다. 이순신 장군은 기존에 있던 거북선의 장점과 판옥선의 장점을 모아 그 기능을 대폭 향상한 새로운 거북선을 만든 것이다. 이는 기존 거북선과 이름은 같지만 사실상 새롭게 발명한 것과 다름없다고 볼 수 있다.

나 그런데 알려진 것처럼 거북선은 (㉠   )? 많은 사람이 거북선을 우리나라 최초의 철갑선으로 알고 있지만, 사실 거북선의 재료는 목재라는 주장이 훨씬 설득력이 있다. 당시 일본의 배는 얇은 삼나무로 만들었던 반면 조선의 판옥선은 두꺼운 소나무로 만들었다. 두 배가 충돌할 경우 일본의 배가 부서지기 마련이므로 굳이 철갑선을 만들 필요가 없었던 것이다.

다 거북선의 등에는 칼과 창이 꽂혀 있었다. 이는 일본군이 올라타지 못하도록 하기 위해서였다. 그리고 이것이 바로 판옥선을 거북선으로 개량한 이순신 장군의 의도라는 것을 알 수 있다. 실용적인 측면에서 보더라도 목재 덮개가 철판보다 더 좋다. 왜냐하면 철판은 목판에 비해 15배 이상 무거우며, 빗물과 바닷물에 녹슬기 쉬워서 수명도 짧다. 비용 또한 대단히 비쌀 뿐만 아니라 칼이나 창을 꽂기도 어렵다. 거북선이 철갑선이라는 주장의 근원은 임진왜란 때 싸웠던 일본인들의 기록에 따른 것인데, 멀리 보이는 거북선의 덮개에 꽂은 칼과 송곳이 마치 철갑을 씌운 듯 번쩍거렸기 때문에 거북선을 철갑선이라고 생각했을 것으로 추정된다.

라 기록에 따르면, 거북선은 임진왜란 당시에 3~5척, 그 후 영조 때 14척, 정조 때 40척이 있었다고 전해진다. 거북선의 크기가 일정하지는 않지만, 대체로 오늘날 선박을 기준으로 계산할 때 185톤 정도라고 본다. 거북선은 돛을 올리면 다른 범선처럼 바람을 이용하여 항해할 수도 있고, 돛을 내리고 노만 저어서 항해할 수도 있는 노선이기도 했다. 물론 돛과 노를 동시에 이용하여 더 빨리 항해할 수도 있었다. 거북선의 노는 좌우 8~10개라고 알려져 있다. 노는 수직으로 설치되었기 때문에 적선이 접근해도 서양 배의 노처럼 배 안으로 거두어들일 필요가 없었다. 거북선에는 하나의 노에 대개 4~6명의 노군이 배치되었는데, 그중 1명은 조장이었다. 평시에는 2명이 노를 젓다가 전투가 벌어지면 4~6명이 마주 서서 노를 저었다. 거북선 한 척의 정원은 150~170명 정도이고, 이 중 노군은 100~120명, 전투원은 50명 내외로 추정된다.

● **판옥선**(板 널빤지 판, 屋 지붕 옥, 船 배 선)
조선 시대에, 널빤지로 지붕을 덮은 전투선.

● **개량**(改 고칠 개, 良 좋을 량)
나쁜 점을 보완하여 더 좋게 고침.

● **범선**(帆 돛 범, 船 배 선)
돛을 단 배.

● **조선술**(造 지을 조, 船 배 선, 術 재주 술)
선박을 설계하여 만드는 기술.

마 거북선의 실체는 아직도 밝혀지지 않은 것이 많다. 하지만 우리 민족의 우수한 조선술과 과학 기술로 만들어진 우수한 전함인 것은 분명하다. 세계 최초의 잠수함도 아니고 철갑선도 아니지만, 거북선이 당시 세계에서 가장 뛰어난 군선이었다는 데에는 아무도 이의를 달지 못할 것이다.

정답과 해설 **8쪽**

1 가를 읽고 보인 학생들의 반응입니다. 내용을 잘못 이해한 학생은 누구인가요?

(   )

① 민주: 거북선이라는 이름을 가진 배가 여러 채 있었군.
② 상민: 조선 초기 기록에 이미 '거북선'이라는 이름을 가진 배가 존재했구나.
③ 지수: 거북선은 이순신 장군이 최초로 발명한 배라고 생각했는데 아니었군.
④ 현서: 거북선의 발명과 이순신 장군의 관련성을 증명하기는 어렵다는 것이군.
⑤ 진서: 이순신 장군이 만든 거북선은 이전의 거북선과 비교할 때 여러 면에서 더 발전된 형태였겠군.

2 나의 ㉠에 들어갈 말로 알맞은 것은 무엇인가요? (   )

① 철갑선일까
② 최초의 배일까
③ 진짜 전쟁에 활용되었을까
④ 이순신 장군이 만든 것일까
⑤ 일본 배를 따라서 만든 것일까

3 가~마 중 거북선이 철갑선이라고 알려진 이유를 설명한 문단 기호를 쓰세요.

(   )

4 **라**의 내용으로 알맞지 <u>않은</u> 것은 무엇인가요? (   )

① 거북선의 크기는 다양하다.

② 거북선은 노를 저어서만 항해할 수 있었다.

③ 전투 시에는 더 많은 노군이 거북선의 노를 저었다.

④ 영조 때보다 정조 때 더 많은 거북선을 가지고 있었다.

⑤ 거북선의 노 하나에 2명의 노군이 배치되는 경우도 있었다.

5 **마**를 바탕으로 할 때, 뒤에 이어질 내용으로 알맞은 것은 무엇인가요? (   )

① 철갑선을 만드는 과정

② 잠수함으로서의 거북선의 의의

③ 조선 시대에 과학 기술이 발달된 까닭

④ 거북선을 우수한 군선으로 평가하는 이유

⑤ 우리 민족이 우수한 조선술을 가지기까지의 과정

6 빈칸에 알맞은 말을 넣어 이 글의 핵심 내용을 한 문장으로 요약하세요.

한줄
요약

조선 초기에 존재했던 기존의 거북선과 판옥선의 장점을 모아 [ ][ ] 장군

이 새롭게 만든 [ ][ ] 에 대해서는 밝혀지지 않은 점이 많지만, 당시 세계에서

가장 뛰어난 군선이었다는 것은 분명하다.

지문 속 필수 어휘

다음 문장을 읽고, (　　) 안에 공통으로 들어갈 낱말을 완성하세요.

❶
- 소비자 가격을 (　　　) 인상했다.
- 봄을 맞아 각 방송사가 프로그램을 (　　　) 개편할 예정이다.

| 대 | 프 |

❷
- 친구들끼리 의견 (　　　)이 생겨서 분위기가 좋지 않아.
- 자동차 (　　　) 사고 때문에 길이 막힌다고 하더라.

| ㅊ | 돌 |

❸
- 과학자는 자신의 (　　　)을 뒷받침하는 몇 가지 근거를 제시했다.
- 현재까지 (　　　)으로는 부상자가 5명에 이른다.

| ㅊ | 정 |

❹
- 방 안에 가구들이 (　　　)되고 나니 분위기가 달라졌다.
- 해변에 구급 대원을 (　　　)한 덕에 사고가 줄었다.

| 배 | ㅊ |

낱말의 뜻을 참고하여, 다음 문장의 빈칸에 들어갈 알맞은 낱말을 완성하세요.

❺ 이순신 장군은 왜적의 | 전 | ㅎ | 을 쳐부수고 적군을 물리쳤다.
　　　　　　　　전쟁할 때 쓰는 배.

❻ | ㅁ | 재 |를 써서 책상과 걸상을 만들었다.
건축이나 가구 따위에 쓰는, 나무로 된 재료.

❼ 생명의 | ㄱ | 원 |이 무엇인지는 아직 밝혀지지 않았다.
　　사물이 비롯되는 근본이나 원인.

BBC의 재난 보도 가이드라인

어휘 수준 ★★★★★
글감 수준 ★★★★★
글의 길이 1,330자

11 분 안에 풀어보세요.

가 영국의 공영 방송국인 BBC는 재난이나 슬픔을 당한 사람들을 취재할 때 지켜야 할 가이드라인을 자세히 정해 놓았다. 전쟁이나 테러, 기타 비슷한 사건의 실상을 있는 그대로 보도하는 것도 중요하지만, 사건을 경험한 인간들의 존엄성을 존중하는 것도 중요하게 생각하기 때문이다. BBC의 재난 보도 가이드라인에 대해 살펴보자.

나 우선 BBC는 사람들이 부상을 당하거나 죽고, 실종된 경우 방송 보도에서 피해자의 이름을 언급하지 않는 것을 지침으로 삼고 있다. 왜냐하면 피해자의 가족이 미디어를 통해 가족의 사망이나 부상을 확인했을 때 느낄 정신적 고통은 설명하기 어려울 만큼 크기 때문이다. 방송 보도에 사건 피해자의 이름이 나오지 않았을 때 시청자들은 답답함을 느낄 수 있겠지만, 사건에 관련된 가족들의 고통을 배려하는 것이 더 중요하다고 보는 것이다. 그 대신 사건이 일어난 장소나 시간 등을 정확하게 보도하여 사람들의 걱정을 줄이기 위해 노력한다. 이를테면 비행기가 추락한 경우 비행 노선, 비행기 편명, 출발지와 도착 예정지 등의 세부 사항을 보도함으로써 많은 사람이 미루어 걱정하는 것을 방지하도록 돕는다.

다 BBC의 재난 보도 가이드라인에는 전달할 뉴스의 내용을 제한하는 것뿐만 아니라, 보도하는 사람의 말투에 대해서도 언급하고 있어서 주목을 끈다.

> "보도를 전하는 어조는 그 신뢰성만큼 중요하다. 우리는 생명의 위협, 사망, 인간의 육체적 · 정신적 고통을 둘러싼 내용을 보도할 때 시청자가 느낄 감정과 두려움을 생각해 보아야 한다. 일부 사람에게는 직접 관련된 가족이나 친구가 있을 수도 있다. 사건의 실상을 전달할 때는 사람들에게 고통을 주는 표현을 하지 않도록 해야 한다."

뉴스를 빠르고 자극적으로 전하는 데만 급급한 우리나라 몇몇 언론들의 보도 태도를 떠올려 보면, 개인의 권리와 아픔을 보호하려는 언론인들의 따뜻한 배려를 엿볼 수 있어서 인상적이다.

라 과거에는 언론 관련 종사자들만 뉴스를 전할 수 있었지만, 다양한 매체의 발달로 신문과 방송뿐만 아니라 스마트폰을 활용해 누구든지 어떤 소식을 대중에게 전달할 수 있게 되었다. 그러면서 비참한 사고, 부끄러운 소식, 숨기고 싶은 모습이나 감정들이 개인의 의사와 무관하게 세상에 낱낱이 공개되기도 한다. 더 큰 문제는 이렇게 전달되고 퍼진 뉴스들이 쉽게 사라지지도 않는다는 것이다.

마 우리에게도 BBC의 가이드라인처럼 다른 사람들과 관련된 소식을 전할 때 지켜야 할 매너가 필요하다. 사람들의 알 권리보다 무엇이 더 중요한지 고민해 보아야 한다. 또한 자신이 재미로 혹은 무신경하게 전하는 소식이 누군가에게 큰 상처를 줄 수도 있고, 되돌릴 수 없는 피해를 입힐 수도 있다는 점을 명심하고 주의를 기울여야 한다.

● **지침**(指 가리킬 지, 針 바늘 침)
생활이나 행동 따위의 지도적 방법이나 방향을 인도하여 주는 준칙.

● **방지**(防 막을 방, 止 그칠 지)
어떤 일이나 현상이 일어나지 못하게 막음.

● **어조**(語 말씀 어, 調 고를 조)
말의 가락, 말하는 투.

정답과 해설 9쪽

1 **가**를 통해 알 수 있는 내용으로 알맞은 것은 무엇인가요? (   )

① 재난 보도 방송의 문제점
② BBC가 공영 방송이 된 계기
③ BBC의 재난 보도 방송의 역사
④ 재난이나 슬픔을 당한 사람들의 특징
⑤ BBC가 재난 보도 가이드라인을 정한 이유

2 BBC 재난 보도 가이드라인에 들어갈 내용으로 알맞은 것에 ○표 하세요.

(1) 피해자의 이름을 직접적으로 언급하지 않는다.   (   )
(2) 재난에 얽힌 모든 보도는 최대한 간략하게 한다.   (   )
(3) 시청자들의 알 권리를 무엇보다 중요하게 고려한다.   (   )
(4) 피해자 가족들이 느낄 정신적 고통을 고려해 보도한다.   (   )

3 다음 중 **나**에 대해 비판적인 입장을 취하고 있는 것은 무엇인가요? (   )

① 사건보다 중요한 것은 사람이니까, 사람들의 마음이 어떨까를 생각해 보는 것은 당연해.
② 재난 사건이 일어났을 때 우리에게 필요한 것은 호기심이 아니라 배려와 기다림이 아닐까?
③ 재난과 관련 있는 사람들, 특히 가족들의 마음은 경험해 보지 않고는 제대로 이해하기 어려워.
④ 언론은 사건의 종류나 규모와 관계없이 사건과 관련된 모든 내용을 정확하고 구체적으로 보도해야 해.
⑤ 소중한 사람이 불의의 사고를 당해 죽거나 다쳤다는 소식을, 텔레비전을 보고 접하게 하는 것은 너무 비인간적이야.

4 다음은 이 글의 내용 전개 방식을 설명한 것입니다. 빈칸에 들어갈 알맞은 말을 쓰세요.

> 이 글은 영국의 BBC 방송국의 보도 방식과 우리나라 언론의 보도 방식의 (   )을/를 지적하며, 우리나라의 언론 보도 방식의 문제점에 대해 비판하고 있다.

(   )

5 과거에 비해 어떤 뉴스가 빠르게 전파되는 이유는 무엇인가요? (   )

① 다양한 매체의 발달
② 안전사고의 지속적인 증가
③ 현대인들의 무한 이기주의
④ 언론인들의 과도한 취재 경쟁
⑤ 타인에 대한 관심이 많은 사람의 증가

6 빈칸에 알맞은 말을 넣어 이 글의 핵심 내용을 한 문장으로 요약하세요.

한줄
요약

인간의 [ ][ ][ ]에 대한 존중을 담고 있는 BBC의 재난 보도 가이드라인은, [ ][ ]의 발달로 타인의 소식을 무분별하게 전달하는 현대인들이 주의해야 할 점이 무엇인지를 보여 준다.

지문 속 필수 어휘

낱말의 뜻을 참고하여, 다음 문장의 빈칸에 들어갈 알맞은 낱말을 완성하세요.

❶ 회사 ｜지｜ㅊ｜ 에 따라 오늘부터 사무실에서는 금연입니다.

  생활이나 행동 따위의 지도적 방법이나 방향을 인도하여 주는 준칙.

❷ 그는 반에서 그다지 눈에 잘 띄지 않는 ｜ㅍ｜범｜ 한 학생일 뿐이다.

  뛰어나거나 색다른 점이 없이 보통임.

❸ 오늘 신문에 시위 현장을 ｜ㅊ｜재｜ 한 기사가 났다.

  작품이나 기사에 필요한 재료나 제재를 조사하여 얻음.

❹ 이곳은 ｜제｜ㅎ｜ 구역이오니 관계자 외 출입을 금합니다.

  일정한 한도를 정하거나 그 한도를 넘지 못하게 막음. 또는 그렇게 정한 한계.

다음 파란색으로 쓴 낱말의 뜻을 찾아 ○표 하세요.

❺ 사건이 일어난 장소나 시간 등을 정확하게 **보도**하여 사람들의 걱정을 줄이기 위해 노력
   한다.
   ① 보행자의 통행에 사용하도록 된 도로. (   )
   ② 보호하여 지도함. (   )
   ③ 대중 전달 매체를 통하여 일반 사람들에게 새로운 소식을 알림. 또는 그 소식.
                                                        (   )

❻ 세부 사항을 보도함으로써 많은 사람이 **미루어** 걱정하는 것을 방지하도록 돕는 것이다.
   ① 정한 시간이나 기일을 나중으로 넘기거나 늘이다. (   )
   ② 일을 남에게 넘기다. (   )
   ③ 이미 알려진 것으로써 다른 것을 비추어 헤아리다. (   )

국민 참여 재판

어휘 수준 ★★★★★ 하 중 상
글감 수준 ★★★★★
글의 길이 1,369자

가 국민 참여 재판은 법률 전문가가 아닌 일반 국민이 배심원으로 구성된 재판 제도로, 우리나라에서는 2008년 1월부터 시행되었다. 원래 재판을 진행하고 범죄 사실에 대한 유, 무죄의 판결을 내리는 것은 판사다. 판사는 법에 대한 전문 지식을 가지고 판결을 내리지만, 그도 인간이기 때문에 법을 해석하는 과정에서 개인의 주관적인 생각이 ㉠끼어들 수 있다. 이러한 문제점을 보완하고 재판의 공정성과 투명성을 높여서 억울한 희생자를 줄이기 위한 목적으로 도입된 제도가 국민 참여 재판이다.

나 그러나 모든 사건이 국민 참여 재판의 대상이 되는 것은 아니다. 살인, 강도, 강간 등 강력 범죄와 뇌물죄 등 대법원이 정하는 크고 무거운 사건으로 한정하고, 위 사건에 해당하는 경우에도 피고인의 의사에 따라 국민 참여 재판으로 진행할 것인지의 여부가 결정된다. 국회 의원이나 변호사, 법원·검찰 공무원, 경찰, 군인 등을 제외한, 만 20세 이상의 대한민국 국민은 일정한 절차를 통과하면 누구나 국민 참여 재판의 배심원이 될 수 있다. 배심원의 수는 법률에 정해진 형량을 기준으로 구분되는데, 사형·무기 징역·무기 금고인 사건은 9인, 그 외 사건은 7인, 피고인이 공소 사실의 주요 내용을 인정하는 경우에는 5인이다. 이 밖에도 5인 이내의 예비 배심원이 참여할 수 있다.

다 우리나라의 국민 참여 재판은 배심제와 참심제가 혼합, 수정된 독특한 형태를 취하고 있다. 배심제는 일반 국민으로 구성된 배심원이 유·무죄의 판단에 해당하는 평결을 내리고 판사가 그 평결에 따르는 제도를 말한다. 참심제는 일반 국민인 참심원이 재판부와 동등한 권한을 가지고 재판에 함께 참여하여 사실문제 및 법률문제를 판단하는 재판을 말한다.

라 국민 참여 재판은 원칙적으로 판사의 관여 없이 평의를 진행한 후 만장일치로 평결에 이르러야 한다. 만장일치 평결에 이르지 못한 경우에는 판사의 의견을 들은 후 다수결로 평결할 수도 있다. 이렇게 도출된 배심원의 평결은 법적 구속력을 가지지 않는다. 하지만 법원에서는 될 수 있으면 배심원의 평결 결과를 존중하는 모습을 보이고 있다. 또한 배심원은 심리에 관여한 판사와 함께 양형에 관하여 토의할 수 있다. 하지만 표결을 통하여 양형 결정에 참여하는 것이 아니라 양형에 관한 의견만을 밝힐 수 있다.

마 국민 참여 재판으로 진행한 사건은 일반 사건보다 무죄 선고율이 높고, 배심원으로 참여했던 시민들에게 다소나마 사법부에 대한 불신을 해소하는 계기가 되었다는 점 등에서 좋은 평가를 받고 있다. 하지만 우리나라는 국민 참여 재판이 매년 감소하는 추세를 보이고 있다. 사회 정의 실현을 위해 관심을 가진 국민들이 더욱 많아진다면 국민 참여 재판이 안정적으로 정착되고, 이를 통해 국민으로부터 신뢰받는 사법 제도가 확립될 수 있을 것이다.

● **평결**(評 평할 평, 決 결단할 결)
평론하거나 평가하여 결정함. 또는 그런 내용.

● **참심원**(參 참여할 참, 審 살필 심, 員 인원 원)
참심제에서, 국민 가운데에서 선출되어 법관과 함께 재판의 합의체를 구성하는 사람.

● **평의**(評 평가 평, 議 의논할 의)
의견을 서로 교환하여 평가하거나 심의하거나 의논함. 또는 그런 결과.

● **양형**(量 헤아릴 양, 刑 형벌 형)
형벌의 정도를 정하는 일.

1 **가** 를 읽고 답할 수 <u>없는</u> 질문은 무엇인가요? (   )

① 국민 참여 재판은 언제 시작되었나요?
② 일반적으로 재판의 판결은 누가 내리나요?
③ 개인은 어떤 방법으로 법을 해석할 수 있나요?
④ 국민 참여 재판이 도입된 이유는 무엇인가요?
⑤ 국민 참여 재판에는 누가 배심원으로 참여하나요?

2 ㉠과 바꾸어 썼을 때 의미가 통하는 것은 무엇인가요? (   )

① 정의될
② 개입될
③ 설명될
④ 구별될
⑤ 밝혀질

3 **나** 를 바탕으로 추론할 수 있는 내용으로 알맞지 <u>않은</u> 것은 무엇인가요? (   )

① 국민 참여 재판의 대상이 되지 않는 종류의 범죄도 있군.
② 국민 참여 재판의 진행 여부는 피고인의 마음에 달려 있군.
③ 직업에 따라 국민 참여 재판의 배심원이 될 수 없는 경우도 있겠군.
④ 배심원으로 지원한다고 해도 나이가 되지 않으면 탈락할 수도 있겠군.
⑤ 몇 명의 배심원으로 재판을 진행하느냐는 판사의 결정에 따라 달라지는군.

4 ■다■를 바탕으로, 다음 빈칸에 알맞은 말을 쓰세요.

> · 선생님: 우리나라 국민 참여 재판이 독특한 형태를 가지고 있다고 하는 이유는 무엇일까요?
> · 학생: (   )와 참심제가 혼합, 수정되어 있기 때문입니다.

(   )

5 ■마■의 내용을 사실과 글쓴이의 생각으로 나누어 정리한 것입니다. 알맞지 <u>않은</u> 것은 무엇인가요? (   )

사실	생각
① 일반 사건보다 국민 참여 재판으로 진행된 사건은 무죄 선고율이 높다. ② 배심원으로 참여한 시민들은 국민 참여 재판을 좋게 평가했다. ③ 국민 참여 재판이 감소하는 추세를 보이고 있다.	④ 국민 참여 재판이 안정적으로 정착 되기를 바란다. ⑤ 국민으로부터 신뢰받는 사법 제도가 확립되었다.

한줄 요약

6 빈칸에 알맞은 말을 넣어 이 글의 핵심 내용을 한 문장으로 요약하세요.

재판의 공정성과 투명성을 높여서 억울한 [ ][ ]를 줄이기 위한 목적으로

도입된 [ ][ ][ ] 재판에 대해 국민들이 많은 관심을 가지고 우리나라에서

도 안정적으로 정착된다면 신뢰받는 사법 제도가 확립될 수 있을 것이다.

지문 속 필수 어휘

다음 문장을 읽고, ( ) 안에 공통으로 들어갈 낱말을 완성하세요.

❶

- 문제점을 ( )하기 위해 최선을 다했다.
- 이 법의 시행에 허점이 있어 제도적으로 대폭 ( )이 필요하다.

보	ㅇ

❷

- 싸울 것 없이 ( ) 원칙으로 결정하자.
- 우리는 ( )을 통해 회칙을 정했다.

ㄷ	수	ㄱ

❸

- 문제 해결을 위한 방안을 ( )해 보자.
- 여야는 회담에서 합의를 ( )하지 못했다.

ㄷ	출

다음 파란색으로 쓴 낱말의 뜻을 찾아 ○표 하세요.

❹ 그는 한 순간의 실수 때문에 금고형을 선고받았다.

① 절에서 쓰는 북 모양의 종. 여러 사람을 모을 때 친다. ( )

② 자유형의 하나. 교도소에 가두어 두기만 하고 노역은 시키지 않는다. ( )

③ 화재나 도난을 막기 위하여 돈, 귀중한 서류, 귀중품 따위를 간수하여 보관하는 데 쓰는 궤 또는 창고. ( )

❺ 말을 해도 시행이 되지 않는 것을 어찌해야 할까?

① 실제로 행함. ( )

② 시험적으로 행함. ( )

③ 운율적으로 배열되어 있는 시의 행. ( )

주어진 정보를 바탕으로 내용을 예측하라!

상대의 수를 예측하지 못하면 지는 게임, 오목

머리도 식힐 겸 오목 한판 둘까요? 만약 내가 검은색 바둑알이라면, 마지막 한 알을 어디에 둬야 상대 방을 이길 수 있을까요?

그 전에, 오목에서 이기는 규칙은 다들 알고 있죠? 상대방보다 먼저 가로나 세로 혹은 대각선으로 이어 지는 다섯 개의 바둑알을 먼저 놓는 사람이 이기는 게임이에요.

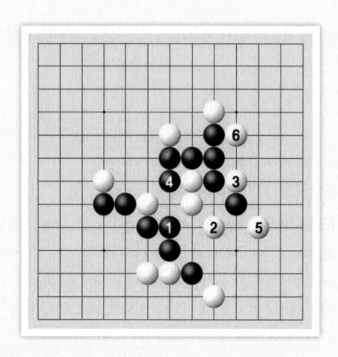

검은색 바둑알을 어디에 두어야 흰색 바둑알을 이길 수 있죠? 네, **1번과 4번 돌 사이에 검은색 알을 두면 다섯 개가 완성이 되죠.** 그러니 이곳에 검은색 바둑알을 두면, 흰색 바둑알을 이길 수 있습니다. 그럼 그것을 어떻게 알 수 있었나요? 바둑판에 올려진 바둑알들을 보면 알 수 있습니다.

죄수의 딜레마, 도둑은 어떤 선택을?

이번에는 두 도둑이 어떤 행동을 할지 예측해 볼까요?

물건을 훔친 두 도둑이 경찰에 잡혔다. 두 도둑은 모두 도둑질을 하지 않았다고 주장했고, 경찰은 두 범인의 도둑질을 증명할 물증이 없었다. 그래서 두 도둑을 각기 다른 방에 가두어 두고, 따로 심문을 하여 자백을 받아내려 했다. 경찰이 말했다. "지금처럼 두 사람 모두 부인하더라도 가택침입 죄로 둘다 1년 형을 받을 거야. 물론 두 사람 모두 자백하면 둘 다 5년 형이야. 다른 방에 있는 친구는 계속 부인하는군. 그런데 말이야, 자네에게만 말해 주는 건데, 자네가 자백을 하면 즉시 석방될 것이네. 물론 저 친구는 10년 형을 살겠지만 말이야. 자, 어떻게 하겠나?"

이 이야기는 '죄수의 딜레마'라는 유명한 실험의 내용이에요. 두 도둑은 어떤 선택을 했을까요? 그냥은 예측하기 어렵죠? 하지만, '인간은 이기적인 존재이다.'라고 전제해 볼까요? 그렇다면 두 사람 모두 자백을 하여 5년 형을 받을 것이라고 쉽게 예측할 수 있어요.

(실제 실험 결과 대부분의 사람들은 5년 형을 받는 결정을 했어요~)

독해를 능동적으로 이해하는 과정인 '예측하며 읽기'

주어진 정보를 바탕으로 조금만 깊게 생각해 보면, 앞으로 어떤 내용이 나올지 예측할 수 있어요. 다음 내용을 예측하는 데 있어서 가장 중요한 단서는 바로 이미 주어진 정보예요. 글을 읽을 때에도 이렇게 다음에 나올 내용을 예측하면서 읽는 독해를 '예측하며 읽기'라고 하는데, 이건 '추론적 독해'의 일종이에요.

'예측하며 읽기'를 할 때 예측의 단서는 지금까지 읽은 내용과 그 흐름이에요. 예를 들어 1문단에서 '철새의 종류에는 겨울 철새와 여름 철새가 있다'고 제시하고, 2문단에서 '겨울 철새'를 설명했다면, 3문단에는 '여름 철새'를 설명할 것이라고 예측할 수 있는 거예요. '예측하며 읽기'를 할 때에는 여러분이 스스로 생각하면서 읽는 능동적이고 적극적인 태도가 중요해요. '예측하며 읽기'를 하면 독해를 훨씬 더 빠르고 정확하게 할 수 있으며, 글을 읽는 집중력을 높일 수 있어요.

> ❝예측하며 읽기는 능동적인 사고 과정이 필요해요.
> 주어진 정보를 주의 깊게 보면
> 이어질 내용도 충분히 예측할 수 있어요.❞

빈곤

10 분 안에 풀어보세요.

가 빈곤이라는 말을 사전에서 찾아보면 '(㉠   )'이라고 풀이되어 있다. 쉽게 말해 빈곤은 인간다운 삶을 살 수 있는 최소한의 조건을 갖추지 못한 상태를 말한다. 여기서 말하는 인간다운 삶이란 날씨에 맞는 옷을 입고, 깨끗하고 안락한 집에서 생활하고, 굶주리지 않고 먹을 수 있는 삶을 말한다. 우리나라는 OECD에 가입한 국가 중 자살률이 가장 높다. 그런데 그 원인의 많은 부분이 '빈곤'이라는 것은 오늘날 대한민국의 슬픈 자화상이기도 하다. 물론 가난한 사람들은 어느 사회에나 있고, 빈곤 문제는 어제오늘의 이야기가 아니다. 그러나 빈곤층이 왜 생기게 되었는지 그 원인을 바르게 아는 것은 국가적인 빈곤 문제를 해결할 수 있는 중요한 열쇠가 된다. 빈곤의 원인을 보는 관점에는 크게 기능론과 갈등론이 있다.

나 ㉡기능론은 사회의 모든 구성 요소가 제자리에서 각자의 역할을 수행하고 있어야 함을 기본 전제로 하는 이론으로, 빈곤에 대한 일차적 원인을 개인에게서 찾는다. 열심히 노력하면 자신이 원하는 것을 얻을 수 있는 사회 구조 속에서 개인의 노력과 능력이 부족하기 때문에 가난해졌다는 것이다. 따라서 빈곤 문제를 해결하기 위해 개인적 차원에서 성공한 사람들을 본받아 스스로 노력할 것을 강조하고, 국가적 차원에서는 빈곤에서 탈출하고자 노력한 결과에 따라 보상하는 시스템을 만들어야 한다고 주장한다.

다 그러나 갈등론은 빈곤의 원인을 다르게 이해한다. 갈등론에서는 모든 사회 문제를 권력을 가지고 있는 집단과 그렇지 못한 집단 간의 갈등 때문에 발생한 것이라고 본다. 그리고 사회의 모든 제도가 권력을 가지고 있는 집단이 기득권을 유지하는 데 유리하도록 작용하고 있다는 점에 주목한다. 이러한 갈등론의 관점에서 보면 기득권층에게 유리한 사회 구조 때문에 빈곤층이 스스로 아무리 노력해도 빈곤에서 탈출하는 것은 불가능하므로, 빈곤이 개인의 문제가 아닌 사회 구조적 문제라고 판단하는 것이다. 따라서 빈곤을 해결하기 위해서는 기득권층에게 유리하게 작용하는 사회 구조를 근본적으로 개혁해야 하고, 빈곤의 원인이 개인에게 있는 것이 아닌 만큼 국가가 다양한 복지 제도를 만들어서 빈곤 구제를 위한 사회적 안전망을 갖추어야 하는 것이다.

라 기능론이든 갈등론이든 빈곤의 원인을 제대로 파악하는 것은 중요하다. (㉢) 그것보다 더 중요한 것은 모든 사람은 자신이 가진 것과 상관없이 행복할 권리가 있으며, 빈곤 문제와 이것이 수반하는 다양한 사회 문제를 해결하기 위해서는 모든 사람의 노력이 필요하다는 것에 대한 공감이 전제되어야 한다.

● **자화상**(自 스스로 자, 畫 그림 화, 像 모양 상)
스스로 그린 자기의 초상화.

● **관점**(觀 볼 관, 點 점 점)
사물이나 현상을 관찰할 때, 그 사람이 보고 생각하는 태도나 방향 또는 처지.

● **전제**(前 앞 전, 提 끌 제)
어떠한 사물이나 현상을 이루기 위하여 먼저 내세우는 것.

● **구제**(救 구원할 구, 濟 도울 제)
자연적인 재해나 사회적인 피해를 당하여 어려운 처지에 있는 사람을 도와줌.

1 이 글의 내용을 바르게 **구조화**한 것은 무엇인가요? (   )

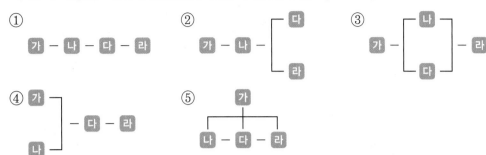

+ 수능연결
구조화란 문단의 구조를 알기 쉽게 일정한 도식으로 나타낸 것을 말해요. 문단의 구조 파악은 각 문단의 중심 문장을 찾은 뒤에 각각의 중심 문장들이 서로 어떤 관계를 맺고 있는지를 분석해 보면 전체 글의 구조가 어떻게 이루어져 있는지 쉽게 파악할 수 있습니다.

⑷ 유전적 특성을 이용한 미생물의 종 구분은 학술적 연구 외에도 의학이나 미생물 산업 분야에서 중요하게 활용되고 있다. 향후 유전체 분석 기술이 더욱 발전하면 미생물의 종을 보다 정밀하게 구분할 수 있을 것이다.   구조화

19. 〈보기〉는 위 글의 전개 과정을 구조화한 것이다. ⑷~⑷에 해당하는 것은?

① 정치 발전을 위해서는 국민이 적극적으로 ...
② 정치 제도보다 정치 제도를 운영하는 ...
③ 정치 문화의 유형을 구분하는 기준은 ...
④ 정치에 정부가 과도하게 개입하는 것 ...
⑤ 정치 제도를 개선하는 것이 당면한 사회적 문제를 해결하는데 효과적이다.

수능에는 글의 내용을 〈보기〉처럼 구조화로 보여 주고, 각 문단에 맞는 내용을 찾는 문제가 자주 출제돼요.

2 ㉠에 들어갈 '빈곤'의 뜻으로 알맞은 것은 무엇인가요? (   )

① 곤란한 상황을 겪음.   ② 가난하여 살기가 어려움.
③ 대담하지 못하고 조심성이 많음.   ④ 가진 것을 지혜롭게 사용하지 못함.
⑤ 인간으로서 누려야 할 최소한의 행복.

3 다음 중 ㉡과 **다른** 입장을 가지고 있는 학생은 누구인가요? (   )

① 은수: 가난의 이유를 자신이 아닌 다른 사람에게서 찾는 것은 옳지 않아.
② 서영: 개인의 능력이 부족하다면 남들보다 경제적으로 뒤떨어질 수 있어.
③ 경서: 열심히 노력해서 능력을 갖추면 원하는 것은 당연히 얻을 수 있잖아.
④ 하윤: 부유한 사람들이 어떻게 부를 축적했는지를 알면 가난에서 벗어날 수 있어.
⑤ 슬기: 국가는 개인의 가난을 해결하기 위해 근본적인 원인을 찾고 적극적으로 해결해야 해.

4 다음은 **다**에서 설명하고 있는 빈곤의 해결 방안을 한 문장으로 정리한 것입니다. 빈칸에 들어갈 알맞은 말을 순서대로 쓰세요.

> 빈곤의 문제를 해결하기 위해서는 (   )이 아니라 (   )의 구조를 바꾸려는 노력이 선행되어야 한다.

5 이 글의 내용을 고려할 때, ⓒ에 들어갈 이어 주는 말은 무엇인가요? (   )

① 그리고
② 그러나
③ 왜냐하면
④ 그러므로
⑤ 예를 들어

6 빈칸에 알맞은 말을 넣어 이 글의 핵심 내용을 한 문장으로 요약하세요.

한줄
요약

□□□은 빈곤의 원인이 개인에게 있으므로, 개인 스스로 노력해서 빈곤 문제를 해결해야 한다고 주장하는 반면, □□□은 불평등한 사회 구조 때문에 빈곤의 문제가 생긴다고 보므로, 국가가 다양한 제도를 마련하여 가난한 사람들을 도와야 한다고 주장한다.

지문 속 필수 어휘

밑줄 친 낱말과 바꾸어 써도 뜻이 통하는 것에 ○표 하세요.

❶ <u>안락한</u> 집에서 사랑하는 가족들과 행복하게 사는 것은 모든 인간의 소망이다.
　　[편안한, 커다란]

❷ 빈곤에서 <u>탈출하려고</u> 노력하면 누구나 부자가 될 수 있다.
　　　[구출하려고, 벗어나려고]

❸ 가난한 사람들을 <u>구제하기</u> 위한 사회적 제도를 마련하는 것이 가장 중요하다.
　　　　　[돕기, 치료하기]

❹ 빈부 <u>격차</u>를 해결하면 다양한 사회 문제를 해결할 수 있다.
　　[격리, 차이]

낱말의 뜻을 참고하여, 다음 문장의 빈칸에 들어갈 알맞은 낱말을 완성하세요.

❺ 그는 새로운 작품 세계를 | 구 | ㅊ |했다.
　　　　　　체제, 체계 따위의 기초를 닦아 세움.

❻ 그들은 결혼을 | 전 | ㅈ |로 사귀고 있다.
　　　어떠한 사물이나 현상을 이루기 위하여 먼저 내세우는 것.

❼ 그는 아무런 | ㅂ | 상 |도 바라지 않고 나를 도와주었다.
　　　　어떤 것에 대한 대가로 갚음.

❽ 현대 사회에서 가장 시급한 과제는 | ㅂ | 부 |의 불균형을 줄이는 일이다.
　　　　　　가난함과 부유함을 아울러 이르는 말.

❾ 그의 개혁 의지는 | ㄱ | 득 | ㄱ |세력의 반발로 좌절되고 말았다.
　　특정한 자연인, 법인, 국가가 정당한 절차를 밟아 이미 차지한 권리.

시리아 내전

🕙분 안에 풀어보세요.

가 2015년 9월, 한 장의 사진이 전 세계인을 울렸다. 세 살배기 시리아 아이 알란 쿠르디가 터키 보드룸 해안가에 엎드려 있는 사진이었다. 알란 쿠르디는 마치 곤히 자고 있는 것처럼 보였지만 이미 숨진 상태였다. 쿠르디의 가족은 시리아 내전을 피해 시리아와 국경을 맞대고 있는 터키로 탈출한 난민이었다.

나 난민은 전쟁, 테러, 가난, 자연재해 등을 피해 고국을 떠난 사람들을 말한다. 인종이나 종교, 국적, 정치적 견해 등의 차이 때문에 고국에서 차별이나 불이익을 받아 떠나온 사람들을 이르기도 한다. 난민은 다른 나라에 불법으로 입국했다 하더라도 도착한 나라에 정치적 망명을 신청하거나 임시 보호를 요구할 수 있다. 이들은 국제법의 보호를 받기 때문에 해당 나라에서는 난민들을 강제로 돌려보낼 수 없다. 난민이었던 쿠르디의 죽음이 전 세계 사람들에게 알려지자 사람들은 함께 애도하며 난민 대책 마련에 힘을 합치겠다고 다짐했다. 독일, 오스트리아, 영국 등에서는 난민을 받겠다는 발표를 하기도 했다.

다 유럽과 아시아 두 대륙의 중간 지대에 위치해 있는 ㉠쿠르디의 나라 ㉡시리아는 국토의 대부분이 사막이지만 유프라테스 강이 흐르는 기름진 북동부 지역은 고대 인류 문명이 발생한 곳이다. ㉢'동양의 진주'라고 불리는 수도 다마스쿠스는 현존하는 가장 오래된 도시이기도 하다. 이곳은 예로부터 메소포타미아와 이집트, 아라비아 반도를 연결하는 상인들의 통행로로 동서양 교통의 중심지였다. 시리아는 북한과 같은 사회주의 국가이며, ㉣우리나라와 국교를 맺지 않은 유일한 중동 국가로, 내전이 일어나기 전에는 우리나라 사람들도 자유롭게 여행할 수 있는 나라였지만 지금은 여행 금지 국가로 지정되었다. ㉤아름다웠던 나라는 몇 년에 걸친 내전으로 인해 폐허처럼 황량하게 변해 버렸고 아무도 찾지 않는 곳이 되고 있는 것이다.

라 2011년 3월부터 계속되어 온 시리아 내전 때문에 400만 명의 시리아 국민들이 난민이 되었다. 그들은 목숨을 걸고 국경을 넘어 터키, 요르단, 레바논, 이집트 등으로 도망쳐 나오고 있다. 아직도 시리아에서는 아무 죄도 없는 많은 사람이 죽어 가고 있다.

마 현재 우리나라에도 수백 명의 시리아인들이 난민 신청을 한 상태이지만 2018년 현재 단 3명만 난민으로 인정되었다. 난민 지위를 받으려면 1년쯤 걸리는 법무부 심사를 거쳐야 하는데, 그 과정이 매우 까다롭다. 난민들은 고국에서 일어난 분쟁 때문에 어쩔 수 없이 자기 나라를 떠나 다른 나라에서 살고자 하는 것인데, 고국의 혼란함이 정리되고 안전하게 돌아갈 수 있을 때까지 그들이 인간다운 삶을 살 수 있도록 전 세계인이 도와야 하는 것은 아닐까?

● **망명**(亡 달아날 망, 命 목숨 명)
혁명 또는 그 밖의 정치적인 이유로 자기 나라에서 박해를 받고 있거나 박해를 받을 위험이 있는 사람이 이를 피하기 위하여 외국으로 몸을 옮김.

● **황량**(荒 거칠 황, 涼 쓸쓸할 량)
하다
황폐하여 거칠고 쓸쓸함.

1   **가**의 내용을 시간 순서에 따라 바르게 번호를 매겨 보세요.

(1) 시리아에서 내전이 일어났다.   (   )

(2) 쿠르디의 가족은 터키로 탈출했다.   (   )

(3) 쿠르디는 터키 해안가에서 숨진 채 발견되었다.   (   )

(4) 많은 사람이 쿠르디의 사진을 보고 큰 슬픔에 빠졌다.   (   )

2   **나**의 내용과 일치하지 <u>않는</u> 것은 무엇인가요? (   )

① 난민은 국제법에 따라 보호를 받는다.

② 종교나 국적을 이유로 나라를 떠난 사람도 난민이라고 한다.

③ 쿠르디의 죽음을 계기로 몇몇 나라가 난민을 돕겠다고 발표했다.

④ 난민이 정치적 망명을 요구할 때, 해당 나라는 거부하고 돌려보낼 수 있다.

⑤ 다른 나라에 불법으로 입국한 난민도 그 나라에 보호를 요청할 권리가 있다.

3   **다**의 ㉠~㉤ 중 가리키는 대상이 <u>다른</u> 하나는 무엇인지 기호를 쓰세요.

(   )

4 다음 중 라 에 대한 이해로 알맞지 <u>않은</u> 것은 무엇인가요? (　　　)

① 쿠르디도 살기 위해서 탈출을 한 거였겠군.
② 시리아를 탈출하는 것은 대단히 위험한 일이군.
③ 많은 사람이 시리아 내전 때문에 나라를 떠났군.
④ 내전으로 인해 사람들이 이유 없이 죽어 가고 있군.
⑤ 시리아인들 대부분 쿠르디 가족처럼 국경을 넘어 터키로 갔군.

5 이 글을 바탕으로, '난민을 도웁시다.'라는 주제의 영상을 제작한다고 할 때, 알맞은 장면이 <u>아닌</u> 것은 무엇인가요? (　　　)

① 우리나라에 난민을 신청한 사람들의 숫자를 보여 주는 도표
② 난민 지위를 인정받는 과정의 어려움을 말하는 난민의 인터뷰
③ 난민들이 떠나온 나라의 혼란스러운 상황을 보여 주는 사진 자료
④ 난민으로 인정받기 위한 구체적인 방법을 가르쳐 주는 전문가의 강연 영상
⑤ 다른 나라에서 힘겨운 시간을 보내고 있는 난민들의 비참한 모습을 담은 동영상

6 빈칸에 알맞은 말을 넣어 이 글의 핵심 내용을 한 문장으로 요약하세요.

한줄
요약

전쟁, 자연재해, 정치적 또는 종교적 이유 등 각자 불가피한 이유로 위험을 무릅쓰고 고국을 떠나는 [　　]들이 자신의 나라에 안전하게 돌아갈 때까지 [　　]답게 살 수 있도록 전 세계인이 도와야 한다.

지문 속 필수 어휘

문장의 의미를 고려하여 빈칸에 들어갈 알맞은 낱말을 연결해 보세요.

❶ 수년 동안 계속되는 시리아의 [   ]은 많은 국민
이 고국을 떠나게 만들었다.   •   • 내전

❷ 난민들은 여러 가지 이유로 [   ]을 받아 자신의
나라를 떠난 사람들을 의미한다.   •   • 폐허

❸ 아름다웠던 시리아는 몇 년 동안의 혼란한 상황으로
지금은 [   ]가 되어 버렸다.   •   • 차별

문제 속 개념어

영상 제작

영상을 제작할 때는 내용만 제시하는 것보다는 적절한 매체를 활용하면 주제를 더욱 효과적
으로 전달할 수 있습니다. 매체란 어떤 소식이나 내용을 전달하는 물체나 수단을 말합니다.
전달할 내용이나 청중의 관심사 등을 고려하여 효과적으로 매체를 활용하면 되는데, 활용할
수 있는 매체의 종류는 다음과 같습니다.

시각 매체	도표, 그래프, 사진, 그림 등
청각 매체	음악, 음향 등
복합 매체	동영상, 플래시 등

직접세와 간접세

어휘 수준 ★★★★★
글감 수준 ★★★★★
글의 길이 1,379자

⏱️12분 안에 풀어보세요.

세금은 국가가 국민으로부터 세금을 걷는 방식에 따라 직접세와 ㉠간접세로 나눌 수 있다. 한 개인이 일을 해서 100만 원을 벌었다면 이 소득에 대해 일정하게 정해진 비율에 따라 5만 원 혹은 10만 원 등의 세금을 내게 되는데, 회사도 마찬가지로 회사가 번 소득에 대해 일정 부분 소득세를 납부해야 한다. 이렇게 개인이나 기업이 직접 납부하는 세금을 직접세라고 한다. 직접세에는 이러한 소득세 외에도 법인의 소득에 부과하는 법인세, 일정한 재산에 부과하는 재산세, 물려 받은 재산에 부과하는 상속세, 부당하게 얻은 이익에 부과하는 부당 이득세 등이 있다.

이와 달리 간접세는 세금을 실제로 부담하는 사람과 그 세금을 납부하는 사람이 다른 세금을 말한다. 오른쪽의 영수증을 보자. 물건 값 속에 포함된 부가 가치세라는 항목이 보일 것이다. 이 부가 가치세는 공책에 붙여진 세금으로, 이 세금을 부담하는 사람은 공책을 산 소비자이지만 그 세금을 세무서에 내는 사람은 공책을 파는 가게 주인이다. 이렇게 세금을 부담하는 사람과 그 세금을 세무서에 내는 사람이 다른 세금을 간접세라고 한다. 간접세는 물건이나 서비스에 매겨지는 것으로, 앞에서 본 부가 가치세와 함께 관세가 대표적이다.

문구점

상품명	수량	금액
공책	2	2,000
부가세 과세 물품액		1,818
부가 가치세		182
합계		2,000

그러면 국가가 세금을 걷을 때 직접세와 간접세의 비중을 어느 정도로 하는 것이 적절할까? 직접세는 소득이나 재산에 따라 누진적으로 적용되는 경우가 많다. 부유한 사람은 세금을 많이 내고 가난한 사람은 세금을 적게 내는 식이다. 이러한 직접세의 비중이 높을 경우 자연스럽게 소득 격차를 줄일 수 있다. 정부는 직접세를 통해 가난한 사람과 부유한 사람 간의 격차를 줄이려고 한다. 그러나 직접세는 모든 사람의 소득이나 재산을 일일이 조사해 그에 따라 세금을 거둬야 하기 때문에 정부의 입장에서는 여러 가지 어려움이 있다. 가능하면 세금을 적게 내려고 하는 납세자가 세금을 내는 과정에서 자신의 소득이나 재산을 속여 탈세를 하는 것 등이 그러한 어려움의 대표적인 예이다.

반면, 간접세는 소득에 상관없이 모두에게 똑같이 적용되는 세금이다. 가게에 있는 1,000원짜리 음료수를 사려면 남자든 여자든, 아이든 어른이든 똑같이 1,000원을 내야 한다. 그래서 ㉡공평성의 원리에서 보면 직접세보다 간접세가 더 옳다고 생각할 수도 있다. 또한 간접세는 소비자들이 물건을 구입할 때마다 자동으로 납부되기 때문에 세금을 걷어야 하는 정부의 입장에서는 매우 편리한 세금이기도 하다. 하지만 간접세는 소득이 적은 사람일수록 소득에 비해 내야 할 세금의 비율이 높아 납세의 부담이 크다는 단점이 있다. 그렇기 때문에 간접세의 비중이 너무 높으면 소득의 격차가 커질 수 있다는 문제점이 생긴다. 이렇게 보면 직접세와 간접세의 비중을 적절하게 조정하는 것은 참으로 어려운 일이면서도 중요한 일임을 알 수 있다.

• 납부(納 바칠 납, 付 줄 부)
세금이나 공과금 따위를 관계 기관에 냄.

• 법인세(法 법 법, 人 사람 인, 稅 징수할 세)
법인의 소득 따위에 부과하는 국가의 세금.

• 세무서(稅 징수할 세, 務 일 무, 署 관청 서)
국세청에 속한 지방 세무 행정 관청. 국내에 있는 사람이나 물건에 부과하는 세금과 관련된 업무를 처리하는 곳임.

• 관세(關 빗장 관, 稅 징수할 세)
국경을 통과하여 들어오는 상품에 대하여 부과하는 세금.

• 누진(累 포갤 누, 進 나아갈 진)
가격이나 수량 따위가 늘어감에 따라 그에 대한 비율이 점점 높아짐.

• 탈세(脫 벗을 탈, 稅 세금 세)
내야 할 세금의 전부 또는 일부를 내지 않는 일.

1 이 글에서 알 수 있는 내용으로 알맞지 <u>않은</u> 것은 무엇인가요? (　　　)

① 간접세는 개인의 소득에 따라 부과되는 세금이다.

② 직접세와 간접세는 세금을 납부하는 방식이 완전히 다르다.

③ 부모님으로부터 재산을 물려받아도 국가에 세금을 내야 한다.

④ 소득이 없는 학생도 물건을 사는 순간 국가에 세금을 내야 한다.

⑤ 직접세의 비중이 높아지면 소득이 높은 사람에게는 납세의 부담이 더 커진다.

2 이 글은 직접세와 간접세를 비교와 대조를 활용하여 설명한 글입니다. 다음 빈칸을 채워 개요를 완성해 보세요.

문단	중심 화제
1	직접세의 뜻
2	① _____
3	② _____
4	간접세의 장단점

3 이 글의 내용 중 다음 신문 기사와 직접적으로 관련된 것은 무엇인가요? (　　　)

> 　서로 다른 상호의 4개 매장을 운영하는 A는 친형 이름의 계좌를 이용해 2011~2015년 동안 약 12억 원의 현금 매출액을 신고하지 않았다. B세무서는 이를 적발해 총 3억 5,763만 원 상당의 세금을 부과했다. 재판부는 A가 장기간 형 명의로 현금 매출액을 관리하는 방법으로 종합 소득세 신고를 누락했다고 봤다. 종합 소득세의 경우 납세자가 스스로 소득액과 세금을 계산해 신고해야 확정된다.

① 직접세의 장점

② 직접세의 단점

③ 간접세의 장점

④ 간접세의 단점

⑤ 간접세의 납부 방식

4 ⊙의 예에 해당하지 <u>않는</u> 것은 무엇인가요? (　　)

① 식당에서 밥을 먹은 후 밥값에 더해 부가 가치세를 내는 것
② 인터넷으로 외국 회사의 신발을 구입할 때 세금을 더 내는 것
③ 1년 동안 맡겨 두었던 예금을 찾을 때 이자에 대한 세금을 내는 것
④ 외국 여행에서 산 물건을 공항에서 신고한 후 해당 세금을 내는 것
⑤ 상점에서 목도리와 장갑을 구입하며 거기에 포함된 세금을 내는 것

+수능연결

일반적 설명에 적절하게 대응할 수 있는 실제 예를 말해요. 우리가 글을 쓸 때 구체적인 예를 들어 내용을 뒷받침하는 것처럼, 글에 제시된 개념 또는 원리에 대응할 수 있는 구체적인 예를 선택지에서 찾을 수 있어야 합니다.

　수 있는 정보를 투명하게 공개할 때 보통 사람들이 권력자를 감시하는 ⊙역감시의 결과도 낳을 수 있　ⓐ의 예 　 사회를 향한 첫걸음이 될 것이다.

23. ⊙의 예로 가장 적절한 것은?
　① 쓰레기를 무단으로 버리는 장소에 ~~~~~~~~~~~~~~
　　었다.
　② 학교 폭력 신고함을 각 교실마다 설치하고 수시로 확인하자 학교 폭력 건수가 눈에 띄게 감소하였다.

수능에는 개념에 맞는 구체적인 예를 찾을 수 있는지를 묻는 문제가 자주 출제돼요.

5 ⓛ의 의미를 바르게 이해한 사람은 누구인가요? (　　)

① 지수: 직접세는 공평하지 않은 세금이므로 걷어서는 안 된다.
② 태정: 간접세는 부유한 사람의 입장에서는 불공평한 세금이다.
③ 명신: 직접세는 납세자의 소득 수준을 고려하지 않으므로 공평한 세금이다.
④ 두철: 간접세는 납세자의 소득 수준을 고려하여 부과한다는 점에서 공평하다고 볼 수 있다.
⑤ 금정: 간접세는 동일한 물건을 사용한 것에 대해 동일한 세금을 부과한다는 의미에서 공평한 세금이다.

한줄요약

6 빈칸에 알맞은 말을 넣어 이 글의 핵심 내용을 한 문장으로 요약하세요.

　　□□□□는 개인이나 기업이 직접 납부하는 세금이고, □□□는 세금을 부담하는 사람과 납부하는 사람이 다른 세금을 말하는데, 국가가 세금을 걷을 때 이 둘의 비중을 적절하게 조정하는 것은 매우 어려우면서도 중요한 일이다.

지문 속 필수 어휘

낱말의 뜻을 참고하여, 다음 십자말풀이를 완성해 보세요.

	❶❷ㄴ	부		❹ㅂ	인	❺ㅅ
❸ㅌ	세					무
				❼ㄱ		ㅅ
		❻ㄴ	진	ㅅ		

|가로|

❶ 세금이나 공과금 따위를 관계 기관에 냄.

❸ 납세 의무자가 내야 할 세금의 일부 또는 전부를 내지 않음.

❹ 법인의 소득에 부과하는 국가의 세금.

❻ 물건의 수량이나 금액이 커질수록 점점 높은 세율로 부과하는 세금.

|세로|

❷ 세금을 냄.

❺ 국세청에 속한 지방 세무 행정 관청. 국내에 있는 사람이나 물건에 부과하는 세금과 관련된 업무를 처리하는 곳임.

❼ 국경을 통과하여 들어오는 상품에 대하여 부과하는 세금.

문제 속 개념어

비교와 대조 比 견줄 비, 較 비교할 교 / 對 대할 대, 照 비칠 조

'비교'와 '대조'는 둘 이상의 대상의 공통점과 차이점을 설명하는 것이므로 대체로 동시에 활용되는 경우가 많습니다.

비교	대조
둘 이상의 대상을 견주어서 공통점이나 유사점을 중심으로 설명하는 방법	둘 이상의 대상을 견주어서 차이점을 중심으로 설명하는 방법

다음에서 활용된 설명 방법이 '비교'인지 '대조'인지 선택해 보세요.

❽ 직접세와 간접세는 모두 국가가 국민으로부터 걷는 세금이다. (   )

❾ 직접세는 개인이나 기업이 직접 납부하는 세금이고, 간접세는 세금을 실제로 부담하는 사람과 그 세금을 납부하는 사람이 다른 세금이다. (   )

도덕적 해이

⏱12분 안에 풀어보세요.

어휘 수준 ★★★★★ _{하 중 상}
글감 수준 ★★★★★
글의 길이 1,572자

'도덕적 해이'라는 말을 사전적으로 풀이하면, '긴장이 풀려 마음이 느슨해지는 것처럼 도덕심도 느슨해지는 것'을 말한다. 경제학에서는 주인과 대리인 사이에서 일어나는 문제에서 이 '도덕적 해이'라는 말을 종종 사용한다.

은행에 예금된 돈은 은행의 대주주도 경영자도 아닌 바로 예금자들의 돈이다. 따라서 예금자들이 주인이고, 은행의 경영자는 대리인이 된다. 대리인은 예금자들의 예금을 안전하게 지키고 이자를 불려서 돌려줘야 할 의무가 있다. 그런데 은행의 경영자가 그 돈을 마구잡이로 끌어다가 마치 자신의 돈인 양 사업체에 투자하고 빚을 갚는 데 사용해 버리면 결국 주인은 손해를 입게 된다. 경제학에서는 바로 이런 경영자의 행위를 두고 '도덕적 해이'라고 말한다. 이와 비슷한 예로 공공시설을 지을 때 공무원들이 뇌물을 받고 부실한 기업에 공사를 맡겨 국민의 세금을 낭비하는 일 역시 도덕적 해이에 해당한다.

그렇다면 도덕적 해이가 일어나는 이유는 무엇일까? 바로 ㉠정보의 비대칭성 때문이다. 시장이 제대로 작동하려면 경제 활동을 하는 모든 이해관계자에게 정보가 완전히 공개되어야 한다. 만약 정보가 완전히 공개되지 않으면 시장의 모습은 달라지게 된다. 예를 들어 학교 앞에 문방구가 두 곳 있는데, 똑같은 연필을 한 곳에서는 1,000원에 팔고 다른 곳에서는 2,000원에 판다면 학생들은 당연히 1,000원에 파는 문방구에서 연필을 살 것이다. 그런데 만약 연필을 1,000원에 파는 가게가 있다는 사실을 몇몇 학생이 몰랐다면 어떨까? 2,000원을 주고 연필을 사는 학생들도 있을 것이고, 그 학생들은 1,000원 만큼의 손해를 본 것이나 마찬가지일 것이다. 이것이 바로 정보의 비대칭성으로 인한 결과이다.

시장에서 의사 결정을 할 때 필요한 정보가 제대로 공개되어야 공정한 경쟁이 이루어지고, 공정한 경쟁이 이루어져야 시장이 제 역할을 제대로 할 수 있다. 어떤 사람은 정보를 가지고 있는데 어떤 사람은 그렇지 못하다면 공정한 경쟁이 일어날 수 있을까? 정보의 비대칭성이란 이처럼 누구는 정보를 가지고 있는데 누구는 그렇지 못한 상황을 의미한다.

도덕적 해이는 이익을 챙기려는 사람에게 당장은 이익이 될지 몰라도 장기적으로 보았을 때는 시장에 속해 있는 모든 사람에게 피해를 주는 결과를 낳는다. 참살구와 개살구를 먹어 본 적이 있는가? 참살구는 참 달고 맛있지만 개살구는 쓰고 시어서 못 먹는다. 그런데 참살구와 개살구는 모양이 비슷해서 언뜻 눈으로 보아서는 이 둘을 구분하기가 어렵다. 그래서 어떤 과일 장수는 이 둘을 구분할 수 있으면서도 개살구를 참살구에 섞어 소비자들에게 파는 비도덕적인 행위를 저지르기도 한다. 이 과일 장수에게 속아서 개살구를 사 먹은 소비자들은 다시는 그곳에서 살구뿐만 아니라 다른 과일도 사 먹으려 하지 않을 것이고, 그렇게 되면 그 과일 가게는 문을 닫을 수밖에 없을 것이다. 결국 과일 장수는 소비자를 속여서 작은 이익을 얻으려 하다가 큰 이익을 놓쳐 버리는 꼴이 되고 만다. 이처럼 도덕적 해이는 직접적인 관계를 맺고 있는 당사자에게만 손해를 입히는 것이 아니다. 시장이 제대로 작동하지 못하게 방해하여 결국은 자신을 비롯한 많은 사람에게 손해를 입힌다는 것을 꼭 기억해야 한다.

● **대리인**(代 대신할 대, 理 다스릴 리, 人 사람 인)
다른 사람을 대신하여 일을 처리하는 사람.

● **대주주**(大 큰 대, 株 그루터기 주, 主 주인 주)
한 회사의 주식 가운데 많은 몫을 가지고 있는 주주.

● **비대칭성**(非 아닐 비, 對 상대 대, 稱 저울 칭, 性 성질 성)
사물들이 서로 동일한 모습으로 마주 보며 짝을 이루고 있지 않은 성질. 또는 그런 특성.

● **이해**(利 이로울 이, 害 손해 해)
이익과 손해를 아울러 이르는 말.

1 이 글의 내용과 일치하면 ○, 일치하지 않으면 ✕로 표시하세요.

(1) '도덕적 해이'는 경제학만 사용하는 용어이다.   (   )

(2) '도덕적 해이'란 더 많은 정보를 가지고 있는 사람들이 상대적으로 정보가 적은
    사람들에게 비도덕적 행위를 함으로써 피해를 주는 행위를 말한다.   (   )

(3) 정보를 더 많이 가진 사람은 모두 '도덕적 해이'를 저지른다.   (   )

2 글쓴이가 주제를 효과적으로 드러내기 위해 활용한 방식이 <u>아닌</u> 것은 무엇인가요?
                                                          (   )

① 개념의 사전적 의미를 풀이하여 화제를 소개하고 있다.

② 질문하고 답하는 방식을 통해 독자의 주의를 끌고 생각을 유도하고 있다.

③ 말하려는 대상과 대비되는 다른 대상과의 차이점을 대조하면서 설명하고 있다.

④ 어려운 개념을 설명할 때 우리 주변에서 볼 수 있는 예를 들어 이해를 돕고 있다.

⑤ 유사한 상황을 들어 설명하는 **유비 추리**를 통해 말하고자 하는 것을 효과적으로
   드러내고 있다.

3 보기 는 이 글이 말하고자 하는 것에 도달하기까지의 과정입니다. 빈칸에 들어갈 내용
을 완성하세요.

> **보기**
>
> 도덕적 해이는 일부 경제 주체들의 비도덕적 행위를 의미한다.
>
> ↓
>
> 도덕적 해이는 _____①_____으로 인해 발생한다.
>
> ↓
>
> 정보를 더 많이 가지고 있는 어떤 과일 장수가 개살구를 참살구로 속여서 팔면
> 소비자들은 다시는 그 과일 장수에게서 살구를 사지 않을 것이다.
>
> ↓
>
> 결국 과일 장수는 _____②_____
>
> ↓
>
> 도덕적 해이는 정보를 더 많이 가지고 있는 주체에게 당장은 이익을
> 가져다줄지 몰라도 그 시장에 속한 모든 사람에게 피해를 주는 결과를 낳는다.

① _____

② _____

4 우리 주변에서 볼 수 있는 ㉠의 예로 알맞은 것은 무엇인가요? (   )

① 종교가 있는 사람과 종교가 없는 사람
② 인터넷 쇼핑몰 운영자와 인터넷 쇼핑몰 이용자
③ 여행을 좋아하는 여성과 스포츠를 좋아하는 남성
④ 공부를 열심히 하는 남학생과 운동을 열심히 하는 여학생
⑤ 취업을 목표로 하는 학생과 대학 진학을 목표로 하는 학생

5 이 글의 내용을 비판적으로 파악하지 <u>못한</u> 사람은 누구인가요? (   )

① 지서: 도덕적 해이는 현대 사회에서 점차 사라져 가고 있으므로 이제는 크게 걱정할 문제가 아니야.
② 효순: 인간은 본능적으로 자신의 이익을 더 추구하는 동물이기 때문에 도덕적 해이는 불가피하게 발생할 수밖에 없어.
③ 은정: 도덕적 해이는 사회 전체에 문제를 가져올 수 있으므로 개인의 양심에만 맡길 것이 아니라 제도적 차원에서 대안을 마련해야 해.
④ 윤호: 정보의 비대칭성은 정보를 더 얻기 위해 노력한 결과로 인한 것이기도 하므로 이로 인한 도덕적 해이를 무조건 비난해서는 안 될 것 같아.
⑤ 성철: 소규모 자영업자들이 보이는 도덕적 해이는 사회에 치명적인 문제를 일으키지 않는다면 그들의 생존을 위해 어느 정도 용인해 주는 융통성도 필요하다고 생각해.

6 빈칸에 알맞은 말을 넣어 이 글의 핵심 내용을 한 문장으로 요약하세요.

도덕적 [　][　] 는 [　][　] 이 제대로 작동하지 못하게 방해하여 결국은 이익을 챙기려 했던 사람과 그로 인해 손해를 본 당사자뿐만 아니라 그 시장에 속해 있는 모든 사람에게 [　][　] 를 주는 결과를 낳는다.

지문 속 필수 어휘

낱말의 뜻을 참고하여, 다음 문장의 빈칸에 들어갈 알맞은 낱말을 완성하세요.

❶ 그는 자신의 | 이 | 해 | 관계를 철저히 따져서 행동하는 사람이다.

　　　　　　　　이익과 손해를 아울러 이르는 말.

❷ | ㄷ | 사 | ㅈ | 가 아니면 그 고통을 절대 이해하지 못할 것이다.

　　　　　　어떤 일이나 사건에 직접 관계가 있거나 관계한 사람.

❸ 그 회사는 사업 기반이 | 부 | ㅅ | 해서 일을 맡기지 않는 것이 좋을 것 같다.

　　　　　　　　튼튼하지 못하고 약함.

문제 속 개념어

유비 추리 類 무리 류, 比 견줄 비, 推 옮을 추, 理 통할 리

다른 사물과의 유사한 성질이나 관계 따위로 어떤 대상의 성질이나 관계를 미루어 추리하는 방법입니다. 즉, 두 개의 비슷한 사물이나 사실에서, 한쪽이 어떤 성질이나 관계를 가질 경우, 다른 사물도 그와 같은 성질이나 관계를 가질 것이라고 추리하는 것입니다.

예 채식을 하는 사람들의 대부분은 성인병에 걸릴 위험이 낮다. 따라서 채식을 하는 나도 성인병에 걸릴 위험이 낮을 것이다.

다음을 읽고, 유비 추리를 통해 빈칸에 들어갈 결과를 생각해 보세요.

| 과일 장수는 개살구를 참살구에 섞어서 소비자들을 속여 파는 도덕적 해이를 저지른다. | ⇒ | 과일 장수에게 속은 소비자들은 다시는 그곳에서 살구를 사 먹으려 하지 않을 것이다. |

　　　　　　　　　유비 추리
　　　　　　　　　　↓

| 은행의 경영자가 예금자의 돈을 함부로 사용해서 손해를 입히는 도덕적 해이를 저지른다. | ⇒ | **?**
(예금자들은 은행에 돈을 예금하지 않을 것이다.) |

외부 효과

12분 안에 풀어보세요.

어휘 수준 ★★★★★
글감 수준 ★★★★★
글의 길이 1,543자

외부 효과란 개인, 기업 등 경제 주체의 행위가 다른 경제 주체들에게 기대하지 않았던 혜택이나 손해를 발생시키는 것을 뜻한다. 예를 들어 보자. 한 지방 자치 단체는 주민들의 편의를 위해 지역의 한 곳에 버스 정류장을 새로 만들었다. 그랬더니 정류장 근처에 유동 인구가 늘어 정류장 앞 분식집에 손님이 많아졌다. 반면, 버스 이용이 늘어나면서 택시 손님은 현저히 줄어들었다. 이 경우 버스 정류장을 세운 행위는 분식집 주인에게는 긍정적 외부 효과를, 택시 운전기사에게는 부정적 외부 효과를 발생시킨 것으로 볼 수 있다.

긍정적 외부 효과는 한 방향으로만 발생할 수도 있고 양방향으로도 발생할 수 있다. 단방향 긍정적 외부 효과의 대표적인 사례는 드라마 촬영지와 주변 지역과의 관계에서 찾아볼 수 있다. 드라마의 인기가 높아지면 드라마 촬영지에 관광객들이 늘어나면서 주변 지역의 숙박 시설이나 식당도 크고 작은 이익을 보게 된다. 그런데 드라마 제작사는 해당 숙박 시설이나 식당에 그에 대한 대가를 요구하지 않으므로 숙박 시설이나 식당만이 의도하지 않은 혜택을 일방적으로 얻게 되는 것이다.

한편 양방향 긍정적 외부 효과의 사례는 과수 농가와 양봉 농가의 관계에서 찾아볼 수 있다. 과수 농가는 꽃가루를 옮겨 주는 양봉 농가의 벌들이 고맙고, 양봉 농가는 벌들에게 꿀을 제공하는 과수 농가의 꽃들이 고맙다. 이는 서로가 기대하지 않았던 혜택을 주고받은 양방향의 긍정적 외부 효과인 것이다.

부정적 외부 효과는 우리 사회 곳곳에서 의외로 쉽게 발견할 수 있다. 공장에서 발생하는 매연이나 공사로 인한 소음 때문에 관련 회사와 인근 주민들이 법적 다툼을 벌이는 경우, 길거리 흡연이 주변인에게 불쾌감을 주는 경우 등은 많은 사람이 흔히 접하게 되는 부정적 외부 효과의 사례들이다.

긍정적 외부 효과는 많이 일어날수록, 부정적 외부 효과는 적게 일어날수록 경제에 도움이 된다. 그런데 이러한 외부 효과를 수반하는 경제 행위를 시장의 원리에만 맡겨 두면 긍정적 외부 효과는 사회적으로 바람직한 수준보다 더 적게, 부정적 외부 효과는 더 많이 일어나게 된다. 경제 주체들은 자신의 이익을 최우선으로 생각하므로 자신의 경제 행위에 수반될 외부 효과에는 크게 관심이 없기 때문이다. 예를 들어 과수 농가는 잇따른 자연 재해로 인해 이익이 발생하지 않을 경우 양봉 농가에 주는 긍정적 외부 효과와 관계없이 더 이상 농사를 짓는 경제 행위를 하지 않을 것이다. 그리고 아파트 공사를 해서 큰 이익을 볼 수 있다면 공사를 하는 주체는 인근 주민들에게 미치는 부정적 외부 효과를 크게 상관하지 않을 것이다.

따라서 외부 효과가 사회적으로 바람직한 수준으로 일어날 수 있도록 하기 위해서는 시장의 경제 행위에 대한 ㉠정부의 개입이 필요하다. 예컨대, 각 지방 자치 단체가 드라마 제작을 적극적으로 지원하거나 과수 농가나 양봉 농가가 피해를 입었을 경우 경제 활동을 계속할 수 있도록 지원함으로써 긍정적 외부 효과가 일어나도록 한다. 또한 무분별하게 공사를 하지 않도록 관련법을 제정하거나 길거리 흡연에 대해 과징금을 부과하는 방식으로 부정적 외부 효과를 최소화하기도 하는 것이다.

- **유동 인구**(流 흐를 유, 動 움직일 동, 人 사람 인, 口 입 구)
일정한 기간 동안 한 지역을 오가는 사람의 수.

- **단방향**(單 하나 단, 方 방향 방, 向 향할 향)
한쪽으로만 향하는 것.

- **수반**(隨 따를 수, 伴 짝 반)
어떤 일과 더불어 생김.

- **개입**(介 끼일 개, 入 들 입)
자신과 직접적인 관계가 없는 일에 끼어듦.

- **무분별**(無 없을 무, 分 나눌 분, 別 나눌 별)
사리에 맞게 판단하고 구별하는 능력이 없음.

- **과징금**(課 매길 과, 徵 거둘 징, 金 돈 금)
규약 위반에 대한 제재로 징수하는 돈.

정답과 해설 **15**쪽

1 다음은 이 글의 내용을 글의 흐름에 따라 구조화한 것입니다. 빈칸에 들어갈 내용을 완성하세요.

글의 흐름	글의 내용
1문단	외부 효과의 (①)
2~3문단	단방향 긍정적 외부 효과의 사례
	(②) 긍정적 외부 효과의 사례
4문단	(③) 외부 효과
5문단	경제 행위를 시장 원리에만 맡겼을 때 나타나는 외부 효과의 양상
6문단	(④)의 필요성

2 이 글을 이해한 내용으로 알맞은 것은 무엇인가요? (   )

① 경제 주체들은 긍정적 외부 효과를 최우선으로 고려하여 경제 활동을 한다.
② 외부 효과로 인해 과수 농가가 망하게 되면 양봉 농가도 함께 망하게 된다.
③ 외부 효과란 경제 주체가 경제 행위를 통해 혜택이나 손해를 입는 것을 말한다.
④ 아파트 공사 과정에서 발생하는 소음 때문에 주민들과 생기는 갈등은 부정적 외부 효과로 볼 수 있다.
⑤ 드라마 제작사는 드라마의 인기로 인해 발생하는 지역의 수입 일부를 받아서 드라마를 제작하기도 한다.

3 다음에 제시된 예가 경제 행위면 '경제', 긍정적 외부 효과면 '긍정', 부정적 외부 효과면 '부정'이라고 쓰세요.

(1) 사람들이 길거리를 걸어 다니면서 흡연을 한다.   (   )
(2) 지방 자치 단체가 주민들의 편의를 위해 버스 정류장을 새로 만들었다. (   )
(3) 정류장이 새로 생겨 버스 이용이 늘면서 택시 손님이 현저히 줄어들었다.
                                                                              (   )
(4) 과수 농가로 인해 양봉 농가는 이전보다 꿀을 더 많이 얻을 수 있게 되었다.
                                                                              (   )
(5) 인기 드라마 촬영지에 많은 관광객이 몰려 인근 식당과 숙박 시설에 손님이 많아졌다.
                                                                              (   )

4 보기에 제시된 경제 행위가 발생시킬 수 있는 긍정적 외부 효과와 부정적 외부 효과를 바르게 연결하세요.

> **보기**
>
> A 지역에서는 주민들의 주거 환경을 개선하기 위해 낡고 더러운 담장을 이야기가 담긴 그림으로 아름답게 색칠했다.

① 긍정적 외부 효과 •

• ⓐ A 지역 사람들의 관광 수입이 늘어날 것이다.

② 부정적 외부 효과 •

• ⓑ 쓰레기 증가, 소음 발생 등의 문제가 생길 것이다.

5 ㉠을 비판적 관점에서 설명한 것으로 적절하지 <u>않은</u> 것은 무엇인가요? ( )

① 무분별한 공사를 방지하는 관련법이 오히려 불필요한 규제로 작용하기도 한다.

② 노인이 많은 지역에서는 농기계를 구입하고자 할 때 정부가 보조금을 지원해 준다.

③ 드라마 제작을 지원한다는 명목으로 세금이 지나치게 낭비되는 경우가 종종 있다.

④ 외부 효과를 유도한다는 명목으로 정체를 알 수 없는 지역 축제가 과도하게 생기는 경우가 많다.

⑤ 다른 사람들에게 피해를 주는 행위에 대해 과징금을 부과하는 것이 경우에 따라서는 기본 인권을 침해할 수도 있다.

6 빈칸에 알맞은 말을 넣어 이 글의 핵심 내용을 한 문장으로 요약하세요.

<한줄 요약>

외부 효과란 개인, 기업 등 경제 주체의 행위가 다른 경제 주체들에게 [ ]하지 않았던 혜택이나 [ ]를 발생시키는 효과를 말하는데, 긍정적 외부 효과를 유도하고 부정적 외부 효과를 최소화하기 위해서는 정부의 [ ]이 필요하다.

지문 속 필수 어휘

낱말의 뜻을 참고하여, 다음 문장의 빈칸에 들어갈 알맞은 낱말을 완성하세요.

❶ 이 문제는 아무 상관도 없는 네가 ㄱ 입 할 일이 아니다.

자신과 직접적인 관계가 없는 일에 끼어듦.

❷ 너의 행동에 수 ㅂ 되는 모든 책임을 질 자신이 있느냐?

어떤 일과 더불어 생김.

❸ 우리 마을에서는 과 ㅅ 가 많아 과일 인심이 좋다.

열매를 얻기 위하여 가꾸는 나무를 통틀어 이르는 말.

❹ 최근 기후 변화로 벌이 점차 줄어들고 있다는 기사에 ㅇ 봉 업계는 긴장하고 있다.

꿀을 얻기 위하여 벌을 기름.

다음 사다리 타기에 따라 ( ) 안에 들어갈 단어를 보기 에서 고르세요.

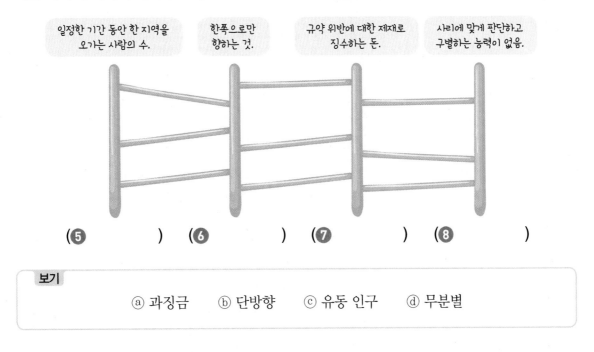

일정한 기간 동안 한 지역을
오가는 사람의 수.

한쪽으로만
향하는 것.

규약 위반에 대한 제재로
징수하는 돈.

사리에 맞게 판단하고
구별하는 능력이 없음.

(❺   ) (❻   ) (❼   ) (❽   )

보기
ⓐ 과징금   ⓑ 단방향   ⓒ 유동 인구   ⓓ 무분별

생산과 소비의 새로운 관점

어휘 수준 ★★★★★
글감 수준 ★★★★★
글의 길이 1,303자

환경 문제는 가해자와 피해자를 가리고 진상을 규명하여 보상해 준다고 해결되는 문제가 아니다. 궁극적으로 우리의 세계관과 생활 양식이 바뀌지 않으면 해결할 수 없다. 현재 세계적으로 제기되고 있는 환경 문제는 지금까지 당연하다고 생각해 온 것들을 ⊙새로운 눈으로 들여다볼 것을 요구한다.

이미 현실은 변화하고 있다. 지구 온난화와 오존층 파괴를 막기 위해 탄산 가스와 프레온 가스의 배출 허용량을 국가별로 제한하는 조치가 그 대표적인 예이다. 유럽에서는 비닐로 지나치게 포장한 상품은 수입하지 못하도록 오래전에 원칙을 정해 놓은 바 있다. 이러한 시장 환경에서 살아남기 위해 선진국의 많은 기업들은 공해를 줄이거나 방지하는 이른바 ⊙'클린 테크놀로지(clean technology)'를 개발하는 데 열을 올리고 있다. 이에 따라 환경을 파괴하면서 성장 일변도로 치달아 온 기존의 경제 발전 방식은 점점 지탱하기가 어려워지고 있다.

이제는 '깨끗한 환경에서 강한 경제가 나온다'는 인식의 전환이 이루어지고 있다. 따라서 각종 환경 관련 국제 협상에서 어떤 논의들이 진행되고 있는지를 파악하면서 제대로 대비해야 한다. 환경 기준이 점점 엄격해지는 나라에 상품을 팔기 위해서는 그 기준에 맞춰 재료와 공정 과정을 바꾸어야 한다. 물론 거기에 들어가는 비용이 만만치 않을 것이다. 공정에 드는 비용을 비롯하여 기존의 유해 물질을 친환경적인 신물질로 대체하면 원가 부담이 크게 늘어나기 때문이다. 그러나 그러한 변화를 받아들이지 않으면 환경

클린 테크놀로지(clean technology): '깨끗한 기술'이란 뜻으로, 환경 오염 물질의 발생을 최소화하고 에너지와 자원을 절약하는 기술을 말해요.

을 충분히 배려하지 않은 채 물건을 만들었다는 이유로 높은 관세가 부과될 것이고, 가격 경쟁력은 결국 떨어질 수밖에 없다.

무엇보다 이것은 단순히 수출만의 문제가 아니다. 국내 시장에서 소비되는 상품도 되돌아보아야 한다. 여전히 국내 시장에서는 과잉 포장으로 쓰레기가 양산되고 쓰레기 처리 과정에서 나오는 유해 물질 때문에 소비자의 건강과 안전이 위협받고 있다. 그렇다면 어떻게 이러한 생산 체제를 바꿀 수 있는가? 우선 정부의 감시와 규제를 생각해 볼 수 있다. 과잉 포장이나 비닐 사용에 대한 기준을 지금보다 훨씬 강화하고 유해 물질 사용에 대한 단속 역시 강력하면서도 지속적으로 실시해야 한다. 이와 함께 시장에서도 변화가 일어나야 한다. 소비자들은 물건을 구매할 때 단순히 가격만 볼 것이 아니라 그 상품을 만드는 과정에서 기업이 얼마나 환경을 배려했는지도 고려해야 한다. 그래서 문제가 있는 기업에는 불

• 규명(糾 끌어모을 규, 明 밝힐 명)
어떤 사실을 자세히 따져서 바로 밝힘.

• 탄산 가스
탄소와 산소로 이루어진 가스로, 청량음료, 소화제, 냉동제 따위를 만드는 데 쓰임.

• 일변도(一 한 일, 邊 끝 변, 倒 넘어질 도)
한쪽으로만 치우침.

• 불매 운동(不 아니 불, 買 살 매, 運 옮길 운, 動 움직일 동)
어떤 특정한 상품을 사지 아니하는 일. 보통 그 상품의 제조 국가나 제조업체에 대한 항의나 저항의 뜻을 표시하기 위하여 행함.

매 운동과 같은 압력을 가할 수도 있다. 이러한 소비자의 의식과 행동이 당장은 기업의 활동에 제약이 될 수도 있겠지만 장기적으로는 세계 시장에서 살아남을 수 있도록 체질을 개선하는 계기가 될 것이다.

정답과 해설 **16**쪽

1 **이 글의 내용과 일치하면 ○, 일치하지 않으면 ✕로 표시하세요.**

(1) 앞으로 환경을 배려하지 않은 물건은 가격 경쟁력이 떨어질 것이다.   (   )

(2) 정부는 환경을 배려하지 않은 기업에 대해 불매 운동을 벌여야 한다.   (   )

(3) 오늘날의 세계 시장은 경제 성장보다 환경 보호를 우선하는 쪽으로 바뀌고 있다.
(   )

(4) 환경 문제를 해결하기 위해서는 가해자와 피해자를 가리고 진상을 규명해야 한다.   (   )

2 **㉠의 의미를 추측한 것으로 알맞은 것은 무엇인가요? (   )**

① 환경 파괴에 대한 중립적 태도
② 생산과 소비에 대한 친환경적 시각
③ 경쟁보다는 협동을 중시하는 친화적 태도
④ 국가별 과도한 수출 경쟁에 대한 반성적 시각
⑤ 생산 과정에서 비용을 절약할 수 있는 새로운 시도

3 **㉡의 사례에 해당하지 않는 것은 무엇인가요? (   )**

① 페인트의 독성을 제거하는 기술
② 먹을 수 있는 쌀로 빨대를 만드는 기술
③ 페트병에 포함되는 탄소량을 낮추는 기술
④ 플라스틱을 먹고 분해시키는 미생물을 활용하는 기술
⑤ 원유에서 휘발성이 낮은 물질을 추출하여 왁스를 만드는 기술

4 보기 와 같은 주장을 뒷받침할 수 있는 근거가 <u>아닌</u> 것은 무엇인가요? (   )

　지속적으로 경쟁력을 가지고 수출을 하기 위해서는 각 나라의 환경 기준에 맞춰 재료와 공정 과정을 바꿔야 한다.

① 현재 세계적으로 다양한 환경 문제가 제기되고 있다.
② 국가별로 탄산 가스와 프레온 가스의 배출 허용량을 제한하고 있다.
③ 유럽에서는 비닐로 지나치게 포장한 상품은 수입을 금지하고 있다.
④ 유해 물질을 친환경적인 신물질로 대체하면 원가 부담이 크게 늘어난다.
⑤ 선진국의 많은 기업들은 '클린 테크놀로지'를 개발하는 데 열을 올리고 있다.

5 이 글에 드러나는 글쓴이의 주장과 <u>다른</u> 입장은 무엇인가요? (   )

① 전기 자동차 개발에 적극적으로 투자해야 한다.
② 카페에서의 일회용 컵 사용을 완전히 금지해야 한다.
③ 태양열을 활용한 냉·난방기나 온수기 등을 사용해야 한다.
④ 수익금의 일부를 기부하는 회사에는 세금 혜택을 주어야 한다.
⑤ 재활용되지 않는 용기를 사용하는 회사의 제품은 사지 말아야 한다.

6 빈칸에 알맞은 말을 넣어 이 글의 핵심 내용을 한 문장으로 요약하세요.

한줄
요약

　　□□ 을 보호하는 방향으로 변화하는 현실에서 살아남기 위해서는 수출 상품의 □□ 와 공정 과정을 엄격한 환경 기준에 맞춰 바꿔야 하고, 과잉 포장과 유해 물질 사용에 대한 □□ 의 감시와 규제를 강화하고 □□□ 의 의식과 행동도 변화해야 한다.

지문 속 필수 어휘

낱말의 뜻을 참고하여, 다음 문장의 빈칸에 들어갈 알맞은 낱말을 완성하세요.

❶ 최근에는 이런 유형의 제품이 필요 이상으로 ☐ㅇ☐ㅣ산☐ 되고 있는 실정이다.

　　　　　　　　　　　많이 만들어 냄.

❷ 그 일의 ☐진☐ㅅ☐ 을 반드시 밝히고 말겠다.

　　일이나 사물의 참된 내용이나 형편.

❸ 그 회사의 비도덕적인 대응에 맞서 사람들은 ☐ㅂ☐매☐운☐ㄷ☐ 을 하기 시작했다.

　　어떤 특정한 상품을 사지 아니하는 일. 보통 그 상품의 제조 국가나 제조 업체에 대한 항의나 저항의 뜻을 표시하기 위하여 행함.

문제 속 개념어

클린 테크놀로지(clean technology)

'클린 테크놀로지'는 환경 오염 물질의 발생을 최소화하고 에너지와 자원을 절약하는 기술을 개발하는 학문의 한 분야를 나타내는 외국어입니다. 우리가 사용하고 있는 단어의 종류 중에 '외국어'와 '외래어'라는 것이 있습니다. 이 둘은 모두 외국에서 온 말이라는 공통점이 있지만, 그 쓰임에서 약간의 차이가 있습니다.

구분	외국어	외래어
뜻	다른 나라의 말	외국에서 들어온 말로 국어처럼 쓰이는 단어
예	클린 테크놀로지(clean technology), 스카이 파크(sky park) 등	버스(bus), 라디오(radio) 등

반드시 그런 것은 아니지만 대체로 외국어는 그것을 표현할 수 있는 우리말이 있는 반면 외래어는 없는 경우가 많습니다. 예를 들어 '클린 테크놀로지'는 '깨끗한 기술'이라는 우리말로 바꿀 수 있지만, '버스'는 대체할 수 있는 우리말이 없지요.

> 클린 테크놀로지 ➡ 깨끗한 기술　　vs　　버스 ➡ ?

10분 안에 풀어보세요.

침입종이란 원래 서식하던 곳이 아닌 다른 지역에 의도적으로 혹은 자연적으로 유입되어 새로운 환경에 적응하고 번식한 생물종을 말한다. 이러한 침입종이 적응하는 과정에서 자연환경은 균형을 잃고 원래 그곳에서 살고 있던 토착종은 위험에 빠진다. 이렇듯 침입종은 인간을 포함한 다른 동물들에게 매우 위협적인 존재이다. 널리 알려진 침입종의 피해 사례를 살펴보자.

북아메리카에 살던 회색 다람쥐가 영국에 유입되자 토종인 붉은 다람쥐가 멸종했다. 회색 다람쥐는 점점 영역을 넓혀서 이탈리아까지 번식했다. 모피를 얻을 수 있다는 이점 때문에 길렀던 남아메리카의 고유종 뉴트리아는 오늘날 전 세계에 서식하고 있다. 이들은 댐과 제방에 굴을 파거나 나무와 풀의 뿌리를 먹어 치워 많은 피해를 주고 있다. 붉은귀거북은 어떨까? 붉은귀거북은 집에서 기를 수 있는 작은 거북이다. 거북이 다 자라 성체가 되면 주인은 키우기 힘들다는 이유로 강에 거북을 버리기도 한다. 이렇게 방사된 붉은귀거북은 강에 적응하는 과정에서 기존의 생태계에 많은 문제를 일으킨다.

전문가들은 이러한 침입종이 생물 다양성을 위협하는 큰 문제라고 지적한다. 예를 들면 섬에 침입종이 유입되면 섬의 생태계 전체가 혼란에 빠지고 토종 생물이 완전히 사라지기도 한다. 남태평양 중부에 위치한 타히티섬에 유입된 미코니아라는 식물은 섬의 3분의 2를 차지하면서 수많은 토착 나무들을 죽게 만들었다. 오세아니아 동쪽 해역에 위치한 폴리네시아에서는 수입된 육식 달팽이 때문에 토종 달팽이 59종이 모두 멸종했다. 그렇다면 이 문제를 해결할 수 있는 방법은 없을까?

침입종이 유입된 후에 처리하는 것은 매우 어렵기도 하고 비용도 많이 들기 때문에 최대한 예방하는 것이 좋다. 예방이 어렵다면 ㉠침입종이 발견되자마자 바로 대책을 세워야 한다. 따라서 정부는 항상 경계를 늦춰서는 안 되며, 침입종과 관련된 예방 조치와 후속 조치를 잘 이행해야 한다. 정부뿐 아니라 우리 역시도 개인적으로 이 문제와 관련되어 있다. 어떤 장식용 식물이 유행한다고 해서 거기에 현혹되어 쉽게 사서는 안 된다. 유행이 지나면 식물을 버리게 될 것이고, 이 침입종에 밀려 우리의 토종 식물이 사라져 버릴 수도 있기 때문이다. 따라서 끝까지 책임질 것이라는 결심과 현실적인 대책이 없다면 수입산 동식물을 사지 말아야 한다. 국제적 교류가 점점 더 많아지고 있는 지금, 우리는 늘어나는 침입종에 대해 매 순간 경계심을 늦추지 말아야 한다.

▲ 멸종 위기에 처한 붉은 다람쥐

- **서식**(棲 살 서, 息 숨쉴 식)
생물 따위가 일정한 곳에 자리를 잡고 삶.

- **고유종**(固 굳을 고, 有 있을 유, 種 씨 종)
어느 한 지역에만 있는 특정한 생물의 종.

- **제방**(堤 둑 제, 防 막을 방)
홍수를 예방하거나 물을 저장하기 위해 하천이나 호수, 바다 둘레를 돌이나 흙으로 높이 쌓아 막은 언덕.

- **성체**(成 이룰 성, 體 몸 체)
다 자라서 생식 능력이 있는 동물. 또는 그런 몸.

- **방사**(放 놓을 방, 赦 풀어 줄 사)
잡힌 동물을 놓아줌.

- **현혹**(眩 아찔할 현, 惑 미혹할 혹)
정신을 빼앗겨 하여야 할 바를 잊어버림. 또는 그렇게 되게 함.

1 이 글의 내용과 일치하면 ○, 일치하지 않으면 ✕로 표시하세요.

⑴ 수입산 동식물을 함부로 사거나 버려서는 안 된다.   (   )

⑵ 침입종 문제는 사전보다 사후에 처리하는 것이 좀 더 쉽고 경제적이다. (   )

⑶ 붉은귀거북은 댐과 제방에 굴을 파거나 나무와 풀의 뿌리를 먹어 치워 많은 피해
를 주고 있다.   (   )

⑷ 침입종이 새로운 환경에 적응하는 과정에서 자연환경은 균형을 잃고 토착종은
위험에 빠진다.   (   )

⑸ 침입종이란 원래 서식하던 곳이 아닌 다른 지역에 유입되어 새로운 환경에 적응
하고 번식하는 생물종이다.   (   )

2 이 글을 크게 세 부분으로 나눈다고 할 때, ⓐ와 ⓑ에 들어갈 문장을 찾아 그대로 쓰
세요.

내용 구분	각 부분의 내용을 미리 짐작할 수 있게 하는 문장
두 번째 부분	ⓐ
세 번째 부분	ⓑ

3 이 글에서 보기 에 제시된 예를 통해 알 수 있는 사실은 무엇인가요? (   )

보기
• 북아메리카에 살던 회색 다람쥐   • 남아메리카의 고유종 뉴트리아
• 붉은귀거북   • 티히티섬에 유입된 미코니아
• 폴리네시아의 육식 달팽이

① 침입종은 생물 다양성을 위협한다.
② 침입종은 특정 지역에서만 서식한다.
③ 침입종은 인간이 키우거나 돌볼 수 없다.
④ 침입종은 새로운 환경에 잘 적응하지 못한다.
⑤ 침입종은 동물의 서식지를 넓히는 데 도움이 된다.

4 보기 는 ⊙에 대해 부정적인 입장을 가진 의견입니다. 여기에서 드러나는 문제의식으로 알맞은 것은 무엇인가요? (   )

의도의 옳고 그름을 떠나 동물을 대량 살상하는 행위에 대해 비판과 논쟁이 뒤따르는 것은 그리 놀랄 일이 아니다. 비판의 대부분은 침입종을 완전히 없애는 것에 대한 윤리적 측면을 지적한다. 침입종이면 무자비하게 죽이고, 토착종은 살린다는 이분법적 사고가 잘못되었다는 것이다. 자연 보전을 위해 동물을 살상한다는 말 자체도 뭔가 앞뒤가 맞지 않는다. 자연 보전이란 야생 동식물의 생명을 보전하는 것이니 말이다.

① 세상을 무조건 이분법적으로 바라보려는 태도는 과연 옳은가?
② 야생 동식물의 생명을 보전하는 것이 과연 진정한 자연 보전인가?
③ 침입종을 완전히 없애는 것은 과연 누구에게 이득이 되는 것인가?
④ 침입종이든 토착종이든 가릴 것 없이 동물을 대량 살상하는 행위는 정당한가?
⑤ 침입종도 토착종처럼 생명을 가진 존재인데, 이들을 무자비하게 죽이는 것이 옳은가?

5 빈칸에 알맞은 말을 넣어 이 글의 핵심 내용을 한 문장으로 요약하세요.

한줄
요약

침입종은 생물 [   ] 을 위협하는 매우 심각한 요인이므로, 침입종이 유입되거나 피해가 발생하지 않도록 [   ] 과 사후 처리를 철저하게 해야 하며, 개인적으로도 늘어나는 [   ] 에 대해 경계심을 늦추지 말아야 한다.

지문 속 필수 어휘

낱말의 뜻을 참고하여, 다음 십자말풀이를 완성해 보세요.

①ㄱ	**②**ㅇ	종	**③**ㅂ	**④**ㅅ
	입			ㅎ
	⑤⑥ㅌ	착		**⑧**ㅇ
	ㅈ		**⑦**ㅈ	방

|가로|

❶ 어느 한 지역에만 있는 특정한 생물의 종.

❸ 잡힌 동물을 놓아줌.

❺ 대대로 그 땅에서 살고 있음.

❼ 홍수를 예방하거나 물을 저장하기 위해 하천이나 호수, 바다 둘레를 돌이나 흙으로 높이 쌓아 막은 언덕.

|세로|

❷ 흘러들어 오게 됨.

❹ 일이 끝난 뒤. 또는 일을 끝낸 뒤.

❻ 본디부터 그곳에서 나는 종자.

❽ 질병이나 재해 따위가 일어나기 전에 미리 대처하여 막는 일.

빈칸에 알맞은 낱말을 보기 에서 찾아 문장을 완성하세요.

> 보기
>
> 서식   모피   성체   현혹

❾ 자극적인 광고에 쉽게 ☐☐ 되지 마라.

❿ 이 동물이 ☐☐ 하는 곳은 아직 알려지지 않았다.

⓫ 그 동물 보호 단체는 ☐☐ 에 대한 불매 운동을 적극적으로 한다.

⓬ 일반적으로 모든 곤충은 다 자라 ☐☐ 가 되면 짝짓기를 해서 번식을 한다.

육식 식물

어휘 수준 ★★★★★ _{하 중 상}
글감 수준 ★★★★★
글의 길이 1,223자

우리는 식물의 미각 기관을 생각하면 본능적으로 뿌리를 생각하게 된다. 그럴 만도 한 것이 식물이 원하는 영양소는 대부분 토양 속에 존재하기 때문이다. 그러나 상당수의 식물 종들은 여느 식물들과 다른 식성을 가지고 있는데, 소위 '식충 식물'이 바로 그들이다. 그러나 '식충 식물'은 사실 부정확한 정의이다. 다윈의 시대에 이미 다양한 발견과 관찰을 통해 수많은 식물이 곤충 외에 쥐나 도마뱀과 같은 소형 동물들을 잡아먹는다는 사실이 밝혀졌기 때문이다. 그럼에도 '육식 식물'이라고 하지 않고 '식충 식물'이라고 했던 이유는 1800년대 중반까지만 해도 식물 앞에 '육식'이라는 말을 붙이기가 상당히 부담스러운 분위기였기 때문이다. 이 때문에 19세기 말까지도 육식 식물은 '식충 식물'로 분류되어야만 했다.

그런데 일부 식물들이 동물의 고기를 먹는 이유는 무엇일까? 거기에는 진화적 이유가 있다. 육식 식물들이 수백 년 동안 진화해 온 습지의 토양에는 질소가 부족하거나 전혀 없기 때문에 단백질 합성을 위해서는 특단의 대책이 필요했던 것이다. 그들은 뿌리 대신 지상부를 이용하여 질소를 섭취하기로 결정하고 '움직이는 단백질 저장소'인 곤충을 표적으로 삼았다. 그리고 시간이 지남에 따라 잎의 형태를 조금씩 바꿔 포충엽으로 개조했다. 곤충을 포충엽에 가둬 죽인 후에는 곤충의 시체를 소화시켜 영양소를 섭취했다. 이렇게 포획한 곤충을 효소를 이용하여 대사시킨 다음 잎을 통해 영양소를 흡수하는 것이 ㉠육식 식물의 결정적 특징이다.

대표적인 육식 식물인 ㉡벌레잡이통풀의 사냥 기술을 살펴보자. 벌레잡이통풀은 특별한 주머니 모양의 기관을 진화시켰는데, 이것을 포충낭이라고 한다. 포충낭의 입구 언저리에서는 달콤하고 향기로운 물질이 뿜어져 나온다. 그에 이끌려 다가온 곤충이 달콤한 액체를 빨아먹으며 향기가 나는 쪽으로 접근하다 보면 포충낭 속으로 미끄러져 들어가 다시는 빠져나올 수 없게 된다. 포충낭 내부는 자연계에서 가장 미끄러운 소재로 이루어져 있다. 포충낭 속에 빠진 먹이는 소화액 속에서 허우적거리다가 결국 탈진하고 이를 확인한 벌레잡이통풀은 소화 활동을 시작한다. 가엾은 곤충은 영양분이 풍부한 수프로 바뀌어 서서히 흡수되는 것이다.

▲ 벌레잡이통풀

현재까지 육식 식물로 분류된 식물은 약 600종이다. 그러나 원시 육식 식물과 아직 발견되지 않은 땅속의 식물들까지 포함하면 앞으로 그 가짓수는 훨씬 더 늘어날 전망이다. 그렇게 될 경우, 우리는 ㉢식물의 식생활에 대한 인식을 완전히 바꿔야 할 것이다.

• 식충(食 먹을 식, 蟲 벌레 충)
벌레를 잡아먹음.

• 특단(特 특별할 특, 段 구분 단)
보통과 구별되게 다름.

• 지상부(地 땅 지, 上 윗 상, 部 거느릴 부)
지표면 위에 있는 부분.

• 포충엽(捕 사로잡을 포, 蟲 벌레 충, 葉 잎 엽)
벌레잡이 식물에서 날아 붙는 벌레를 잡아 소화시키는 잎.

• 효소(酵 삭힐 효, 素 흴 소)
동물 및 미생물의 생체 세포 내에서 생산되는 고분자 유기 화합물을 통틀어 이르는 말.

• 대사(代 대신할 대, 謝 사례할 사)
생물체가 몸 밖으로부터 섭취한 영양물질을 몸 안에서 분해·합성하여 에너지를 생성하고 필요하지 않은 물질을 몸 밖으로 내보내는 작용.

1 이 글의 내용과 일치하지 <u>않는</u> 것은 무엇인가요? (   )

① 현재까지 밝혀진 육식 식물은 약 600종이다.
② 식물의 미각 기관에는 뿌리만 있는 것이 아니다.
③ 육식 식물은 진화 과정에서 '포충엽'을 만들어 동물을 포획했다.
④ 19세기 말까지는 식물이 육식을 한다는 사실이 밝혀지지 않았다.
⑤ 일부 식물들이 육식을 한 이유는 토양에 질소가 부족했기 때문이다.

2 ㉠을 한 문장으로 요약할 때, 빈칸에 들어갈 알맞은 낱말을 보기 에서 찾아 쓰세요.

> **보기**
>
> 대사   효소

→ 육식 식물의 결정적 특징은 포획한 곤충을 (   )를 이용하여 (   )시킨 다음 잎을 통해 영양소를 흡수하는 데에 있다.

3 글쓴이가 ㉡을 설명하기 위해 사용한 방법이 <u>아닌</u> 것은 무엇인가요? (   )

① 마치 영상을 보는 것처럼 생생하게 묘사하고 있다.
② 내용을 이해하는 데 필요한 정보를 미리 제시하고 있다.
③ 식물의 육식 과정을 순서에 따라 자세하게 설명하고 있다.
④ 벌레잡이통풀이 육식 식물로 진화해 온 원리를 과학적으로 설명해 주고 있다.
⑤ 설명에 글쓴이의 감정을 드러냄으로써 독자의 감정 이입을 유도하고 있다.

4 앞뒤 내용을 고려할 때, ⓒ의 구체적인 내용으로 알맞은 것은 무엇인가요? (   )

① 식물은 곤충만 먹을 것이다.

② 식물에게는 미각 기관이 없을 것이다.

③ 식물도 필요에 따라 육식을 할 것이다.

④ 식물의 미각 기관은 뿌리에만 있을 것이다.

⑤ 식물이 원하는 영양소는 사실은 동물에 있을 것이다.

5 보기 에 제시된 육식 식물에서 '포충엽'에 해당하는 부분을 찾아 기호를 쓰세요.

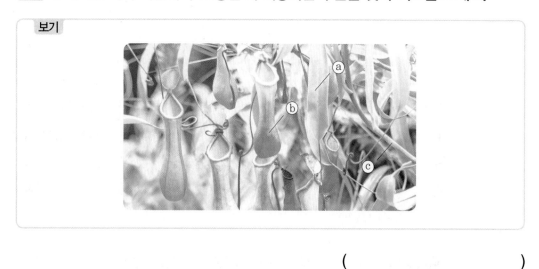

(   )

6 빈칸에 알맞은 말을 넣어 이 글의 핵심 내용을 한 문장으로 요약하세요.

한줄
요약

토양에 부족했던 □□ 를 보충하기 위해 □□ 을 하도록 진화해 온 육식 식

물이 오늘날에는 600종 이상 분류되어 있으므로, 이제는 식물의 식생활에 대한 우리

의 인식을 바꿀 때가 되었다.

● **지문 속 필수 어휘**

낱말의 뜻을 참고하여, 다음 문장의 빈칸에 들어갈 알맞은 낱말을 완성하세요.

❶ 식품을 발효시키는 데 유용한 | 효 | ㅅ | 가 많이 있다.

동식물 및 미생물의 생체 세포 내에서 생산되는 고분자 유기 화합물을 통틀어 이르는 말.

❷ 몸의 | ㄷ | 사 | 가 정상적으로 일어나야 건강한 것이다.

생물체가 생명 활동에 쓰는 물질이나 에너지를 생성하고 필요하지 않은 물질을 몸 밖으로 내보
내는 작용.

❸ 식충 식물은 | ㅍ | ㅊ | 엽 | 을 활용하여 곤충을 잡아먹는다.

벌레잡이 식물에서 날아 붙는 벌레를 잡아 소화시키는 잎.

❹ 이 식물의 | 지 | ㅅ | 부 | 는 마치 한 마리의 새처럼 생겼다.

지표면 위에 있는 식물체의 부분.

다음 사다리 타기에 따라 (　　) 안에 들어갈 단어를 보기 에서 고르세요.

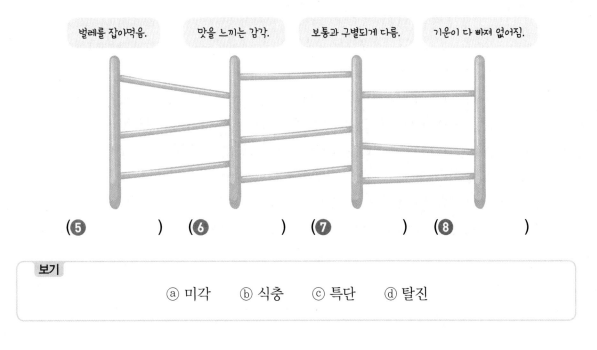

벌레를 잡아먹음.　　　맛을 느끼는 감각.　　　보통과 구별되게 다름.　　　기운이 다 빠져 없어짐.

(❺　　　　)　(❻　　　　)　(❼　　　　)　(❽　　　　)

보기

ⓐ 미각　　ⓑ 식충　　ⓒ 특단　　ⓓ 탈진

얼굴

🕙분 안에 풀어보세요.

"인간의 얼굴은 특이하다. ㉠일반적인 포유류의 기준에서 보면 인간의 이목구비는 이례적이고, 전문화되었으며, 어떻게 보면 기이하기까지 하다."

머리와 얼굴의 구조에 관한 한 21세기 최고의 권위자로 알려진 도널드 엔로가 인간의 얼굴에 대해 설명한 말이다. '얼굴'이란 '눈, 코, 입이 있는 머리의 앞면'을 의미한다. 폐나 팔다리, 꼬리 등은 척추동물에 따라 사라지기도 했지만, 이 얼굴만큼은 모든 척추동물이 가지고 있다. 그런데 우리는 무의식적으로 인간의 얼굴을 판단 기준으로 삼아 다른 동물의 얼굴을 이상하거나 우습다고 생각하는 경향이 있다. 그러나 엔로가 지적했듯이 사실 모든 얼굴 중에서 인간의 얼굴이 가장 특이하다.

인간의 얼굴이 가지는 특징은 다음 그림에서 일부 찾아볼 수 있다.

그림에서 여우의 얼굴은 인간의 얼굴보다 훨씬 더 전형적인 포유류의 얼굴을 하고 있다. 여우는 주둥이가 길고 머리덮개뼈 쪽으로 부드러운 경사를 이루는 안면 윤곽을 가지고 있다. 반면에 인간의 얼굴은 주둥이가 줄어들어 돌출된 흔적만 남아 있고 커다란 두개골 앞면에 둥글납작하며 수직으로 솟은 이마가 있다. 그리고 여우의 얼굴은 털로 덮여 있는 반면에 인간의 얼굴은 피부가 그대로 노출되어 있다. 또한 여우는 대부분의 포유류처럼 '촉촉한' 코가 있지만, 인간은 마른 코를 가지고 있다. 그럼 이제 그 중간의 얼굴을 가진 동물을 보자. 침팬지의 얼굴은 여우와 인간의 중간에 위치하며 두 종의 특징이 혼합되어 있다. 그러나 얼핏 보아도 여우보다는 인간의 얼굴과 더 닮았다는 점을 알 수 있다.

인간의 얼굴은 생김새뿐만 아니라 움직임과 표현력 면에서도 다른 포유류와 확연히 다르다. 인간과 침팬지, 여우가 각각 자신의 동료와 소통하는 모습을 관찰해 보면 세 동물 모두의 얼굴에서 표정 변화가 나타나지만, 인간의 얼굴 표정이 가장 풍부하다는 것을 알 수 있다. 두 사람이 대화를 나눌 때 여우와 침팬지에게서는 보이지 않는 표정이 순식간에 자동적으로 만들어지면서 말의 의미를 보강하거나 약화한다. 예를 들면 ㉡실눈을 뜨면서 이마를 살짝 찌푸리는 행동은 이해하지 못해 혼란한 상태임을 의미하고, 입술이 벌어진 상태에서 입꼬리가 살짝 위로 올라간 모습은 행복함이나 즐거움의 신호인 반면, 꽉 다문 입술은 불신을 의미하기도 한다. 이렇게 대화에 동반되는 다양한 얼굴 표정은 실제 말을 주고받는 행위의 뒤에서 그림자처럼 따라다니며 대화의 일부가 되고, 말로써 전달되는 정보 못지않게 말의 이면에 담긴 중요한 감정 상태를 전달한다. 즉 인간의 얼굴은 매우 정교하고 민감한 의사소통 도구라고도 할 수 있다.

● **권위자**(權 권세 권, 威 위엄 위, 者 사람 자)
어떤 분야에서 뛰어나다고 인정을 받고 영향을 끼칠 수 있는 능력을 가진 사람.

● **포유**(哺 먹일 포, 乳 젖 유)
어미가 제 젖으로 새끼를 먹여 기름.

● **안면**(顔 얼굴 안, 面 낯 면)
눈, 코, 입이 있는 머리의 앞면.

● **윤곽**(輪 바퀴 윤, 廓 둘레 곽)
사물의 테두리나 대강의 모습.

● **불신**(不 아니 불, 信 믿을 신)
믿지 아니함. 또는 믿지 못함.

● **이면**(裏 속 이, 面 겉 면)
겉으로 나타나거나 눈에 보이지 않는 부분.

1 이 글을 쓰기 위한 개요를 작성할 때, 빈칸에 들어갈 알맞은 말을 쓰세요.

문단의 흐름	주요 내용	활용할 자료
관심 유발	모든 얼굴 중에 _____⊙_____의 얼굴이 가장 특이하다.	_____ⓛ_____
인간의 얼굴이 가지는 특징 ①	_____ⓒ_____면에서 전형적인 포유류와의 차이점 설명하기	여우, 침팬지, 인간의 얼굴 그림
인간의 얼굴이 가지는 특징 ②	_____ⓔ_____면에서 다른 포유류와의 차이점 설명하기	•

2 ⊙의 근거에 해당하지 <u>않는</u> 것은 무엇인가요? (　　　)

① 마른 코
② 두개골 양옆에 붙은 귀
③ 그대로 노출되어 있는 피부
④ 둥글납작하며 수직으로 솟은 이마
⑤ 주둥이가 줄어들어 돌출된 흔적만 남은 입

3 ⓛ에 해당하는 의미를 드러내는 표정을 보기 에서 골라 기호를 쓰세요.

보기

ⓐ　　　　　　ⓑ　　　　　　ⓒ

(1) 불신 : _____

(2) 행복함이나 즐거움의 신호 : _____

(3) 이해하지 못해 혼란한 상태 : _____

4 이 글을 통해 알 수 있는 내용으로 알맞지 <u>않은</u> 것은 무엇인가요? (   )

① 모든 척추동물은 얼굴을 가지고 있다.

② 인간은 여우보다 훨씬 다양한 표정을 지을 수 있다.

③ 인간의 얼굴은 대부분의 포유류 얼굴과 많이 다르다.

④ 침팬지의 얼굴은 인간보다는 여우의 얼굴에 더 가깝다.

⑤ 같은 척추동물이라도 폐가 없는 동물이나 꼬리를 가진 동물이 있다.

5 다음 자료를 활용하여 반박할 수 있는 글쓴이의 생각은 무엇인가요? (   )

화났을 때 입을 크게 벌리고 소리를 질러요.

풀이 죽었을 때 입을 오므리고 입술을 삐죽 내밀어요.

공격할 때 입을 꾹 다물고 아무 소리도 내지 않아요.

무언가 해 달라고 할 때 입을 벌리고 입술을 삐죽 내밀어요.

기분 좋을 때 이를 드러내며 환하게 웃어요.

① 인간의 표정은 말의 의미를 보강하거나 약화한다.

② 침팬지의 얼굴은 여우와 인간의 특징이 혼합되어 있다.

③ 인간은 표정을 통해 말의 이면에 담긴 중요한 감정 상태를 전달한다.

④ 우리는 다른 동물의 얼굴을 이상하거나 우습다고 생각하는 경향이 있다.

⑤ 입꼬리가 올라가거나 입술을 꽉 다무는 표정은 침팬지에게서는 보이지 않는 표정이다.

6 빈칸에 알맞은 말을 넣어 이 글의 핵심 내용을 한 문장으로 요약하세요.

한줄요약

인간의 얼굴은 전형적인 포유류와 비교할 때 입, 이마, 피부, ☐ 등이 완전히 다르게 생겼으며, 다른 포유류와 달리 ☐☐ 이 매우 풍부하여 정교하고 민감한 ☐☐☐☐ 도구의 역할을 하기도 한다.

지문 속 필수 어휘

낱말의 뜻을 찾아 선으로 연결해 보세요.

❶ 포유 •

❷ 권위자 •

❸ 머리덮개뼈 •

❹ 보강 •

• ㉠ 머리뼈에서 위쪽 둥근 천장을 이루는 뼈.

• ㉡ 어미가 제 젖으로 새끼를 먹여 기름.

• ㉢ 어떤 분야에서 뛰어나다고 인정을 받고 영향을 끼칠 수 있는 능력을 가진 사람.

• ㉣ 보태거나 채워서 본디보다 더 튼튼하게 함.

빈칸에 알맞은 낱말을 보기 에서 찾아 문장을 완성하세요.

> **보기**
>
> 안면　　윤곽　　불신　　이면　　소통

❺ 그 아이는 어른들에 대한 ⬜⬜ 이 매우 크다.
　　　　　　　　　　　　　　믿지 아니함. 또는 믿지 못함.

❻ 안개가 너무 짙어서 그 건물의 ⬜⬜ 조차 확인할 수 없다.
　　　　　　　　　　　　　　　사물의 테두리나 대강의 모습.

❼ 그 사람은 사고로 ⬜⬜ 을 크게 다쳐 현재 앞을 볼 수 없다.
　　　　　　　　　　눈, 코, 입이 있는 머리의 앞면.

❽ 사람들이 하는 행동의 ⬜⬜ 에는 좀 더 많은 의미가 담겨 있다.
　　　　　　　　　　　겉으로 나타나거나 눈에 보이지 않는 부분.

❾ 적어도 우정을 나누는 친구끼리는 서로 뜻이 ⬜⬜ 되는 면이 있어야 한다.
　　　　　　　　　　　　　　　　뜻이 서로 통하여 오해가 없음.

미생물

어휘 수준 ★★★★★
글감 수준 ★★★★★
글의 길이 1,506자

본격 독해 훈련

가 동물과 미생물 간의 동맹 관계는 동물의 진화 과정을 여러 차례 변화시킴으로써 인간을 둘러싼 세상을 완전히 바꿔 놓았다. 이러한 동반자 관계가 얼마나 중요한지를 평가하는 쉬운 방법이 있는데, 바로 동반자 관계가 깨질 경우 어떤 일이 일어날지를 생각해 보는 것이다.

나 지구상에 존재하는 모든 미생물들이 한꺼번에 사라진다고 상상해 보자. 먼저 긍정적인 결과로, 감염병이 사라지고 동반자가 사라진 해충들은 생계를 꾸려 나가기 힘들게 될 것이다. 그러나 희소식은 딱 여기까지이다. 소, 양, 영양, 사슴과 같은 초식 동물들은 굶어 죽고 말 것이다. 왜냐하면 그들이 절대적으로 의존하는 장내 미생물들이 사라져 초원에서 뜯어 먹은 식물의 질긴 섬유질을 분해할 수 없게 되기 때문이다. 그리하여 아프리카의 초원을 누비는 거대한 동물 집단은 자취를 감추게 될 것이다. 미생물들의 소화 서비스를 받는 흰개미도 사정은 마찬가지인데, 흰개미들이 사라지면 그들을 먹고 사는 동물(예컨대 개미핥기)은 물론 개미 언덕을 은신처로 사용하는 동물들도 줄줄이 사라질 것이다. 세균이 없으면 자신들의 식단에 결핍된 영양소를 보충할 수 없으므로 진딧물, 매미 등 '식물의 즙을 빨아먹는 곤충'들도 모두 멸종할 것이다.

다 깊은 바닷속에서도 미생물의 영향력은 대단하다. 심해에 사는 많은 벌레, 조개류, 그 밖의 해양 동물들은 세균을 통해 에너지를 조달한다. 미생물이 없어지면 그들도 사라지고, 그렇게 심해 세계의 먹이 사슬 전체가 붕괴된다. 얕은 바다라고 해서 사정이 나을 것은 없다. 미세한 조류와 엄청나게 다양한 세균에 의존하는 산호의 경우 미생물이 사라지면 취약해질 수밖에 없다. 결국 산호초는 백화(白化)되고 침식되어, 산호에 의존하는 많은 생명들까지 고통을 받게 될 것이다.

라 그렇다면 인간은 어떻게 될까? 얼핏 생각하기에 인간은 미생물의 영향력으로부터 자유로울 것 같다. 미생물이 없어지면 곧 죽고 마는 다른 동물들과 달리 우리 인간은 몇 주, 몇 달, 심지어 몇 년 동안 그럭저럭 버틸 수 있으니 말이다. 물론 인간의 건강도 결국에는 악화되겠지만, 그보다 더 시급한 걱정거리가 있다. 첫째로, '분해의 달인'인 미생물이 없어지면 체내에 노폐물이 빠르게 축적될 것이다. 둘째로, 다른 초식 동물들이 그렇듯이 미생물이 없어지면 인간이 사육하는 가축들이 사라질 것이다. 셋째로, 질소를 공급하는 미생물이 사라지면 농작물도 타격을 받으므로 지구는 심각한 식량 위기를 맞게 될 것이다. 미생물학자인 잭 길버트와 조시 노이펠트는 사고 실험을 통해 다음과 같은 결론을 내렸다. "미생물이 사라지면 먹이 사슬이 붕괴되어, 인간은 불과 1년 안에 완벽한 사회 붕괴를 경험할 것으로 예측된다. 지구상의 종은 대부분 멸종하고, 생존한 종의 개체군 규모 또한 현저하게 줄어들 것이다."

마 이렇게나 중요한 미생물을 우리는 지금껏 무시해 왔다. 심지어 그들을 두려워하거나 미워하기도 했다. 그러나 이제 그들을 제대로 평가할 때이다. 미생물을 제대로 평가하지 않을 경우 인간에 대한 생물학적 이해마저 어려워질 수 있기 때문이다.

● **장내**(腸 창자 장, 內 안 내)
창자의 안.

● **백화**(白 흰 백, 化 화할 화)
식물이 마그네슘이나 철, 망가니즈 따위의 원소 결핍으로 엽록소가 부족하여 노란빛이나 붉은빛으로 되는 일.

● **침식**(浸 담글 침, 蝕 좀먹을 식)
빗물, 강물, 빙하, 바람 등이 땅이나 암석 따위를 차츰차츰 깎아 들어감.

● **사고 실험**(思 생각할 사, 考 생각할 고, 實 열매 실, 驗 증험할 험)
실행 가능성이나 입증 가능성에 구애되지 아니하고 사고상으로만 성립된 실험.

● **개체군**(個 낱 개, 體 몸 체, 群 무리 군)
한곳에서 같이 생활하는 한 종의 생물 개체의 집단.

정답과 해설 **20쪽**

1 미생물이 사라진 지구의 모습 중 성격이 <u>다른</u> 것은 무엇인가요? (   )

① 초식 동물이 모두 굶어 죽을 것이다.

② 감염병과 해충이 모두 사라질 것이다.

③ 인간이 사육하는 가축들이 사라질 것이다.

④ 심해 세계의 먹이 사슬 전체가 붕괴될 것이다.

⑤ 식물의 즙을 빨아먹는 곤충들이 모두 멸종하게 될 것이다.

2 이 글을 통해 글쓴이가 궁극적으로 말하고자 하는 것은 무엇인가요? (   )

① 미생물에 미안함보다 고마움을 가져야 한다.

② 인간에 대한 생물학적 이해가 제대로 이루어져야 한다.

③ 우리 모두 미생물에 대해 '사고 실험'을 해 보아야 한다.

④ 미생물이 인간과 지구 전체에 가지는 중요성을 인식해야 한다.

⑤ 지금까지 미생물은 사람들에게 무시당하고 미움을 받아 왔다.

+ 수능연결

중심 화제에 대해 글쓴이가 전달하고자 하는 핵심 내용을 주제라고 해요. 문제에서는 주제를 '글쓴이가 궁극적으로 말하고자 하는 것'이라고 길게 표현하기도 합니다. 표현만 길어졌을 뿐, '주제'의 다른 표현이라는 점을 알면 문제를 푸는 게 한결 수월하겠죠?

정 제도의 장단점에 의해서가 아니라 국가의 구성 요소들이 민주주의라는 보편적인 목적을 위해 얼마나 잘 기능하고 있는가를 기준   **글쓴이가 궁극적으로 말하고자 하는 것**

19. 윗글을 통해 글쓴이가 궁극적으로 말하고자 하는 것은?

① 정치 발전을 위해서는 국민이 적극적으로 정치에 참여해야 한다.

② 정치 제도보다 정치 제도를 운영하는   수능에는 중심 화제에 대한 글쓴이의 주된

③ 정치 문화의 유형을 구분하는 기준을   생각을 묻는 문제가 자주 출제돼요.

④ 정치에 정부가 과도하게 개입하는 것은 정치 발전에 도움이 되지 않는다.

⑤ 정치 제도를 개선하는 것이 당면한 사회적 문제를 해결하는데 효과적이다.

3 가~마를 문단의 성격에 따라 나누고, 각 문단에 어울리는 제목을 쓰세요.

문단의 성격	문단 기호	제목
문제 제기	㉠	동물과 미생물 간의 동반자 관계가 깨질 경우 가정해 보기
문제 상황 제시	㉡	– 육지에서 일어나는 일 – (㉣) – (㉤)
주장	㉢	미생물에 대한 제대로 된 평가의 필요성

4 보기 의 자료가 들어가기에 알맞은 문단은 무엇인가요? ( )

> **보기**
>
> 과거에는 미생물이 그저 인체에 해를 끼치지 않고 살아가는 세균들이라고 생각했지만, 최근에는 숙주인 인간에게 매우 큰 영향을 미치는 존재라는 사실이 밝혀지고 있다. 대표적인 것은 장내 미생물로, 음식물의 소화를 돕는 것은 물론 비만, 당뇨, 고혈압 같은 여러 가지 질환의 발생과 예방에 영향을 미친다. 하지만 장 이외에 다른 장소에 사는 미생물 역시 건강에 영향을 미칠 수 있다. 미국 미시간 대학교의 베치 폭스만이 이끄는 연구 팀은 코와 목에 있는 미생물이 세균 감염은 물론 독감도 예방한다는 증거를 발견했다.

① 가   ② 나   ③ 다   ④ 라   ⑤ 마

한줄
요약

5 빈칸에 알맞은 말을 넣어 이 글의 핵심 내용을 한 문장으로 요약하세요.

　　　　　이 지구에서 한꺼번에 사라지면 육지와 바다의 모든 생물은 물론 인간까지 큰 위기에 빠질 것이므로, 이들에 대해 제대로 된 　　　를 해야 한다.

지문 속 필수 어휘

낱말의 뜻을 참고하여, 다음 문장의 빈칸에 들어갈 알맞은 낱말을 완성하세요.

❶ 바다의 | ㅈ | 류 | 에 따라 바닷속 생태계가 달라진다.

　　밀물과 썰물 때문에 일어나는 바닷물의 흐름.

❷ 이곳은 범죄 집단의 | ㅇ | 신 | ㅊ | 로 이용되고 있었다.

　　　　몸을 숨기는 곳.

❸ | ㅁ | ㅅ | 물 | 은 마치 공기처럼 우리 주변 어디에나 존재한다.

　　눈으로 볼 수 없는 아주 작은 생물.

낱말의 뜻을 찾아 선으로 연결해 보세요.

❹ 침식　　•

❺ 백화　　•

❻ 개체군　•

• ㉠ 한곳에서 같이 생활하는 한 종의 생물 개체의 집단.

• ㉡ 빗물, 강물, 빙하, 바람 등이 땅이나 암석 따위를 차츰차츰 깎아 들어감.

• ㉢ 식물이 마그네슘이나 철 따위의 원소 결핍으로 엽록소가 부족하여 노란빛이나 붉은빛으로 되는 일.

빈칸에 알맞은 낱말을 보기 에서 찾아 문장을 완성하세요.

> **보기**
>
> 장내　　자취　　해충

❼ 이 지역의 산에는 [　　] 이 전혀 없어서 안심해도 된다.

❽ 그 분이 남긴 위대한 [　　] 는 후대 사람들에게 오래도록 기억될 것이다.

❾ 요구르트는 [　　] 에 있는 나쁜 세균을 억제하고 좋은 세균의 증식을 돕는다.

익숙함을 뒤집으면 새로운 게 보인다!

창의적 독해와 관련된 문제 중에서 가장 자주 등장하는 것은 새로운 내용으로 바꾸기와 새로운 상황에 적용하는 문제입니다. 그런데 새로운 내용으로 바꾸거나 새로운 상황에 적용하는 문제라고 해서 정말 지문에 없는 새로운 지식을 묻고 있을까요? 새로운 내용을 묻는 문제라 하더라도 결국은 지문에 이미 제시된 개념 또는 원리에 대한 정확한 이해가 문제 풀이의 관건입니다.

● **다음에 제시된 그림을 한번 볼까요? 다음에 제시된 그림의 의미를 유추해 보세요.**

답 _____

이 문제는 각 이미지 또는 기호에서 연상되는 글자를 따와서 새로운 의미를 유추해 보는 문제입니다. 그림에는 숫자 '4'와 '등호(=)와 부등호(≠)', 그리고 '게' 그림이 제시되어 있네요. 이 세 가지 종류의 이미지로 그 의미를 유추해야 하는 문제입니다.

답은 바로 **'사는 게 사는 게 아니다'**입니다.

창의적 독해와 관련하여 꼭 알아두어야 할 것으로 내용 바꾸기 문제가 있습니다. 내용 바꾸기는 주어진 틀을 활용하여 창의적으로 내용을 바꾸는 것을 말합니다. 하지만 창의적으로 내용을 바꾸는 경우라도, 기존의 것을 활용한다는 점에 주목해야 합니다.

● **이번엔 조금 난이도가 있는 문제입니다. 다음 지문을 먼저 읽어 보세요.**

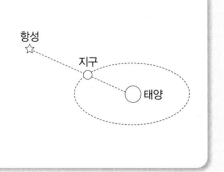

항성년은 그림처럼 태양과 지구와 어떤 항성이 일직선에 놓였다가 다시 그렇게 될 때까지의 시간이다. 그러나 릴리우스는 교회의 요구에 따라 절기에 부합하는 역법을 창출하고자 했기에 항성년을 1년의 길이로 삼을 수 없었다. 그는 춘분과 다음 춘분 사이의 시간 간격인 회귀년이 항성년보다 짧다는 것을 알고 있었기 때문이었다.

● **그럼 이제 문제입니다. 위 글을 이해하기 위해 다음 자료를 활용할 때 ㉮에 해당하는 것은 무엇일까요?**

○○시에 있는 원형 전망대 식당은 그 식당의 중심을 축으로 조금씩 회전한다. ㉮철수는 창밖의 폭포에 가장 가까운 창가 식탁에서 일어나 전망대의 회전 방향과 반대 방향으로 창가를 따라 걸었다. 철수가 한 바퀴를 돌아 그 식탁으로 돌아오는 데 57초가 걸렸는데, 폭포에 가장 가까운 창가 위치까지 돌아오는 데에는 60초가 걸렸다.

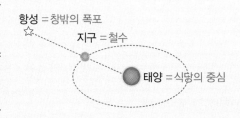

정답은 '**지구**'입니다. 자료에서 식당의 중심은 태양에 대응하고, 그 중심을 기준으로 도는 철수는 지구에 대응하기 때문이죠. 폭포에 가장 가까운 창가 위치는 항성에 대응하는데, 태양과 지구와 항성이 일직선에 놓였다가 다시 그렇게 될 때까지의 시간이 항성년이기 때문입니다. 조금 어려웠지요? 밑줄 친 부분에 주목하면 답을 찾는 게 조금은 수월했을 거예요.

> ❝ 새로운 내용도 결국 이미 있는 것으로부터 나옵니다.
> 겁먹지 말고 지문에 담긴 기본 원리를 이해하면,
> 새로운 내용도 익숙하게 답을 풀 수 있습니다. ❞

설탕의 독

어휘 수준 ★★★★★
글감 수준 ★★★★★
글의 길이 1,227자

사람들은 설탕을 정의 내리는 일이 비교적 쉬울 것이라고 생각하지만 이는 생각보다 복잡하다. 흔히 우리가 설탕이라고 생각하는 것은 공식적으로는 자당이라고 불리는 사탕수수, 사탕무 등의 식물에서 얻은 물질에 한정되지만 이 밖에도 훨씬 더 다양한 종류의 설탕이 있기 때문이다.

설탕에는 포도당, 과당, 갈락토스, 자당, 젖당, 맥아당 등 여러 종류가 있다. 우리의 두뇌와 몸이 원활하게 기능하기 위해서는 이 중에서도 포도당이 필요하다. 포도당은 과일과 채소에서 자연적으로 생긴다. 게다가 우리가 섭취하는 단백질과 지방 중 일정 부분이 포도당으로 전환되기 때문에 자연식품만으로도 우리 몸이 필요로 하는 포도당을 충분히 공급받을 수 있다.

존 유드킨은 그의 책 〈설탕의 독〉에서 "우리 몸은 설탕 그 자체로든 아니면 다른 음식이나 음료의 형태로든 설탕을 필요로 하지 않는다."라고 밝힌 바 있다. 즉 현재의 우리는 역사상 전례가 없을 정도로 과도한 양의 설탕을 섭취하고 있는 셈이다. 이 중 한 종류의 설탕이 우리 몸에 특히 치명적인데, 테이블 설탕 및 고과당 옥수수 시럽 등에서 발견되는 '과당'이 그렇다. 이 과당은 다른 종류의 설탕과는 매우 다른 방식으로 우리 몸에서 작용한다.

식사를 하다가 배가 부르면 우리 몸에서는 식욕 억제 호르몬이 분비되어 뇌에 그만 먹으라는 신호를 보낸다. 그러나 과당은 이 법칙을 따르지 않는다. "음식을 그만 섭취하라."는 호르몬을 촉발하지 않는 과당은 식욕을 통제하는 역할을 하는 뇌에 발각되지 않은 채 체내로 숨어 들어간다. 그래서 사탕이나 과자를 많이 먹어도 포만감을 느끼지 못하고 계속해서 섭취하게 되는 것이다.

이 현상에 대해 논리적으로 설명하면 다음과 같다. 수천 년 전 우리 조상들은 딸기나 벌꿀 그리고 땅에서 캐낸 식물 뿌리 등을 통해 과당을 섭취하였다. 이 귀중한 고열량 식품을 먹을 기회는 아주 드물었기 때문에 우리 몸은 과당에 대한 '멈춤 스위치'가 없이 진화하였고, 그 결과 엄청난 양의 과당을 먹을 수 있게 되었다. 한때는 실용적이었던 이 생존 기술이 지금의 우리에게는 커다란 문젯거리이다.

● **전환**(轉 바꿀 전, 換 바꿀 환)
다른 방향이나 상태로 바뀌거나 바꿈.

● **전례**(前 앞 전, 例 보기 례)
이전부터 있었던 사례.

● **촉발**(觸 닿을 촉, 發 쏠 발)
어떤 일이 다른 어떤 일로부터 영향을 받거나 자극되어 일어남.

● **공복감**(空 빌 공, 腹 배 복, 感 느낄 감)
몹시 출출해서 자꾸 먹고 싶은 느낌.

그런데 문제는 이것으로 그치지 않는다. 체내에서 과당은 지방으로 전환되며, 이 지방 역시 우리 몸의 식욕 통제 시스템을 방해하기 때문이다. 정상적인 상황이라면 언제 수저를 내려놓아야 할지 알려 주는 식욕 억제 호르몬도 더 이상 제 역할을 수행

하지 못한다. 그 결과 우리는 계속 공복감을 느끼고 설탕뿐만 아니라 어떤 음식이든 닥치는 대로 먹게 되는 것이다.

정답과 해설 21쪽

1 이 글의 내용을 바르게 이해한 학생은 누구인가요? (   )

① 송희: 과당은 모든 과일과 채소에서 자연적으로 생긴다.

② 동주: 우리 조상들은 과당을 섭취하는 것을 즐기지 않았다.

③ 로운: 수천 년 전에도 우리 몸은 과도한 양의 설탕을 섭취해 왔다.

④ 지연: 설탕을 정의하는 일은 어렵지만 결국 하나의 물질을 가리킨다.

⑤ 은실: 설탕을 **상하 관계**로 나누면 포도당, 과당 등으로 분류할 수 있다.

2 이 글의 내용을 바탕으로 보기 에 제시된 내용을 순서에 맞게 나열하세요.

> **보기**
>
> ㄱ. 오늘날에는 과당이 엄청나게 함유된 고열량 식품을 아주 쉽게 구할 수 있게
> 되었다.
>
> ㄴ. 과거에는 과당이 함유된 식품이 많지 않았고 구하기도 쉽지 않았기 때문에
> 우리 몸은 늘 과당이 부족한 상태였다.
>
> ㄷ. 그럼에도 우리 몸은 여전히 과거의 생존 기술에 따라 아무리 과당을 많이 섭
> 취해도 포만감을 느끼지 못하고 있다.
>
> ㄹ. 아주 오래전에는 딸기, 벌꿀, 식물 뿌리 등의 극히 일부 식품에만 과당이 함
> 유되어 있었다.
>
> ㅁ. 이러한 이유로 수천 년에 걸쳐서 우리 몸은 일단 과당을 만났을 때 최대한 많
> 이 섭취할 수 있도록 진화되어 왔다.

(   )

3 다음은 이 글을 통해 추측한 내용입니다. 맞으면 ○, 틀리면 X로 표시하세요.

(1) 음식을 먹지 않더라도 포도당은 우리 몸 내부에서 자체적으로 충분히 공급될 것
이다.   (   )

(2) 설탕을 인위적으로 과도하게 섭취하는 것은 우리 몸에 매우 해로운 결과를 가져
올 것이다.   (   )

(3) 수천 년 전 우리 조상들이 과당을 섭취하지 않았다면 오늘날 현대인들의 비만 문
제는 발생하지 않았을 것이다.   (   )

4 보기 의 현상을 설명하기 위해 이 글에서 활용할 수 있는 정보는 무엇인가요?

( )

> **보기**
>
> 최근 한 연구 결과에 따르면 패스트푸드가 체내에서 포만감을 느끼게 하는 렙틴 호르몬의 분비 시스템을 변화시켜 식욕 억제 작용을 어렵게 한다고 발표했다. 이 때문에 패스트푸드가 별로 포만감을 주지 않으면서 많은 열량을 섭취하게 해 금방 살을 찌게 할 수 있다는 것이다.

① 포도당은 과일과 채소에서 자연적으로 생긴다.
② 식사를 하다가 배가 부르면 일반적으로는 식욕 억제 호르몬이 분비된다.
③ 설탕에는 포도당, 과당, 갈락토스, 자당, 젖당, 맥아당 등 여러 종류가 있다.
④ 우리 조상들은 딸기나 벌꿀, 땅에서 캐낸 식물 뿌리 등을 통해 과당을 섭취했다.
⑤ 과당은 체내에서 지방으로 전환되며, 이 지방 역시 우리 몸의 식욕 통제 시스템을 방해한다.

5 이 글을 다른 관점에서 반박할 수 있는 주장의 근거로 알맞은 것은 무엇인가요? ( )

① 비만은 심혈관 질환, 고혈압 및 당뇨병 등 성인병의 주된 원인이 된다.
② 식품 회사들은 빅 사이즈 제품을 앞다투어 개발하여 고객들을 유인한다.
③ 세계 보건 기구에 따르면 과체중은 전 세계 성인 중 11억 명이고, 비만은 3억 명에 이른다고 한다.
④ 스트레스를 받으면 뇌 속의 세로토닌이라는 물질이 감소하여 먹는 것으로 스트레스를 푸는 경향이 나타난다.
⑤ 전문가들은 비만의 가장 큰 원인이 고열량 식품의 섭취와 오랜 시간 앉아서 일하거나 운동을 적게 하는 생활 습관에 있다고 보고 있다.

6 빈칸에 알맞은 말을 넣어 이 글의 핵심 내용을 한 문장으로 요약하세요.

한줄
요약

우리 몸은 ☐☐ 을 섭취해도 ☐☐☐ 을 별로 느끼지 못하는 방식으로 진화되어 온 탓에 생리적인 필요성이 없는 설탕을 과도하게 섭취하고 있다.

지문 속 필수 어휘

낱말의 뜻을 참고하여, 다음 문장의 빈칸에 들어갈 알맞은 낱말을 완성하세요

❶ 요즘에는 먹어도 먹어도 ㄱ ㅂ 감 이 사라지지 않는다.
몹시 출출해서 자꾸 먹고 싶은 느낌.

❷ 지금까지 우리 마을에서는 그런 전 ㄹ 가 한 번도 없었다.
이전부터 있었던 사례.

❸ 그의 억울한 죽음이 이런 대규모 항의 시위를 ㅊ 발 시켰다.
어떤 일이 다른 어떤 일로부터 영향을 받거나 자극되어 일어남.

문제 속 개념어

상하 관계 上 위 상, 下 아래 하, 關 관계할 관, 係 맬 계

두 단어 중에서 단어의 한쪽이 다른 쪽을 포함하거나 다른 쪽에 포함되는 관계를 상하 관계
라고 합니다. 이때 다른 쪽을 포함하는 말을 상의어, 다른 쪽에 포함되는 말을 하의어라고
합니다.

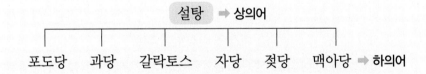

보기 에 제시된 낱말들을 상의어와 하의어로 분류해 보세요.

> **보기**
>
> 시, 회화, 소설, 공예, 희곡, 조각, 미술

상의어	문학	❺
하의어	❹	❻

북극과 남극

10분 안에 풀어보세요.

어휘 수준 ★★★★★ 하 중 상
글감 수준 ★★★★★
글의 길이 1,234자

가 서울 시청 앞에 진달래를 심은 적이 있었다. 진달래는 오염된 공기에서는 잘 자랄 수가 없기 때문에 서울의 대기가 얼마나 오염되었는지를 측정하기 위한 지표로 시청 앞에 심은 것이다. 지구의 북극과 남극 지역도 기후 온난화를 측정할 수 있는 지표와 같은 구실을 하는데, 극지방의 얼음이 모두 녹을 경우 바닷물은 60m 이상 높아질 것이라고 한다. 이 극지방은 지표의 구실뿐만 아니라 지구의 기후를 조절하는 아주 중요한 일도 하고 있다.

나 먼저 극지방은 지구 전체의 기후를 조절하기 위한 거대한 열처리 시스템 역할을 하고 있다. 얼음과 눈으로 뒤덮인 극지방은 높은 반사율을 가지고 있어서 태양빛을 70%쯤 반사한다. 그래서 지구는 평균적으로 빛 반사율을 30%로 유지하게 되는 것이다. 만약 극지방의 얼음과 눈이 모두 녹아 없어진다면 빛 반사율이 낮아져 지구의 온도가 급격하게 올라갈 것이다. 또한 면적이 2천만km²가 넘는 차가운 표층수를 가진 남극해는 대기 중 이산화 탄소를 녹여 이산화 탄소의 양이 늘어나는 것을 조절하고 있다.

다 또한 극지방은 지구의 온도를 조절해 주는 열 균형 펌프장 역할도 한다. 지구의 불균등한 열을 이동시키는 거대한 순환의 출발점이 바로 북극과 남극의 바다이기 때문이다. 이곳의 바다는 마치 거대한 펌프가 작동하는 것처럼 지구 전체의 바닷물을 위아래로 휘휘 저어 준다.

라 극지방에서 시작되는 순환의 원리는 이렇다. 남극의 웨들 해에서는 겨울 동안 남극의 깊은 바닥으로 가라앉는 심층수가 만들어진다. 집에서 냉동실에 얼려 놓았던 설탕물을 꺼내 조금 녹았을 때 마시면 처음보다 달게 느껴지는데 이는 물이 얼 때는 설탕을 얼음 밖으로 내보내기 때문이다. 마찬가지로 웨들 해의 바닷물이 얼 때, 얼지 않는 차가운 바닷물은 평소보다 염분이 높아져서 더 짜지게 되고 밀도도 커진다. 이렇게 밀도가 커진 바닷물은 바다 깊숙이 내려가 긴 여행을 시작하게 된다.

마 북대서양에서도 심층수가 만들어진다. 멕시코 만류에서 공급된 따뜻한 바닷물은 높은 온도 때문에 증발이 활발하게 일어나면서 염분이 높아진다. 이때 북대서양의 바닷물은 염분은 높지만 따뜻하기 때문에 아래로 가라앉을 만큼 밀도가 크지는 않다. 하지만 캐나다 북부에서 불어오는 차가운 바람 때문에 북대서양의 바닷물이 식으면서 밀도가 큰 바닷물이 된다. 이렇게 북대서양과 북극해가 맞닿아 있는 그린란드 동쪽과 래브라도 해협에서 만들어진 밀도가 큰 바닷물은 깊은 바다로 내려가 전 세계 대양을 항해하는 긴 여행을 시작하게 되는 것이다.

● **지표**(指 가리킬 지, 標 표할 표)
방향이나 목적, 기준 따위를 나타내는 표지.

● **표층수**(表 겉 표, 層 층 층, 水 물 수)
바다 표면 가까이에 있는 바닷물. 풍랑, 강수, 증발 따위의 영향을 받는 부분임.

● **심층수**(深 깊을 심, 層 층 층, 水 물 수)
저층수와 중층수 사이의 수심 1,000~4,000미터에 있는 저온·고밀도의 바닷물.

● **해협**(海 바다 해, 峽 골짜기 협)
육지 사이에 끼어 있는 좁고 긴 바다.

● **대양**(大 큰 대, 洋 큰 바다 양)
세계의 해양 가운데에서 특히 넓은 해역을 차지하는 대규모의 바다. 태평양, 인도양, 대서양, 북빙양, 남빙양을 오대양이라고 함.

1 이 글의 내용과 일치하면 ○, 일치하지 않으면 ✕로 표시하세요.

(1) 극지방은 지구로 오는 태양빛의 30%를 반사한다.   (   )

(2) 남극해의 표층수는 대기 중 이산화 탄소를 녹인다.   (   )

(3) 북극과 남극은 지구의 기후 변화를 측정할 수 있는 지표가 된다.   (   )

(4) 극지방의 얼음이 모두 녹으면 바닷물은 60m 이상 낮아질 것이다.   (   )

(5) 북극과 남극의 바다는 지구 전체의 바닷물을 순환시키는 펌프장 역할을 한다.

(   )

2 이 글을 통해 알 수 있는 사실로 알맞지 <u>않은</u> 것은 무엇인가요? (   )

① 극지방이 없으면 지구의 온도는 급격하게 올라갈 것이다.

② 북대서양의 바다는 멕시코 만류의 영향으로 밀도가 낮아진다.

③ 극지방에서는 염분이 높아지고 밀도가 커진 바닷물이 심층수가 된다.

④ 극지방의 얼음이 얼마나 있느냐를 보고 지구의 기후 상태를 판단할 수 있다.

⑤ 극지방은 우리가 지구에서 안전하게 살기 위해 필요한 매우 중요한 지역이다.

3 보기 의 그림을 가장 직접적으로 설명하고 있는 문단은 무엇인가요? (   )

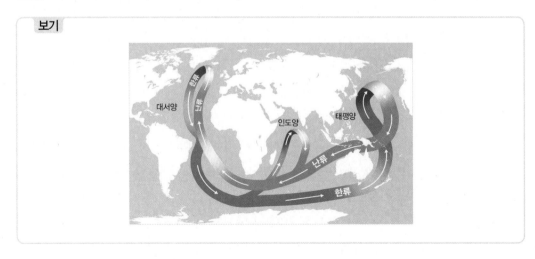

① 가   ② 나   ③ 다   ④ 라   ⑤ 마

4 이 글과 보기 의 내용을 바탕으로 예측할 수 있는 사실로 알맞은 것은 무엇인가요?

( )

> 보기
>
> 　최근 북대서양 극지방의 바닷물 염분 농도가 점점 낮아지고 있는 것이 확인되었습니다. 온난화로 지구의 온도가 올라가서 북극의 빙하들이 계속 녹아 바다로 들어오면 염분 농도는 낮아집니다. 염분이 낮아진다는 것은 밀도가 작아져 바닥으로 가라앉는 수직 순환이 잘 일어나지 않을 수 있다는 뜻이지요. 그렇게 되면 거대한 에너지 수송 펌프가 멈춰 버릴 수도 있겠죠. 에너지 수송 펌프가 멈춰 버린다면 지구는 에너지 불균형을 해소하기 위해 다른 방법을 써서 움직일지도 몰라요. 그리고 어쩌면 그 방법은 지구를 돌이킬 수 없는 최악의 상태로 몰아갈지도 모르는 일이지요.

① 극지방의 바닷물 염분 농도는 시간이 지날수록 높아질 것이다.
② 북극의 빙하가 다 녹으면 지구의 에너지 불균형 문제는 해소될 것이다.
③ 에너지 수송 펌프가 멈추면 극지방은 지구의 지표 구실만 하게 될 것이다.
④ 바닷물의 수직 순환이 잘 일어나지 않으면 지구 온난화는 더욱 심각해질 것이다.
⑤ 지구 온난화가 계속되면 극지방은 더 이상 열 균형 펌프 역할을 하지 못할 것이다.

5 빈칸에 알맞은 말을 넣어 이 글의 핵심 내용을 한 문장으로 요약하세요.

□□□ 은 기후 온난화를 측정할 수 있는 □□ 의 역할과 지구 전체의 □□ 를 조절하는 역할을 한다.

지문 속 필수 어휘

낱말의 뜻을 찾아 선으로 연결해 보세요.

❶ 증발 ·

❷ 해협 ·

❸ 대양 ·

❹ 만류 ·

· ㉠ 큰 만의 해안을 따라 크게 휘돌아 가는 바닷물의 흐름.

· ㉡ 세계의 해양 가운데에서 특히 넓은 해역을 차지하는 대규모의 바다.

· ㉢ 어떤 물질이 액체 상태에서 기체 상태로 변함. 또는 그런 현상.

· ㉣ 육지 사이에 끼어 있는 좁고 긴 바다. 양쪽이 넓은 바다로 통함.

낱말의 뜻을 참고하여, 다음 십자말풀이를 완성해 보세요.

	❺ ㅈ	❻ 표			❽ ㅇ
		ㅊ		❾ ㅁ	도
❼ ㅅ	ㅊ	수			

|가로|

❺ 방향이나 목적, 기준 따위를 나타내는 표지.
❼ 저층수와 중층수 사이의 수심 1,000~4,000미터에 있는 저온·고밀도의 바닷물.
❾ 어떤 물질의 단위 부피만큼의 질량.

|세로|

❻ 바다 표면 가까이에 있는 바닷물. 풍랑, 강수, 증발 따위의 영향을 받는 부분임.
❽ 차가움과 뜨거움의 정도를 나타내는 수치.

청진기의 원리

10분 안에 풀어보세요.

가 환자의 몸에서 나는 소리로 질병을 진단하는 청진은 그리스 시대에 히포크라테스가 자신의 귀를 환자의 몸에 대고 체내의 음을 직접 들은 데서 비롯되었다. 청진기는 1816년에 프랑스의 라에네크가 처음 만들어 사용했는데, 그가 만든 청진기는 한쪽 귀로만 소리를 듣는 외귀형이었다. 그는 아이들이 긴 나무 막대를 가지고 한쪽에서 다른 쪽으로 신호를 전달하는 타전 놀이를 하는 것에서 힌트를 얻었다고 한다. 처음에는 종이를 둘둘 말아 만든 통을 이용했다가 점차 목재통으로 개량하여 사용하였고, 지금과 같은 쌍귀형 청진기는 19세기 중반에서야 발명되었다.

나 일반적인 청진기는 다이어프램, 벨, 연결관, 바이누랄, 귀꽂이로 이루어져 있다. 다이어프램은 평평한 플라스틱 떨림판이 있는 부분으로, 주로 고음을 듣는 데 사용된다. 벨은 종처럼 움푹 파여 있어서 붙여진 이름으로, 주로 저음을 듣는 데 사용된다. 연결관은 다이어프램과 벨의 집음판에 잡힌 음원을 귀에 전달하는 통로 역할을 한다. 바이누랄은 두 귀에 걸쳐지는 부분으로, 연결관을 통해 올라온 소리를 귀꽂이로 전달해 준다. 보통 강화 알루미늄이나 스틸 혹은 구리를 사용해서 만드는데, 최근에는 플라스틱으로 된 것도 있다. 귀꽂이는 귀에 들어가서 마지막으로 소리를 전달하는 부분이기 때문에 보통 인체에 무해한 재질로 만들어진다.

다 그렇다면 인체의 소리가 청진기를 통해 귀에 전달되는 과정은 어떨까? 의사가 청진기를 귀에 꽂고 환자의 가슴에 대면 인체의 소리는 청진기의 막을 진동시키고 연결관을 통해 이동된 소리가 의사의 귀에 전달된다. 벨의 경우 낮은 주파수의 소리를 듣는 데 사용되고, 다이어프램의 경우 상대적으로 좀 더 큰 소리와 넓은 대역의 소리를 듣는 데 사용된다. 이러한 차이는 집음 부위의 구조가 다르기 때문에 생겨나는데, 벨은 떨림판이 없어서 몸에서 발생한 소리가 곧바로 공기를 진동시킴으로써 작은 소리를 들을 수 있다. 반면에 다이어프램은 피부의 진동이 일단 플라스틱으로 된 떨림판에 전달되고, 다시 떨림판의 떨림이 공기를 진동시켜야 한다. 그런데 아주 작은 소리는 떨림판 자체에서 흡수되어 더 이상 진동이 전달되지 않기 때문에 다이어프램으로는 일정 수준 이상의 진동이 있는 큰 소리만 들을 수 있다.

라 의사들의 가장 기본 의료 장비인 청진기는 환자들의 심장이나 폐 소리를 보다 크고 정확하게 듣기 위해 만들어진 것이다. 최근에는 의공학 기술의 발달로 전자 청진기가 개발되어 보다 정확한 진단이 가능해졌다. 또한 청진기와 컴퓨터를 무선으로 연동시켜 소리를 그래프로 나타내어 시각적으로 분석해 보여 주기도 한다. 소리를 듣는 것이 아니라 보여 주는 기능까지 하니, 더 이상 소리를 듣는다는 의미의 '청진기'가 아니라 다른 이름이 필요한 것은 아닌지 생각해 보게 하는 대목이다.

● **음원**(音 소리 음, 源 근원 원)
소리가 나오는 근원. 또는 그 근원이 될 수 있는 것.

● **주파수**(周 두루 주, 波 물결 파, 數 셈 수)
전파나 음파가 1초 동안에 진동하는 횟수.

● **대역**(帶 띠 대, 域 지경 역)
어떤 폭으로써 정해진 범위. 최대 주파수에서 최저 주파수까지의 구역을 말함.

1   **가** 의 **중심 내용**으로 알맞은 것은 무엇인가요? (   )

① 청진기의 종류

② 청진기의 구조

③ 청진기의 역사

④ 청진기의 장단점

⑤ 청진기에 대한 사람들의 오해

＋수능연결

하나의 소주제를 나타내기 위해 내용상 관련 있는 문장들이 모인 것을 문단이라고 해요. 중심 내용은 문단의 문장들을 중심 문장과 뒷받침 문장으로 구별하면 파악할 수 있습니다. 문단은 글 전체의 주제를 뒷받침하는 역할을 하므로 문단의 중심 내용은 글의 전체적인 흐름을 파악하는 데 도움이 됩니다.

적인 재화는 가격이 내릴 때 시장 수요량이 크게 증가 하므로 모든 가계의 지출액은 증가한다. 이에 따라 전체 기 _____. 〔**중심 내용**〕

40. **가**~**마** 의 중심 내용으로 적절하지 않은 것은?

① **가** : 수요 탄력성의 개념

② **나** : 수요 탄력성의 계산 및 표

③ **다** : 가격에 따라 수요가 달라

④ **라** : 수요 탄력성과 소비자 지출의 관계

⑤ **마** : 가계와 기업의 관계에 대한 수요 탄력성의 적용

〔수능에는 각 문단의 중심 내용을 파악할 수 있는지를 묻는 문제가 자주 출제돼요.〕

2   **나** 의 내용을 바탕으로 아래 청진기 그림의 명칭을 쓰세요.

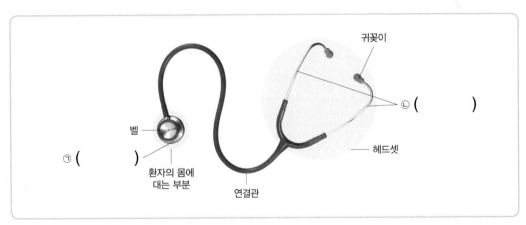

3   벨과 다이어프램에 대한 설명으로 알맞은 것에 ○표 하세요.

(1) 소리가 작을수록 떨림판의 진동은 커진다.   (   )

(2) 벨과 다이어프램은 모두 떨림판을 가지고 있다.   (   )

(3) 다이어프램은 크고 넓은 소리를 듣는 데 사용된다.   (   )

(4) 벨과 다이어프램은 집음 부위의 구조에 차이가 있다.   (   )

4 **다**에서 대상을 설명하는 방법으로 알맞은 것은 무엇인가요? (   )

① 대상의 특징을 바탕으로 작동하는 원리를 설명하고 있다.

② 구체적인 사례를 통해 대상의 특징을 설명하여 독자들의 이해를 돕고 있다.

③ 대상의 문제점을 나열한 후 문제를 해결할 수 있는 방법을 순서대로 제시하고 있다.

④ 대상의 구조를 분석하고 구성 요소들 간의 공통점을 중심으로 내용을 서술하고 있다.

⑤ 대상의 개념을 설명한 후 대상에 대한 의문을 해소하는 방법으로 내용을 전개하고 있다.

5 다음 중 **라**를 읽고 답할 수 있는 질문을 모두 고르세요.

> ㉠ 청진기는 누가 만들었나요?
>
> ㉡ 전자 청진기는 언제 만들어졌나요?
>
> ㉢ 인체의 소리를 그래프로 나타낼 수 있게 된 이유는 무엇인가요?
>
> ㉣ 의사들이 전자 청진기보다 일반 청진기를 선호하는 이유는 무엇인가요?
>
> ㉤ 글쓴이가 '청진기'가 아닌 다른 이름이 필요하다고 생각한 이유는 무엇인가요?

(   )

한줄
요약 **6** 빈칸에 알맞은 말을 넣어 이 글의 핵심 내용을 한 문장으로 요약하세요.

청진기는 다이어프램, ☐ , 연결관, 바이누랄, 귀꽂이로 이루어져 있는데, 이들은

모두 환자의 몸에서 나는 여러 가지 ☐☐ 를 정확하게 듣기 위해 만들어졌고, 각

각 그 역할에 맞는 기능을 하고 있다.

지문 속 필수 어휘

빈칸에 알맞은 낱말을 보기 에서 찾아 문장을 완성하세요.

> **보기**
>
> 개량　　무해　　진동

❶ 할아버지는 벼의 품종 ☐☐ 에 온 힘을 쏟으셨다.

❷ 집에 오는데 버스 ☐☐ 이 너무 심해서 멀미가 났다.

❸ 문제가 되었던 제품은 조사 결과, 인체에 ☐☐ 함이 밝혀졌다.

문제 속 개념어

질문하며 읽기

독자가 읽기 전, 중, 후의 과정에서 글의 내용, 글쓴이, 글을 읽는 상황, 독자 자신 등에 대해 질문하며 능동적으로 글을 읽는 것을 말합니다. 이를 통해 글을 보다 정확하고 깊이 있게 이해할 수 있습니다.

읽기 전	글을 읽기 전에 글의 제목, 글쓴이, 책의 표지, 목차, 삽화 등을 미리 훑어보고 이와 관련한 질문을 만들 수 있음. 예 제목으로 보아 이 글은 어떤 내용일까? / 책의 표지 그림은 글의 내용과 어떤 관련이 있을까?
읽기 중	글을 읽는 도중에는 글의 정보를 중심으로 다양한 질문을 하며 읽고, 질문과 점검을 통해 글의 의미를 찾아낼 수 있음. 예 단어나 문장이 담고 있는 의미는 무엇인가? / 글의 내용이 읽기 전에 예측한 내용과 일치하는가? / 사실과 의견을 구분하면서 읽고 있는가?
읽기 후	글을 읽은 후에는 글의 내용, 글쓴이, 글을 읽는 상황, 독자 자신 등에 대해 질문하면서 자신이 이해한 내용을 정리하는 것이 좋음. 예 글의 중심 내용이나 줄거리는 무엇인가? / 글쓴이의 처지는 어떠했으며 글을 쓴 의도는 무엇인가? / 자신의 읽기 목적과 관련하여 이 글은 도움이 되었는가? / 이 글이 독자와 사회에 미칠 영향은 무엇인가?

별의 종류

어휘 수준 ★★★★★ _{하 중 상}
글감 수준 ★★★★★
글의 길이 1,449자

가 우리가 보는 별은 개수도 많지만 그 종류도 매우 다양하다. 태양처럼 스스로 빛을 내는 별이 있는가 하면, 다른 별의 빛을 반사시키는 별도 있고, 긴 꼬리를 가진 별도 있다. 우리가 아는 별은 크게 항성, 행성, 위성, 혜성으로 나눌 수 있는데, 각각의 개념과 특징에 대해 알아보자.

나 우선 항성은 태양처럼 스스로 빛을 내는 별을 말한다. 항성이란 '붙박이 별'이라는 의미인데, 과거에는 항성을 영원히 사라지지 않는 존재라고 생각했기 때문에 이러한 이름이 붙여졌다. 항성이 스스로 빛을 낼 수 있는 까닭은 항성의 중심부에서 수소나 헬륨과 같은 물질들이 핵융합 반응을 일으키며 엄청난 에너지를 만들어 내기 때문이다. 이 에너지가 항성의 중심부를 둘러싼 기체들의 대류 현상으로 외부로 방출되면서 눈부시게 밝은 빛을 내는 것이다. 항성의 이러한 에너지 생산 과정은 항성이 소멸할 때까지 계속된다.

다 행성은 우리가 사는 지구와 같이 스스로 빛을 내지 못하는 천체 중에서 일정 크기 이상의 천체를 통틀어 이르는 말이다. 보통 항성 주변을 공전하는 천체를 행성이라고 하며, 행성은 원시별의 둘레를 돌던 기체와 먼지들이 모여서 만들어진다고 한다. 그러다 보니 행성은 항성에 비해 크기가 아주 작고, 스스로 에너지를 만들지 못하기 때문에 항성에서 에너지를 얻어야 한다. 실제로 밤하늘에 빛나는 별 가운데 항성의 빛을 반사해 반짝이는 행성들도 있다. 우리 태양계 안에는 수성, 금성, 지구, 화성 등의 행성이 있다.

라 행성이 항성 주변을 돌듯이 행성 주변을 도는 천체를 위성이라고 한다. 지구 주변을 빙그르 도는 인공위성을 생각해 보자. 자연적으로 생긴 위성이 아니라 사람의 손으로 만들었다고 해서 인공위성이라고 하는 것인데, 그렇다면 자연 위성도 있을까? 있다. 바로 '달'이다. 달은 지구의 유일한 위성으로, 지구의 주위를 한 달에 한 바퀴 돈다. 위성은 행성에 따라 있기도 하고 없기도 하며, 하나이기도 하고 여러 개이기도 하다. 수성과 금성은 위성이 없고, 지구는 하나, 화성은 두 개의 위성을 가지고 있다. 목성의 경우는 현재까지 밝혀진 바에 따르면 위성이 무려 112개나 된다고 한다.

마 혜성은 태양계의 천체 가운데 코마와 꼬리가 있는 별을 말한다. 코마는 혜성의 핵과 핵을 둘러싼 기체 덩어리이다. 혜성의 핵은 '더러운 눈덩이'라고도 불리는데, 이는 얼음, 암석, 유기질의 먼지가 포함되어 있기 때문이다. 혜성의 꼬리는 혜성이 태양열을 받아 표면의 얼음과 먼지가 증발해서 생긴다. 간혹 혜성이 지구 근처를 지나가다 남긴 먼지가 지구 중력으로 딸려 들어오는 경우가 있다. 이때 지구의 대기층과의 마찰로 먼지가 불타

● **핵융합**(核 씨 핵, 融 녹을 융, 合 합할 합)
가벼운 몇 개의 원자핵이 핵반응으로 결합하여 무거운 원자핵으로 되는 일.

● **대류**(對 대할 대, 流 흐를 류)
기체나 액체에서, 물질이 이동함으로써 열이 전달되는 현상.

● **소멸**(消 사라질 소, 滅 꺼질 멸)
사라져 없어짐.

면서 화려하고 아름다운 우주 쇼를 연출하는데, 이것이 바로 긴 꼬리를 흩날리며 쏟아져 내리는 유성우이다.

바 까만 밤하늘 위에 반짝반짝 빛나는 별, 그런데 별이라고 다 같은 별은 아니다. 사람이 모두 다르듯 모두 비슷해 보이는 별도 크기나 색깔, 성질이 이렇게나 다양한 것이다.

정답과 해설 **24쪽**

1 이 글에서 **가**의 역할로 알맞은 것은 무엇인가요? (   )

① 설명 대상 간의 공통점을 바탕으로 설명하고 있다
② 설명 대상의 사전적 의미를 풀이하여 제시하고 있다.
③ 설명 대상에 대한 사람들의 궁금증을 나열하고 있다.
④ 설명 대상과 앞으로 설명할 내용의 방향을 밝히고 있다.
⑤ 글쓴이의 주장을 밝히며 글의 목적을 분명히 드러내고 있다.

2 다음 중 항성에 대한 설명으로 알맞은 것을 모두 고르세요.

> ㉠ 스스로 빛을 낼 수 있다.
> ㉡ 영원히 사라지지 않고 떠 있다.
> ㉢ 항성의 중심부에서는 핵융합 반응이 일어난다.
> ㉣ 항성의 에너지 생산 과정은 항성이 생겨난 직후 사라진다.

(   )

3 위성에 대한 설명으로 알맞지 <u>않은</u> 것은 무엇인가요? (   )

① 달은 자연 위성에 속한다.
② 달은 지구의 유일한 위성이다.
③ 행성 주변을 도는 천체를 말한다.
④ 사람이 만든 위성을 인공위성이라고 한다.
⑤ 위성을 가장 많이 가지고 있는 행성은 화성이다.

4 빈칸에 들어갈 알맞은 말을 순서대로 쓰세요.

> 유성우란 (   )와 꼬리로 이루어진 혜성이 지구 근처를 지나가다 대기층과의 마찰로 혜성의 핵 속에 들어 있던 (   )가 불타면서 연출하는 화려한 우주 쇼를 말한다.

(   )

5 각각의 설명에 해당하는 것에 알맞게 선을 그어 보세요.

① 항성 •   • ㉠ 수성, 금성, 지구, 화성 등이 있다.

② 행성 •   • ㉡ '붙박이 별'이라는 의미이다.

③ 혜성 •   • ㉢ 자연적으로 생겨난 것도 있고, 인위적으로 만들어진 것도 있다.

④ 위성 •   • ㉣ '더러운 눈덩이'라고도 불리는 핵을 가지고 있다.

6 빈칸에 알맞은 말을 넣어 이 글의 핵심 내용을 한 문장으로 요약하세요.

한줄
요약

천체는 모양과 특징에 따라 몇 가지로 나눌 수 있는데, 스스로 ☐ 을 내는 항성, 지구와 같이 스스로 빛을 내지 못하는 행성, ☐☐ 주변을 도는 위성, 코마와 꼬리를 가진 별인 ☐☐ 이 있다.

지문 속 필수 어휘

낱말의 뜻을 참고하여, 다음 문장의 빈칸에 들어갈 알맞은 낱말을 완성하세요.

❶ 불빛의 반 ㅅ 때문에 눈이 부셔서 누가 왔는지 알 수가 없었다.

일정한 방향으로 나아가던 파동이 다른 물체의 표면에 부딪쳐서 나아가던 방향을 반대로 바꾸는 현상.

❷ 마치 행성이 태양의 둘레를 ㄱ 전 하는 것처럼, 그 친구도 내 주위를 빙빙 돌았다.

한 천체가 다른 천체의 둘레를 주기적으로 도는 일. 행성이 태양의 둘레를 돌거나 위성이 행성의 둘레를 도는 따위를 이름.

❸ 멀리 여행은 못 가도, 집 근처에 제법 잘 만들어진 ㅇ 공 폭포가 있으니 가 보자.

사람의 힘으로 자연에 대하여 가공하거나 작용을 하는 일.

다음 문장을 읽고, (   ) 안에 공통으로 들어갈 낱말을 완성하세요.

❹
- 어릴 적, 우리 집 마루에는 (   ) 책장이 있었다.
- 그 할머니는 경수의 먼 친척뻘 되는 분인데, 의지할 자식이 없어서 결국 (   )로 같이 살게 되었다고 한다.

ㅂ 박 ㅇ

❺
- 운동을 많이 하면 열이 몸 밖으로 (   )된다.
- 자연 상태에서도 미량의 방사능이 외부에 (   )된다.

방 ㅊ

❻
- (   )의 운행 자체가 우주의 조화이다.
- (   ) 망원경으로 바라본 은하수는 매우 아름다웠다.

ㅊ 체

❼
- 그는 나와 통하는 (   )한 친구이다.
- 이 소설은 그가 평생에 걸쳐 쓴 (   )한 작품이다.

ㅇ 일

생물 모방

생물 모방은 문자 그대로 생물체로부터 영감을 얻어 문제를 해결하려는 공학 기술 분야이다. 생물 모방의 의미를 지닌 바이오미미크리라는 용어는 1982년부터 사용되었지만, 1997년에 미국의 생물학 저술가인 재닌 베니어스가 쓴 〈생물 모방〉이 주목을 받으면서 널리 사용되기 시작했다. 베니어스는 이 책의 부제처럼, 생물 모방을 '자연에서 영감을 얻는 혁신'이라고 정의했다. 이 책의 출간을 계기로 생물 모방은 21세기의 새로운 연구 분야로 각광받기 시작했다. 베니어스는 이 책에서 자연으로부터 배운 것을 토대로 이룰 수 있는 혁신에 대해 다음과 같이 말했다.

[A] "나뭇잎을 모방한 태양 전지, 거미줄처럼 꼰 강철 섬유, 조개를 모방한 깨지지 않는 세라믹, 침팬지로부터 배운 암 치료법, 다년생 들풀에서 영감을 얻은 다년생 곡물, 세포처럼 신호를 보내는 컴퓨터, 미국 삼나무 숲에서 교훈을 얻은 경제 등 어떤 경우에도 자연은 모델이 된다."

이렇듯 생물 모방은 자연 전체가 모델이 되므로 연구의 범위를 가늠하기 어려울 정도로 넓고 깊다.

2005년 미국의 물리학자인 요세프 바코헨이 편집한 〈생물 모방학〉을 살펴보면, 생물 모방 연구의 범위를 짐작해 볼 수 있다. 20편의 연구 논문이 실린 이 책에는 생물의 구조와 기능을 본떠 만드는 물질은 물론이고, 로봇 공학, 인공 지능, 인공 생명, 인공 장기와 인공 근육을 다루는 생체 전자 공학, 신경 공학 등 현대 과학 기술의 핵심 분야가 제시되어 있다. 생물에서 영감을 얻고, 또 생물을 본뜨는 연구야말로 모든 과학 기술을 융합하는 것임을 분명하게 보여 주고 있는 것이다.

21세기 들어 ㉠생물 모방이 각광받게 된 까닭은 크게 두 가지로 볼 수 있다.

첫째로, 나노 기술의 발달이다. 생물의 구조와 기능을 나노미터 수준에서 파악할 수 있게 됨에 따라 생물을 본뜬 물질을 만들어 낼 수 있게 되었기 때문이다. 이를테면 도마뱀붙이 발가락의 빨판, 연잎 표면의 돌기, 공작새 깃털의 단백질, 모르포 나비 날개의 비늘, 전복 껍데기의 구조는 모두 나노 크기의 물질로 이루어져 있다.

둘째로, 지구의 환경 위기이다. 베니어스가 〈생물 모방〉에서 명쾌하게 설명한 대목에 그 이유가 함축되어 있다.

[B] "생물들은 화석 연료를 고갈시키지 않고 지구를 오염시키지도 않으며 미래를 저당 잡히지 않고도 지금 우리가 하고자 하는 일을 전부 해 왔다. 이보다 더 좋은 모델이 어디에 있겠는가?"

자연을 스승으로 삼고, 자연의 지혜를 배우면 지구를 환경 위기로부터 구해 낼 수 있다고 굳게 믿는 사람들은 생물 모방을 단순히 과학 기술의 하나로 여기지 않고, 이른바 '생태 시대'를 여는 혁신적인 접근 방법으로 보고 있는 것이다.

어휘 수준 ★★★★★
글감 수준 ★★★★★
글의 길이 1,314자

● **영감**(靈 신령 령, 感 느낄 감)
창조적인 일의 계기가 되는 기발한 착상이나 자극.

● **각광**(脚 다리 각, 光 빛날 광)
사회적 관심이나 흥미.

● **세라믹**(ceramics)
높은 온도에서 구워 만든 비금속 무기질 고체 재료.

● **나노**(nano)
국제 단위계에서 10억분의 1을 나타내는 분수. 기호는 n

● **고갈**(枯 마를 고, 渴 목마를 갈)
어떤 일이 바탕이 되는 돈이나 물자, 소재, 인력 따위가 다하여 없어짐.

● **생태 시대**(生 날 생, 態 모양 태, 時 때 시, 代 시대 대)
사람과 자연 또는 환경이 서로 조화되며 공생할 수 있는 체계를 갖춘 시대.

1 이 글의 내용과 일치하는 것은 무엇인가요? (   )

① 생물 모방은 생태 시대 이후에야 완성될 것이다.

② 생물 모방의 연구 범위는 주로 생체 전자 공학 분야이다.

③ 생물 모방은 1982년 처음 등장했을 때부터 각광을 받았다.

④ 생물 모방은 한 마디로 '자연에서 영감을 얻는 혁신'이라고 할 수 있다.

⑤ 생물 모방에 대한 연구가 발전하면서 나노 기술도 함께 발달하게 되었다.

2 [A]와 [B]에 대한 설명으로 알맞지 <u>않은</u> 것은 무엇인가요? (   )

① 다른 사람의 생각이나 말을 직접 가져와서 인용하고 있다.

② 글쓴이가 말하고자 하는 바를 보다 효과적으로 전달할 수 있다.

③ 다른 사람의 생각을 자신의 생각인 것처럼 표현할 수 있는 효과적인 방법이다.

④ 권위자나 전문가의 말을 인용함으로써 글 전체에 신뢰감을 높이는 역할을 한다.

⑤ [A]는 개념 이해를 돕기 위한 인용이고, [B]는 주장에 대한 근거를 제시하기 위한 인용이다.

3 이 글을 읽고 추론할 수 있는 사실을 보기 에서 모두 고르세요.

보기

㉠ 우리는 환경 위기를 해결해야 하는 상황에 놓여 있다.

㉡ 생물 모방은 자연을 거스르지 않는 친환경적인 기술이다.

㉢ 생물 모방으로 지구의 모든 문제를 해결할 수 있게 되었다.

㉣ 생물 모방이 가능하기 위해서는 고도의 과학 기술이 뒷받침되어야 한다.

㉤ 생물 모방은 연구의 범위가 너무 넓어 발전하는 데 한계가 있을 것이다.

(   )

4 이 글과 관련지어 보기 를 설명한 것으로 알맞지 <u>않은</u> 것은 무엇인가요? (   )

㉮

▲ 흰개미 집

㉯

▲ 흰개미의 건축술을 응용한 건물

흰개미 집에서 덥혀진 공기는 상승하면서 그들이 고안한 굴뚝을 통해 빠져 나가고, 아래 부분에 뚫린 구멍으로 외부 공기가 들어와 온도와 습도가 완벽하게 조절된다.

통풍구와 채널 시스템을 통해 온도를 조절하고 공기의 전도성을 활용하여 신선한 공기를 유지할 수 있다.

① ㉮는 자연의 지혜가 집약된 결과물이다.
② ㉮는 현대 과학 기술의 핵심이 융합된 결과이다.
③ ㉯는 생물 모방 기술을 활용한 것이다.
④ ㉯는 에너지 낭비를 최소화한, '생태 시대'에 적합한 건물이다.
⑤ ㉮에서 영감을 얻어 ㉯와 같이 실현하는 것이 결국 생물 모방이다.

5 빈칸에 알맞은 말을 넣어 이 글의 핵심 내용을 한 문장으로 요약하세요.

한줄
요약

생물 모방은 [ ][ ]에서 영감을 얻는 혁신적인 접근을 통해 모든 과학 기술을 [ ][ ]하는 공학 기술로, 지구가 처한 [ ][ ] 위기를 해결해 줄 수 있을 것으로 기대되고 있다.

지문 속 필수 어휘

낱말의 뜻을 참고하여, 다음 문장의 빈칸에 들어갈 알맞은 낱말을 완성하세요.

❶ 그런 불확실한 것에 내 인생을 저ㄷ 잡힐 수는 없다.
　　　볼모(약속 이행의 담보로 상대편에 잡혀 두는 사람이나 물건)로 삼음.

❷ ㅇ감 이 떠오르지 않아서 작업을 시작할 수가 없다.
　　　창조적인 일의 계기가 되는 기발한 착상이나 자극.

❸ 이 기사의 ㅂ제 는 내용과 별로 상관이 없는 것 같다.
　　　책이나 논문 따위의 제목에 덧붙여 그것을 보충하는 제목.

❹ 21세기는 우리에게 엄청난 변화와 ㅎ신 을 요구하고 있습니다.
　　　묵은 풍속, 관습, 조직, 방법 따위를 완전히 바꾸어서 새롭게 함.

❺ 어떻게 이렇게 단순하고도 명ㅋ한 진리가 있을 수가 있을까?
　　　말이나 글 따위의 내용이 명백하여 시원함.

다음 문장을 읽고, 두 낱말 중 알맞은 것을 찾아 ○표 하세요.

❻ 청소년들의 정서 함양에 도움이 될 만한 교양물들이 [출관되었다 / 출간되었다].

❼ 아이가 잠을 [이루지 / 이르지] 못할 때에는 동화책을 읽어 주면 좋다.

❽ 나는 새해에는 열심히 공부하기로 [굳게 / 굳게] 결심했다.

미래 사회의 프라이버시

사람들은 새로운 기술의 혜택을 누리는 것을 좋아한다. 그러나 우리는 ㉠그 대가로 프라이버시를 희생해야 할지도 모른다. 현재 개발 중이거나 이미 개발된 몇몇 기술을 보면 그럴 가능성이 충분해 보인다.

예를 들면 쌍방형 텔레비전이 개발되고 텔레비전 전자 상거래 서비스가 도입되면서 시청자들은 영화나 드라마를 개개인의 취향에 따라 골라 볼 수 있고, 텔레비전으로 손쉽게 원하는 물건을 구입할 수도 있다. 참 편리한 세상이다. 하지만 시청자들에 대한 정보, 거래 내역 등 모두가 기록으로 저장되기 때문에 매우 유용하게 느껴지는 이러한 정보 통신 기기가 미래에는 사람들을 감시하는 무시무시한 도구로 돌변할 가능성도 있다.

얼굴 인식 기술 또한 빠르게 발전하고 있다. 길거리 행인의 얼굴을 식별하는 정도는 이제 더는 불가능한 일이 아니다. 이 기술은 범죄 예방에 유용하게 쓰이는 기술이지만 동시에 거리를 오가는 평범한 시민들도 모두 감시의 대상이 되었다는 뜻이기도 하다. 사람마다 심각하게 느끼는 정도에는 차이가 있지만, 기본적으로 모두 프라이버시 침해에 해당한다.

전자 태그 설치에 드는 비용도 날이 갈수록 저렴해지면서 곧 널리 보급되리라 전망된다. 기업들은 물건을 판매한 후에도 사전에 제품에 삽입해 둔 전자 칩을 통해 제품의 이동 경로를 추적할 수 있다. 제품 이용 현황과 관련된 귀중한 마케팅 정보를 손쉽고 정확하게 얻을 수 있게 된 것이다. 하지만 이는 동시에 기업이 제품 구매자의 움직임도 추적할 수 있다는 의미가 된다. 소비자들은 자신도 모르게 프라이버시를 침해당하는 것이다.

이러한 프라이버시 침해가 국가 단위로 옮겨질 때 문제는 더 심각해진다. 요즘 각국 정부는 국가가 보유 중인 개인 정보를 하나로 통합하는 방안을 검토하고 있다. 공공 서비스를 보다 효율적으로 제공하기 위해서이다. 유럽 연합은 전자 정부 정책의 일환으로 통합 카드 도입을 적극적으로 추진하고 있다. 이는 시민들이 카드 한 장으로 교육, 의

료, 도서관 등 여러 공공 서비스를 이용할 수 있게 하는 제도이다. 개인 신분증, 여권, 운전 면허증, 의료 보험증 등을 비롯해 모든 공공 서비스 관련 정보가 카드 한 장에 담기게 된다. 이 카드로 모든 공공 기관에 합법적으로 접근할 수 있는 것이다.

통합 카드 제도가 무척 편리한 것은 사실이지만, 개인 정보가 잘못 사용될 가능성도 그만큼 쉬워진다. 예를 들어 비민주적인 정부가 권력을 장악하게 된다면 무슨 일이 벌어질까? 조지 오웰의 소설 〈1984〉에 나오는 것처럼 시민들이 항상 감시당하는 사회에서 살게 되는 것은 아닐까? 그런 일이 벌어지기 전에 개인 정보를 장악할지도 모르는 국가 기관의 권한을 제한하는 대책이 마련되어야 하지 않을까? 이는 앞으로 우리 사회가 해결해야 할 중요하고도 시급한 과제라 할 수 있다.

● **프라이버시**(privacy)
개인의 사생활이나 집안의 사적인 일.

● **전자 상거래**(電 번개 전, 子 아들 자, 商 장사 상, 去 갈 거, 來 올 래)
컴퓨터를 이용해 인터넷이나 피시 통신에 접속하여 물건을 사고파는 행위.

● **전자 태그**(電 번개 전, 子 아들 자, tag)
기존의 바코드 대신에 대상물에 대한 각종 정보를 아이시(IC) 칩에 담아 대상물에 부착한 태그.

● **보급**(普 널리 보, 及 이를 급)
널리 퍼서 많은 사람들에게 골고루 미치게 하여 누리게 함.

● **장악**(掌 손바닥 장, 握 쥘 악)
손안에 잡아 쥔다는 뜻으로, 무엇을 마음대로 할 수 있게 됨을 이르는 말.

● **시급**(時 때 시, 急 급할 급)
시각을 다툴 만큼 몹시 절박하고 급함.

1 이 글의 내용과 일치하면 ○, 일치하지 않으면 ✕로 표시하세요.

(1) 전자 태그는 범죄 예방에 유용하게 쓰이는 기술이다. (   )

(2) 현재 개발 중이거나 이미 개발된 새로운 기술은 사람들에게 큰 혜택을 주지 못하고 있다. (   )

(3) 유럽 연합이 추진하는 통합 카드 제도는 잘못 사용될 경우 심각한 문제를 발생시킬 수 있다. (   )

(4) 쌍방향 텔레비전을 통한 모든 거래 내용은 기록이 되어 사람들을 감시하는 도구로 변할 수 있다. (   )

2 글쓴이가 주장을 전개하는 방식으로 알맞은 것은 무엇인가요? (   )

① 글쓴이의 주장에 대비되는 다른 관점의 주장들을 다양하게 제시하고 있다.

② 주장을 뒷받침할 수 있는 결정적인 사례 하나를 집중적으로 분석하고 있다.

③ 주장을 직접적으로 드러내지 않은 채 주장과 관련된 문제 제기만 하고 있다.

④ 다른 주장의 문제점을 하나하나 반박함으로써 자신의 주장을 부각하고 있다.

⑤ 주장을 구체적으로 뒷받침할 수 있는 현실적인 사례들을 차례로 제시하고 있다.

3 ㉠의 예로 알맞지 않은 것은 무엇인가요? (   )

① 다양한 기능을 가진 휴대 전화로 도청을 하거나 몰래 촬영하는 것

② 인공위성이 사람들의 행적이나 위치에 관한 모든 정보를 실시간으로 기록하는 것

③ 휴대 전화나 출입문을 이용할 때 숫자나 패턴 암호를 홍채 인식 기술로 대신하는 것

④ 내비게이션으로 길 안내를 받다가 손으로 조작하지 않고 음성으로 목적지를 변경하는 것

⑤ 군사용, 산업용으로 다양하게 활용되는 드론이 사람들이 활동하는 모든 곳을 자유롭게 촬영하는 것

4 이 글에 드러나는 글쓴이의 생각을 비판적 관점에서 평가한 것은 무엇인가요?

( )

① 편리함만을 추구하기보다 사람들의 사생활 보호를 좀 더 중요하게 고려해야 한다.

② 사생활 침해의 가능성은 새로운 기술이 주는 편리함에 대한 대가라고 생각해야 한다.

③ 소비자가 알든 모르든 새로운 기술이 사생활을 침해할 가능성은 반드시 차단해야 한다.

④ 기술이 발달하면 발달할수록 사람들의 프라이버시가 침해되는 정도는 더욱 커지게 된다.

⑤ 컴퓨터에 기록된 사람들의 정보가 악용되지 않도록 제도적인 장치를 촘촘하게 마련해야 한다.

5 빈칸에 알맞은 말을 넣어 이 글의 핵심 내용을 한 문장으로 요약하세요.

한줄
요약

새로운 기술이 주는 □□ 보다 그로 인한 프라이버시 □□ 의 가능성을 더 심각하게 따져서 그에 대한 □□ 을 마련해야 한다.

지문 속 필수 어휘

낱말의 뜻을 참고하여, 다음 십자말풀이를 완성해 보세요.

❶프					
라			❹❺ㅈ	자	ㅅ	거	래
이			자	
ㅂ	❸보		ㅌ	
❷시	ㄱ		ㅡ	

|가로|

❷ 시각을 다툴 만큼 몹시 절박하고 급함.

❹ 컴퓨터를 이용해 인터넷에 접속하여 물건을 사고파는 행위.

|세로|

❶ 개인의 사생활이나 집안의 사적인 일.

❸ 널리 펴서 많은 사람들에게 골고루 미치게 하여 누리게 함.

❺ 기존의 바코드 대신에 대상물에 대한 각종 정보를 전자 칩에 담아 대상물에 부착한 태그.

낱말의 뜻을 참고하여, 다음 문장의 빈칸에 들어갈 알맞은 낱말을 완성하세요.

❻ 이 행사는 지구 살리기 프로젝트의 [일][ㅎ] 이다.

서로 밀접한 관계로 연결되어 있는 여러 것 가운데 한 부분.

❼ 평소에 순하던 사람이 [ㄷ][변] 하면 더 무서운 법이다.

모습이나 태도가 갑작스럽게 달라지거나 바뀜.

❽ 화면이 너무 흐릿해서 누구인지 [식][ㅂ] 하기가 어렵다.

분별하여 알아봄.

❾ 나쁜 사람들이 시장을 [장][ㅇ] 하게 해서는 안된다.

손안에 잡아 쥔다는 뜻으로, 무엇을 마음대로 할 수 있게 됨을 이르는 말.

중요한 정보와 아닌 정보를 구분하라!

인간은 보고 싶은 것만 본다?

세상을 있는 그대로 보지 않고 자신이 원하는 대로 보는 태도를 '선택적 인식'이라고 합니다.
사람은 누구나 조금씩 그런 태도를 지니고 있습니다. 이는 글을 읽을 때도 마찬가지죠.

글을 읽다 보면, 내게 익숙한 정보는 눈에 더 크게 들어오고,
그렇지 않은 정보들은 작게 흘려보낸 경험 없으신가요?

● **다음 그림을 한번 봐 주세요. 이 그림에는 천사와 악마가 동시에 존재합니다. 당신의 눈에는 무엇이 먼저 보이시나요?**

결과 ....

이 그림은 단순히 흰색과 백색의 차이를 나타낸 그림이 아니라 사람에 따라 어떤 게 더 눈에 먼저 들어오는지를 보여 줍니다.

(사람에 따라 천사가 먼저 보일 수도, 악마가 먼저 보일 수도 있겠죠? 그리고 천사와 악마 모두가 보이는 경우도 있을 거예요.)

일반적으로 독해를 잘하는 사람들은 '중요한 내용'과 '중요하지 않은 내용'을 구분하고, 글 전체 내용을 균형 잡힌 시각으로 바라볼 수 있어요. 그러나 그렇지 않은 사람은 자신의 이해 정도나 관심사, 흥미, 자신에게 인상 깊었던 내용에만 주목하여 '선택적 인식'을 할 확률이 높습니다. 그래서 중요한 내용은 잊어버리고 중요하지 않은 내용만 기억한다든지, 자기 생각에 맞는 내용만 기억하고 자기 생각과는 다른 내용은 잊어버리는 경우가 많아요.

독해 지문은 보는 사람에 따라 눈에 들어오는 정보에 차이가 있습니다.
평소 과학에 관심이 있는 학생은 과학 지문에, 사회 문제에 관심이 있는 학생은 사회 지문에 더 익숙한 것처럼요. 사람에 따라 지문에 들어오는 정보에 차이가 있다 보니, 독해를 하다 보면, 자신에게 익숙한 정보를 더 중요한 정보로 착각하여 글쓴이의 의도와는 다른 방향으로 독해를 하게 되는 경우도 종종 발생합니다. 이렇게 내 눈에 더 크게 들어오는 정보에만 '선택적 인식'을 한다면, 전체를 보지 못할 수 있어요.

사람의 뇌는 속이기 쉽습니다. 우리가 중요하다고 생각해서 여러 번 보게 되면, 뇌는 그 정보에 보다 많은 집중을 하게 되고 그 정보를 오래 기억해요. 그리고 자신이 더 집중해서 보게 되는 정보를 중요한 정보로 잘못 인식하게 되는 거죠.
지문을 다 읽고 이제 문제를 막 풀려는데, 중요하지 않은 내용만 기억나고 정작 중요한 내용이 기억나지 않는다면, 얼마나 당혹스러울까요? 글을 다시 읽어야 하는 악순환이 무한 반복되겠죠?

> ❝독해를 할 때에는 내 눈에 띄는 정보에만 주목할 것이 아니라
> 글 속에 있는 정보 모두를 바로 보고,
> 중요한 정보와 아닌 정보를 구분할 수 있어야 합니다.❞

떡살

어휘 수준 ★★★★★
글감 수준 ★★★★★
글의 길이 1,243자

'절편'은 멥쌀가루를 쪄서 치댄 다음 원형이나 사각으로 모양을 잡아 자른 떡이다. 인절미나 팥시루떡과 달리 절편에는 고물이 없다. 송편과 개피떡처럼 소가 들어 있는 것도 아니다. 그 대신 겉에 참기름만 조금 바를 뿐이다.

[A] '떡살'은 이러한 절편에 무늬를 새기는 도구이다. '떡살'은 '떡에 살을 붙인다.'라는 뜻에서 생긴 이름으로, 다르게는 '떡본', '떡손'이라고도 부른다. 떡살은 자기, 사기, 옹기 등의 재료로 만든 것도 있지만, 주로 나무를 깎아서 만든다. 대추나무, 감나무, 호두나무, 박달나무와 같이 단단한 목재에 무늬를 조각해서 만드는데, 손으로 일일이 새기기 때문에 문양이 똑같은 떡살은 있을 수 없다.

[B] 떡살에는 동물문, 식물문, 구름문, 당초문, 문자문 등의 문양을 새겨 넣는다. 모든 문양은 하나의 '단위 문양'과 그 단위 문양의 반복과 조합으로 이어진 '연속 문양'으로 나누어진다. 떡살에 새겨진 각각의 문양에는 뜻이 담겨 있다. 백일잔치에는 아이의 건강을 기원하는 매화 문양을, 혼례 잔치에는 행복의 상징인 박쥐나 부부 금슬을 상징하는 나비, 다산과 자손 번창의 뜻이 담긴 포도, 석류 문양 등을 사용한다. 그리고 환갑잔치에는 장수를 기원하는 '수복(壽福)' 문자를 주로 새긴다. 이렇듯 떡살의 문양은 단순히 장식만을 위한 것이 아니라 건강, 행복, 부귀영화 등을 염원하는 마음을 새긴 것이다.

▲ 원형 떡살

▲ 장방형 떡살

● 소
송편이나 만두를 만들 때, 피 속에 넣어 맛을 내는 여러 가지 재료.

● 당초문(唐 당나라 당, 草 풀 초, 紋 무늬 문)
여러 가지 덩굴이 꼬이며 벋어 나가는 모양의 무늬.

● 웃기떡
합이나 접시에 담은 떡 위에, 모양을 내기 위하여 얹거나 꽂는 작고 예쁜 떡.

● 장방형(長 길 장, 方 모 방, 形 모양 형)
내각이 모두 직각이고 가로와 세로의 길이가 다른 네모꼴.

● 가물(家 집 가, 物 만물 물)
집안의 재물.

다양하게 새겨진 문양처럼 떡살 자체의 모양도 다양하다. 그중에서 웃기떡을 올릴 때 사용하는 원형 떡살, 혼례나 제례 때 쓸 떡을 만드는 데 쓰는 장방형 떡살이 주를 이룬다. 원형 떡살은 떡에 찍히는 문양의 지름이 5~6cm 내외이다. 장방형 떡살은 가로 길이가 짧은 것은 12cm, 긴 것은 50cm에 이른다. 세로는 모두 5~6cm 정도이다. 그런데 나무 떡살과 달리 도자기 떡살은 비슷한 크기의 원형이 대부분이다. 장방형으로 만들면 굽는 과정에서 심하게 뒤틀리기 때문이다. 그래서 도자기 떡살은 장방형이라도 길이가 15cm를 벗어나지 않는다.

우리 조상들은 집안 고유의 문양을 새긴 떡살 뒷면에 제작 시기와 소유자 이름을 조각했고, 그것을 대대손손 물려 가며 사용했다. 떡살을 집안의 부와 명예와 권력에 대한 자부심이 담긴 소중한 가물로 여겼던 것이다.

1 이 글의 내용과 일치하지 <u>않는</u> 것은 무엇인가요? (   )

① 떡살의 모양은 원형과 장방형이 주를 이룬다.

② 떡살은 밋밋한 절편에 무늬를 새기는 도구이다.

③ 절편은 멥쌀가루로 만든 원형이나 사각 모양의 떡이다.

④ 떡살의 문양은 '단위 문양'과 '연속 문양'으로 나누어진다.

⑤ 떡살은 나무로도 만들었지만 주로 자기나 사기 등의 재료로 만들었다.

2 이 글을 쓰기 위해 설명할 내용을 정한다고 할 때, 다음에 들어갈 문단의 제목을 쓰세요.

문단	제목
1	절편의 뜻과 특징
2	(㉮)
3	(㉯)
4	(㉰)
5	떡살의 가치

3 이 글의 내용을 참고하여 보기 의 문양이 상징하는 의미를 찾아 쓰세요.

보기

상징하는 의미 : _____

4 [A]와 [B]에서 공통으로 드러나는 설명 방법은 무엇인가요? (   )

① 정의

② 인용

③ 과정

④ **열거**

⑤ 비교와 대조

5 떡살에서 드러나는 조상들의 기술적 우수성을 평가한 것으로 알맞지 <u>않은</u> 것은 무엇인가요? (   )

① 단단한 목재에 정교한 무늬를 일일이 조각하는 것 자체가 대단한 기술이다.

② 떡살 뒷면에 제작 시기와 소유자 이름을 조각한 것은 소유권에 대한 인식이 높았음을 의미한다.

③ 도자기 떡살을 대부분 원형으로만 만든 것은 재료의 특성을 이해하는 능력이 뛰어났다는 증거이다.

④ 떡살의 재료가 나무 외에 도자기도 있었다는 것은 다양한 재료를 활용할 수 있는 기술이 있었다는 뜻이다.

⑤ 작은 떡살에 매화, 박쥐, 나비, 포도 등의 문양을 조각했다는 것은 매우 뛰어난 조각 기술을 가지고 있었음을 증명한다.

6 빈칸에 알맞은 말을 넣어 이 글의 핵심 내용을 한 문장으로 요약하세요.

한줄
요약

떡살은 절편에 [　　]를 새기는 도구로, 주로 나무로 만들고 원형 또는 장방형의 모양을 하고 있으며, 떡살에 새기는 다양한 문양은 [　　]의 목적 외에 건강, [　　], 부귀영화 등을 염원하는 마음을 담고 있다.

지문 속 필수 어휘

낱말의 뜻을 참고하여, 다음 문장의 빈칸에 들어갈 알맞은 낱말을 완성하세요.

❶ 나는 어제 엄마와 만두에 넣을 ㅅ 를 만들었다.

송편이나 만두를 만들 때, 피 속에 넣어 맛을 내는 여러 가지 재료.

❷ 떡에 ㄱ 물 이 많이 묻어 있어서 고소하고 달콤하다.

떡에 묻히거나 떡 사이에 깔기 위해 콩이나 깨 따위의 곡물을 곱게 갈아서 만든 가루.

❸ 우리 할아버지와 할머니는 금 ㅅ 이 참 좋으시다.

거문고와 비파가 서로 어울리는 모양처럼 잘 어울리는 부부 사이의 두터운 정과 사랑을 비유적으로 이르는 말.

❹ 이 한복의 ㅁ 양 은 정말 독특하면서도 아름답다.

옷감이나 조각품 따위를 장식하기 위한 여러 가지 모양.

❺ 새끼를 많이 낳는 돼지는 다 ㅅ 의 상징이기도 하다.

아이 또는 새끼를 많이 낳음.

문제 속 개념어

열거

대상을 설명하는 방법 중 하나로, 여러 가지 예나 사실을 낱낱이 죽 늘어놓는 것을 말합니다. 대상과 관련된 여러 가지 사실을 자세하게 드러낼 수 있으므로 대상에 대한 이해를 돕고, 그것의 중요성을 강조하는 효과가 있지요.

예 우리 동네 빵집에서는 호두크림치즈빵, 단호박스콘, 몽블랑, 마늘바게트, 어니언크림치즈베이글, 양파빵, 홍국깨찰빵, 삼영이, 크레존, 인절미찹쌀꽈배기 등 맛있는 빵을 많이 판다.

❻ 다음 예문에서 '열거'의 방법을 활용한 부분에 밑줄 치세요.

떡살은 자기, 사기, 옹기 등의 재료로 만든 것도 있지만, 주로 나무를 깎아서 만든다. 대추나무, 감나무, 호두나무, 박달나무와 같이 단단한 목재에 무늬를 조각해서 만드는데, 손으로 일일이 새기기 때문에 문양이 똑같은 떡살은 있을 수 없다.

조선 시대 양반집

어휘 수준 ★★★★★
글감 수준 ★★★★★
글의 길이 1,497자

본격 독해 훈련

• **담장**
집이나 일정한 공간을 둘러막기 위하여 흙, 돌, 벽돌 따위로 쌓아 올린 것.

• **회랑**(回 돌 회, 廊 복도 랑)
종교 건축이나 궁전 건축에서 건물의 중요 부분을 둘러싸고 있는 지붕이 달린 복도.

• **안채**
한 집 안에 안팎 두 채 이상의 집이 있을 때, 안에 있는 집채.

• **사랑채**
집의 안채와 떨어져 있는, 바깥주인이 지내며 손님을 접대하는 곳으로 쓰는 집채.

• **지세**(地 땅 지, 勢 기세 세)
땅의 생긴 모양이나 형세.

• **누마루**
다락처럼 높게 만든 마루.

• **일거수일투족**(一 하나 일, 擧 들 거, 手 손 수, 一 하나 일, 投 던질 투, 足 발 족)
손 한 번 들고 발 한 번 옮긴다는 뜻으로, 크고 작은 동작 하나하나를 이르는 말.

조선 시대 양반집은 길들이기의 전형이다. ㉠당시의 사회적 신분 질서를 몸으로 익히도록 만들어졌다는 표현이 더 맞을지도 모르겠다. 지금부터 양반집에서 길들이기가 어떻게 이루어지는지 살펴보자.

대문에 들어섰을 때 가장 먼저 마주하게 되는 공간이 바로 행랑채이다. 이곳은 양반집 하인들이 사는 곳으로, 대문과 연결된 담장을 따라 회랑처럼 늘어서 있다. 행랑채와 안채 사이에는 또 하나의 담장이 설치되어 있어서 시각적으로 단절되어 있을 뿐만 아니라 출입도 엄격하게 제한되어 있다. 반면 행랑채와 사랑채 사이에는 담장이 있는 경우가 드물어서 행랑채에서는 사랑채를 쉽게 드나들 수 있으며, 사랑채에서는 행랑채와 그 앞마당이 잘 보이는 것이 일반적이다. 이렇게 행랑채와 사랑채는 접근이 편하도록 되어 있기는 하지만, 그렇다고 영역의 구분이 없는 것은 아니다. 행랑채는 엄연히 신분이 낮은 하인이 사는 곳이고, 사랑채는 그 집에서 가장 신분이 높은 바깥주인이 사는 곳이기 때문이다.

행랑채와 사랑채의 영역은 한눈에 알아볼 수 있을 정도로 쉽게 구분된다. 사랑채의 지표면이 행랑채보다 높기 때문이다. 이는 자연 지세를 적절히 이용하는 경우가 많은데, 처음에 집터를 잡을 때부터 남쪽으로 약간 경사진 비탈을 택하고 대문을 가장 남쪽에 위치시킨다. 그리고 대문에서 가장 가까운 쪽에 행랑채를 두고 좀 더 먼 곳에 사랑채를 배치한다. 또한 사랑채의 바닥을 돋우어서 행랑채보다 훨씬 높은 곳에 지어지도록 하고, 건물 자체의 높이도 행랑채와 차이를 둔다.

경우에 따라서는 사랑채 일부에 누마루를 만들어 사랑채 안에 더 높은 공간을 만들기도 한다. 행랑 마당에 서 있는 사람과 누마루에 올라서 있는 사람이 같은 지위가 아니라는 것을 저절로 알 수 있게끔 의도한 것이다. 이때의 높이는 대개 행랑 마당에 선 하인이 볼 때, 그 시선이 사랑채 누마루에 닿도록 조정한다. 즉 하인들이 고개를 들지 않는 이상 주인의 발 정도만 보이도록 하는 것이다. 반면 주인은 하인의 모든 것을 내려다볼 수 있고, 일거수일투족을 쉽게 감시할 수 있다.

또한 사랑채의 누마루는 대체로 담장 너머까지 볼 수 있도록 설계되어 있다. 양반집에서 담장 밖이 보이는 유일한 공간인 이곳에 서면, 가장 잘 내다보이는 곳에 보통 사랑채 주인이 소유한 농토가 있다. 그래서 주인은 누마루에서 자라는 곡식과 땀 흘려 일하는 일꾼들의 모습을 볼 수 있다. 즉 누마루는 일꾼들이 일을 잘하는지 감시할 수 있는 공간이기도 한 것이다. 그래서 사랑채에 볼 관(觀) 자에 심을 가(稼) 자를 써 '관가정(觀稼亭, 농사짓는 풍경을 바라보는 정자)'이라고 이름 붙인 양반집도 있다.

사랑채에는 일을 열심히 하는지 안 하는지를 감시하는 바깥주인이 있고, 담장 너머 들녘에는 주인을 위해 일하는 일꾼들이 있다. 사랑채와 행랑채, 그리고 사랑채와 바깥 들녘 간의 공간 구조는 각각의 공간을 차지한 사람들의 역할을 확실하게 구분해 준다. 그 공간 안에서 사람들은 자신도 모르는 사이에 길들이기를 하고 길들여지게 되는 것이다.

1 이 글을 통해 알 수 있는 내용으로 알맞지 <u>않은</u> 것은 무엇인가요? (   )

① 사랑채는 양반의 권위를 세우고 일꾼들을 감시하는 공간이었다.

② 조선 시대에는 오늘날과 다르게 상하 관계의 신분 질서가 존재했다.

③ 행랑채와 사랑채는 영역의 구분 없이 누구나 자유롭게 드나들 수 있었다.

④ 조선 시대의 양반집에서는 집안에서의 위치와 신분에 따라 공간의 구역이 나뉘었다.

⑤ 조선 시대에 일을 하는 사람은 신분이 낮은 계층이었고, 그것을 소유하고 관리하는 사람은 높은 계층이었다.

2 글쓴이가 ㉠을 증명하기 위해 활용한 근거로 볼 수 <u>없는</u> 것은 무엇인가요? (   )

① 담장 밖에 사랑채 주인이 소유한 농토가 있는 것

② 사랑채 안에 '누마루'라는 더 높은 공간을 만든 것

③ 행랑채와 안채 사이에는 또 하나의 담장이 설치되어 있는 것

④ 사랑채의 바닥을 돋우어서 행랑채보다 훨씬 높은 곳에 지은 것

⑤ 대문에서 가장 가까운 쪽에 행랑채를 두고 먼 곳에 사랑채를 배치하는 것

3 이 글의 주장과 보기 를 통해 추론할 수 있는 결론을 다음과 같이 완성하세요.

보기

→ 조선 시대 양반집의 건축 구조에는 신분 차별 의식이 반영되어 있지만, 오늘날의

건축 구조에는 _____

4 글쓴이가 주장하는 의미를 가진 조선 시대 양반집의 구조를 오늘날의 관점에서 비판적으로 평가한 것은 무엇인가요? (   )

① 각자의 신분에 맞는 역할을 효과적으로 수행할 수 있도록 설계된 건축학적으로 매우 효율적인 구조이다.

② 하인을 항상 감시하고 주인의 발만 볼 수 있도록 설계한 것은 하인의 인권을 무시한 비인간적인 구조이다.

③ 누마루에서 들녘을 바라볼 수 있도록 한 것은 하인을 가장 효율적으로 감시할 수 있는 경제성이 높은 아이디어이다.

④ 행랑채와 안채를 엄격하게 분리해 놓은 것은 안채에 거주하는 주인에 대한 하인들의 거리감과 조심성을 강화하는 구조이다.

⑤ 자연 지세를 최대한 활용했다는 점에서는 훌륭하지만, 사랑채와 행랑채 사이의 접근이 쉽다는 점에서는 신분 질서를 엄격하게 반영하지 못한 구조이다.

+ 수능연결

관점은 사물이나 현상을 바라보는 태도나 방향을 말해요. 대상에 대한 글쓴이의 관점은 글의 주제와 밀접한 관련이 있습니다. 따라서 관점 파악 문제는 반드시 주제문을 중심으로 지문의 내용에 근거하여 해결해야 합니다.

> 이처럼 흄은 경험론적 입장을 철저하게 고수한 나머지, 과학적 지식조차 회의적으로 바라보았다는 점에서 비판을 받기도 했다. 하지만 그는 이성만 중시했던 당시 철학 사종 반기를 들고 경험을 중심으로 지식 및 진리의 문제를 탐구했다는 점에서 근대 철학에 새로운 방향성을 제시했다는 평가를 받는다. **관점**

33. 윗글에서 언급한 '흄의 관점'에서 〈보기〉를 이해한

> 수능에는 주로 글쓴이의 관점을 비판하거나 혹은 글쓴이의 관점을 바탕으로 자료를 이해하는 문제가 자주 출제돼요.

---

5 빈칸에 알맞은 말을 넣어 이 글의 핵심 내용을 한 문장으로 요약하세요.

한줄
요약

조선 시대의 양반집은 사랑채와 ☐☐ 사이에 접근이 쉽도록 하면서도, 사랑채를 훨씬 높은 곳에 짓고 필요에 따라 누마루까지 만들어, 주인으로서 하인의 모든 것을 쉽게 ☐☐ 할 수 있도록 설계하여 공간을 통해 사회적 ☐☐ 질서를 몸으로 익히도록 했다.

지문 속 필수 어휘

낱말의 뜻을 참고하여, 다음 문장의 빈칸에 들어갈 알맞은 낱말을 완성하세요.

❶ 외할머니 댁에 가면 항상 넓은 [들][ㄴ] 을 볼 수 있었다.
들이 펼쳐져 있는 곳.

❷ 예로부터 우리 조상들은 [농][ㅌ] 를 매우 소중히 여겼다.
농사짓는 땅.

❸ 이곳은 [지][ㅅ] 가 험해서 농사를 짓기 어려울 것이다.
땅의 생긴 모양이나 형세.

❹ 그들은 그 남자의 [일][ㄱ][수][일][ㅌ][ㅈ] 을 감시하기 시작했다.
손 한 번 들고 발 한 번 옮긴다는 뜻으로, 크고 작은 동작 하나하나를 이르는 말.

주어진 단어와 의미를 바르게 연결해 보세요.

❺ 담장 ·

❻ 안채 ·

❼ 사랑채 ·

❽ 행랑채 ·

· ⓐ 담장에서 가장 가까운 곳에 위치한 하인들이 거처하는 집채.

· ⓑ 집이나 일정한 공간을 둘러막기 위하여 흙, 돌, 벽돌 따위로 쌓아 올린 것.

· ⓒ 한 집 안에 안팎 두 채의 집이 있을 때, 안에 있는 집채.

· ⓓ 집의 안채와 떨어져 있는, 바깥주인이 지내며 손님을 접대하는 곳으로 쓰는 집채.

유네스코 세계 유산

어휘 수준 ★★★★★ 하 중 상
글감 수준 ★★★★★
글의 길이 1,312자

⏱️ **10**분 안에 풀어보세요.

세계 유산이란 세계 유산 협약에 따라 유네스코가 인류 전체를 위해 보호해야 할 현저한 보편적 가치가 있다고 인정한 유산이다. 세계 유산의 형태는 다양하다. 아프리카 탄자니아의 세렝게티 평원에서부터 이집트의 피라미드, 호주의 산호초와 남미 대륙의 바로크 성당에 이르기까지 모두 인류의 유산이다.

세계 유산은 그 특성에 따라 문화유산과 자연 유산, 복합 유산으로 구분되고, 이 가운데 특별히 '위험에 처한 세계 유산'은 별도로 지정된다. ㉠문화유산은 유적·건축물·장소로 구성되는데, 대체로 세계 문명의 발자취를 연구하는 데 중요한 유적지·사찰·궁전·거주지 등과 종교 발생지 등을 포함한다. 자연 유산은 무기적·생물학적 생성물로 이루어진 자연의 형태, 지질학적·지문학적 생성물, 멸종 위기에 처한 동식물의 서식지, 세계적 가치를 지닌 자연 지역을 대상으로 한다. 복합 유산은 문화유산과 자연 유산의 특성을 동시에 충족하는 유산이다.

세계 유산의 기원은 1960년, 이집트가 아스완 하이 댐을 만들면서 시작되었다. 유네스코는 이 댐이 완성되면 수몰되어 사라질 위기에 있는 누비아 유적을 지키기 위해 국제 사회의 지원을 호소했다. 60개국이 여기에 호응하여 자금과 전문적 기술을 동원해 누비아 유적 내의 아부심벨 대신전을 물에 잠기지 않는 높은 지대로 옮길 수 있었다. 이를 계기로 국제적으로 문화, 자연 유산들을 보존하자는 움직임이 일어나 1972년 1월 제17차 유네스코 정기 총회에서 인류의 소중한 유산이 인간의 부주의로 파괴되는 것을 막기 위한 세계 유산 협약을 제정하기에 이르렀다.

▲ 유네스코가 인류의 소중한 문화 및 자연 유산을 보호하기 위해 1978년에 만든 것으로, 로고의 가운데 사각형은 인간을 만든 형상이며, 원은 자연을 의미합니다. 사각형과 원이 서로 연결되어 있는 것은 인간과 자연이 밀접한 관계임을 나타냅니다.

2018년 8월을 기준으로 세계 유산은 전 세계 167개국에 분포되어 있다. 총 1,092점 가운데 문화유산이 845점, 자연 유산이 209점, 복합 유산이 38점이다. 세계 유산으로 지정되면 세계 유산 기금으로부터 기술적·재정적 원조를 받을 수 있다. 우리나라의 세계 유산은 '해인사 장경판전', '종묘', '석굴암·불국사', '창덕궁', '수원 화성', '고창·화순·강화 고인돌 유적', '경주 역사 유적 지구', '제주 화산섬과 용암 동굴', '조선 왕릉', '한국의 역사 마을―하회와 양동', '남한산성', '백제 역사 유적 지구', '산사, 한국의 산지 승원'으로 총 13점이 있다.

세계 유산은 역사의 산물이며 과거로부터 물려받은 것으로서 현재 우리가 더불어 살아가고 미래 세대에 물려주어야 할 소중한 자산이다. 이처럼 소중한 문화적 자산이 훼손되거나 사라진다면 인류에게는 큰 불행일 것이다. 그러므로 유네스코에서는 세계적 가치를 지닌 유산들이 개별 국가의 소유일 뿐만 아니라 전 세계인이 가꾸고 보존해야 할 인류의 공통 자산이라는 점을 강조하고 있다.

● **유산**(遺 끼칠 유, 産 낳을 산)
앞 세대가 물려준 사물 또는 문화.

● **지문학**(地 땅 지, 文 글월 문, 學 배울 학)
예전에, '자연 지리학'을 이르던 말. 지구 과학 영역까지 포함함.

● **수몰**(水 물 수, 沒 가라앉을 몰)
물속에 잠김.

● **원조**(援 당길 원, 助 도울 조)
물품이나 돈 따위로 도와줌.

● **자산**(資 재물 자, 産 낳을 산)
개인이나 집단이 미래에 성공하거나 발전할 수 있는 바탕이 될 만한 것을 비유적으로 이르는 말.

1   이 글의 내용과 일치하지 <u>않는</u> 것은 무엇인가요? (   )

① 우리나라의 세계 유산은 총 13점이 있다.

② 세계 유산으로 지정되면 기술적 · 재정적 원조를 받을 수 있다.

③ 세계 유산은 문화유산과 자연 유산 두 가지로 나눌 수 있다.

④ 세계 유산 협약은 1972년 제17차 유네스코 정기 총회에서 제정되었다.

⑤ 세계 유산은 인류 전체를 위해 보호해야 할 가치가 있는 공통 자산이다.

2   다음 중 ㉠에 해당하지 <u>않는</u> 것은 무엇인가요? (   )

① 석굴암 · 불국사

② 백제 역사 유적 지구

③ 제주 화산섬과 용암 동굴

④ 고창 · 화순 · 강화 고인돌 유적

⑤ 한국의 역사 마을−하회와 양동

3   이 글을 읽은 독자의 반응으로 알맞지 <u>않은</u> 것은 무엇인가요? (   )

① 보존이 어려운 세계 유산들은 세계 유산 지정을 취소해야 할 것 같아.

② 세계 유산은 개별 국가뿐만 아니라 전 세계인이 노력해서 가꾸고 보존해야 해.

③ 세계 문화 유산은 역사의 산물이고, 미래의 자산이니 소중하게 지켜 나가야겠어.

④ 복합 유산은 문화유산과 자연 유산의 가치를 동시에 지녀야 하니까 얼마 없는 것
   이겠군.

⑤ 경주 역사 유적 지구가 세계 유산인 것을 보니, 여러 건축물을 한꺼번에 세계 유
   산으로 지정하기도 하는군.

4 이 글을 통해 답을 확인할 수 있는 질문이 <u>아닌</u> 것은 무엇인가요? (   )

① 세계 유산은 언제부터 지정되었을까?

② 세계 유산으로 선정되는 기준은 무엇일까?

③ 우리나라의 세계 유산에는 어떤 것이 있을까?

④ 사라질 위험에 처한 세계 유산에는 무엇이 있을까?

⑤ 세계 유산으로 지정되면 어떤 원조를 받을 수 있을까?

5 보기 의 ⓐ에 들어갈 말로 가장 알맞은 것은 무엇인가요? (   )

> 보기
>
> 한자어는 고유어에 비해 좀더 정확하고 분화된 의미를 가지고 있는 경우가 많다. 그리하여 한 개의 고유어는 둘 이상의 한자어와 폭넓은 대응 관계를 가지게 된다.
>
> • 글: 문장(文章), 문자(文字), 문어(文語)…
> • 생각: 사고(思考), 사색(思索), 사유(思惟)…
> • 나타나다: 발생(發生)하다, (ⓐ   )

① 출현(出現)하다

② 출발(出發)하다

③ 소멸(消滅)하다

④ 발전(發展)하다

⑤ 이동(移動)하다

6 빈칸에 알맞은 말을 넣어 이 글의 핵심 내용을 한 문장으로 요약하세요.

한줄요약

☐☐ ☐☐ 이란 세계 유산 협약이 규정한 유산으로, 그 특성에 따라 ☐☐ 유산과 자연 유산, ☐☐ 유산으로 구분되는데, 이는 전 세계인이 가꾸고 보존해야 할 인류의 공통 ☐☐ 이다.

지문 속 필수 어휘

다음 문장을 읽고, (   ) 안에 공통으로 들어갈 낱말을 완성하세요.

❶
- 그들의 그림은 훌륭한 민족 문화의 (   )으로 남았다.
- 유네스코는 인류 공동의 (   )을 찾아서 보존하는 업무를 한다.

ㅇ	산

❷
- 댐 건설을 하면서 우리 고향 마을은 완전히 (   )되었다.
- 지난번 홍수로 (   )된 지역에 대한 복구 작업이 이제 끝나 간다.

수	ㅁ

다음 문장을 읽고, 두 낱말 중 알맞은 것을 찾아 ○표 하세요.

❸ 부모는 자식을 [보존 / 보호] 할 의무가 있다.

❹ 그는 우연히 아버지의 유품을 [발굴 / 발견] 하였다.

❺ 이번 일을 [계기 / 동기] 로 삼아 더욱 열심히 노력하자.

낱말의 뜻을 참고하여, 다음 문장의 빈칸에 들어갈 알맞은 낱말을 완성하세요.

❻ 그토록 소란하던 적군의 움직임도 오늘 저녁부터는 ㅎ ㅈ 하게 뜸해졌다.
뚜렷이 드러나 있음.

❼ 자연환경 ㅎ 손 이 심하다.
헐거나 깨뜨려 못 쓰게 만듦.

❽ 젊은 날의 경험은 모두 큰 자 ㅅ 이 된다.
개인이나 집단이 미래에 성공하거나 발전할 수 있는 바탕이 될 만한 것을 비유적으로 이르는 말.

그라나다의 알람브라 궁전

(11)분 안에 풀어보세요.

어휘 수준 ★★★★★
글감 수준 ★★★★☆
글의 길이 1,311자

오늘날의 스페인 남부 안달루시아 지방은 800여 년 동안 이슬람의 지배를 받았다. 이 시기에 아랍인과 스페인 본토인, 그리고 북아프리카의 원주민인 베르베르인이 혼혈하여 생긴 민족을 무어인이라고 하는데, 스페인계 이슬람교도를 지칭하는 말로도 쓰인다. 당시의 무어인들은 안달루시아 지방에 독특한 이슬람 문화를 창조했고, 이 시기에 이슬람 궁전과 이슬람 사원 등의 건축법이 유행하게 되었다. 그 대표적인 것이 그라나다의 알람브라 궁전이다.

그라나다는 13~15세기까지 이슬람의 스페인 지배 시기 때 무어인들이 세운 그라나다 왕국의 수도였던 곳이다. 1492년 스페인의 기독교 왕국이 무어인들을 몰아낼 때, 무어인들의 마지막 거점 도시였던 곳이 바로 그라나다이다. 이 그라나다에는 유럽 내 자리한 이슬람 건축 예술의 백미라고 불리는 알람브라 궁전이 있다. '붉은 성'이라는 의미의 알람브라 궁전은 '꿈의 궁전'이라고 불릴 정도로 화사한 내부 공간과 싱그러운 정원으로 꾸며진 주변 공간이 절묘한 조화를 이루는 곳이다. 하나의 요새처럼 성벽으로 둘러싸인 알람브라 궁전은 왕궁, 탑, 정원, 여름 별궁 등으로 이루어져 있으며, 전체 성벽의 둘레는 약 2km이고 넓이는 220m²에 달한다.

알람브라 궁전의 중심부인 왕궁은 14~15세기 때 그라나다의 통치자에 의해 ㉠세워진 것으로, 내부는 여러 개의 왕실과 여러 종류의 공간으로 이루어져 있다. 필라시오 나사리에스라고도 불리는 왕궁의 각 공간은 화려한 이슬람 전통의 아라베스크 무늬로 이루어진 타일과 아라비아 서체의 코란 글귀들로 장식되어 있다. 이슬람교에서는 우상 숭배를 금지하여 사람이나 동물 모양의 그림을 그릴 수 없기 때문에 기하학적인 무늬를 이용하여 벽과 바닥, 천장을 장식한 것이다.

알람브라 궁전에서 볼 수 있는 이슬람 건축 양식의 특징은 스투코라고 불리는 치장 벽토 세공인데, 회반죽을 이용해 벽면이나 천장에 입체적인 장식을 입히는 것이다. 또 다른 특징은 공간마다 천장 구조에 벌집 모양의 장식을 했다는 점이다. 이러한 장식 외에도 외부로부터 들어오는 빛의 음영을 궁전의 내부 공간과 절묘하게 조화를 이루게 하여 미적 효과를 나타내기도 하였다.

가톨릭 국가인 스페인은 이슬람 건축물인 알람브라 궁전을 한동안 방치하였다. 하지만 19세기 미국의 작가 워싱턴 어빙이 그라나다 지방을 여행할 때 받은 감동과 전해 들은 민간 설화를 바탕으로 〈알람브라 이야기〉라는

● **거점**(據 근거 거, 點 점 점)
어떤 활동의 근거가 되는 중요한 지점.

● **백미**(白 흰 백, 眉 눈썹 미)
흰 눈썹이라는 뜻으로, 여럿 가운데에서 가장 뛰어난 사람이나 훌륭한 물건을 비유적으로 이르는 말.

● **요새**(要 요긴할 요, 塞 변방 새)
군사적으로 중요한 곳에 튼튼하게 만들어 놓은 방어 시설. 또는 그런 시설을 한 곳.

● **아라베스크**(arabesque)
아라비아에서 시작된 장식 무늬. 기하학적인 직선 무늬나 덩굴무늬 따위를 교묘하게 배열한 것으로 벽의 장식이나 공예품 따위에 많이 씀.

● **코란**(Koran)
이슬람교의 경전.

● **기하학**(幾 기미 기, 何 어찌 하, 學 배울 학)
도형 및 공간의 성질에 대하여 연구하는 학문.

여행기를 출판한 후, 알람브라 궁전은 다시 세계적인 명소로 주목받게 되었다. 1984년에는 유네스코 세계 문화유산으로 선정되었고, '알람브라 궁전의 추억'이라는 기타의 선율을 타고, 현재까지도 유럽 속의 이슬람 문화를 보여 주고 있다.

정답과 해설 **30쪽**

1 이 글의 내용을 포괄할 수 있는 제목으로 알맞은 것은 무엇인가요? (   )

① 알람브라, 꿈의 궁전
② 알람브라 궁전의 추억
③ 무어인들의 거점 도시, 알람브라
④ 방치된 문화유산, 알람브라 궁전
⑤ 유럽 속의 이슬람 건축, 알람브라 궁전

2 이 글의 내용과 보기 를 참고할 때, 이슬람 미술과 건축에서 아라베스크 무늬가 발달한 이유로 가장 알맞은 것은 무엇인가요? (   )

보기

▲ 알람브라 궁전의 방 별 모양 장식

이슬람 미술에서는 추상적이고 장식적인 표현이 발달했다. 이러한 미학적 감각은 아라베스크에서 절정을 이룬다. 아라베스크는 자연에서 무늬를 가져왔지만 너무 단순화시킨 나머지 그것이 무엇인지 거의 알아보지 못한다. 장식은 끊임없이 반복되는 비현실적 무늬로 표현되는데, 이는 신의 무한한 완전성에 비해 일시적이고 변하는 삶을 보여 주기 위함이다. 장식 무늬의 성격은 이슬람 건축에 쓰이는 재료인 치장 벽토, 벽돌, 타일, 마른 진흙과 잘 어울린다. 이런 추상적이고 장식적인 무늬는 건물 표면을 매우 작은 부분들로 쪼개어 무거운 건물을 가볍게 보이도록 했다.

① 우상 숭배를 금지했기 때문에
② 코란을 중요하게 생각했기 때문에
③ 무거운 건물을 가볍게 보이도록 했기 때문에
④ 자연에서 가져온 단순한 무늬를 선호했기 때문에
⑤ 벽면이나 천장에 장식을 입히기가 수월했기 때문에

3 이 글의 내용 전개 방식으로 알맞은 것은 무엇인가요? (　　　)

① 대상의 특성을 기준에 따라 **분류**하고 있다.
② 대상이 가지고 있는 양면성을 **분석**하고 있다.
③ 역사적 사실을 언급하며 화제를 소개하고 있다.
④ 대상의 변화 과정을 시간 순서에 따라 서술하고 있다.
⑤ 서로 다른 대상이 가지고 있는 유사성을 설명하고 있다.

4 문맥상 ㉠과 같은 의미로 쓰인 것은 무엇인가요? (　　　)

① 마을에 교회를 세우다.
② 머리를 꼿꼿이 세우다.
③ 사람들을 일렬로 세우다.
④ 가족들에게 고집을 세우다.
⑤ 육상 대회에서 신기록을 세우다.

한줄
요약

5 빈칸에 알맞은 말을 넣어 이 글의 핵심 내용을 한 문장으로 요약하세요.

　　　　　　　　　궁전은 기하학적인 무늬, 치장 벽토 세공, 벌집 모양의 장식을

사용하여 내부를 꾸몄는데, 세계 　　　　　　　　　으로 선정되어 현재까지도 유럽

속의 　　　　　문화를 보여 주고 있다.

지문 속 필수 어휘

낱말의 뜻을 참고하여, 다음 문장의 빈칸에 들어갈 알맞은 낱말을 완성하세요.

❶ 서구 사상이 | 으 | 입 | 되었다.

　　　　문화, 지식, 사상 따위가 들어옴.

❷ 그 그림은 | ㅈ | ㅁ | 한 | 색의 조화가 돋보이는 작품이다.

　　　　비할 데가 없을 만큼 아주 묘함.

❸ 고장난 차를 | ㅂ | 치 | 하고 있다.

　　　　내버려 둠.

❹ 드라마 촬영지로 자주 쓰이면서 이곳은 관광객의 발길이 잦은 | ㅁ | 소 | 가 되었다.

　　　　　　　　　　　　　　　　경치나 고적, 산물 따위로 널리 알려진 곳.

문제 속 개념어

분류와 분석 分 나눌 분, 類 무리 류 / 分 나눌 분, 析 가를 석

분류	분석
일정한 기준에 따라서 나눔.	얽혀 있거나 복잡한 것을 풀어서 개별적인 요소나 성질로 나눔.

분류는 여러 가지가 뒤섞여 있는 가운데 종류가 같은 것끼리 모아서 나누는 것입니다. 알맞은 기준을 가지고 나눈 후 기준에 따른 항목과 대상을 정합니다.

> 자동차는 크기에 따라 소형차, 중형차, 대형차로 나눌 수 있다.
> 　크기가 기준이 됨.

분석이란 하나의 대상, 즉 전체를 여러 부분으로 나누어서 설명하는 방법입니다. 구성 요소나 일의 순서에 따라 나눕니다.

> 자동차는 엔진, 타이어, 핸들, 차체 따위로 나눈다.
> 　개별적인 요소나 성질

문화를 이해하는 태도 ─────

⏱ 12분 안에 풀어보세요.

어휘 수준 ★★★★★
하 중 상
글감 수준 ★★★★★
글의 길이 1,616자

본격 독해 훈련

문화는 일상생활에서 여러 가지 의미로 사용된다. 좁은 의미의 문화는 예술 활동, 교양 있는 상태, 문명 등을 가리키며, 넓은 의미의 문화는 의식주, 언어, 종교 등 인간이 만들어 낸 공통의 생활 양식을 가리킨다. 우리 사회와 세계 여러 나라 사람들의 다양한 생활 모습을 깊이 있게 이해하려면 문화를 넓은 의미로 파악할 필요가 있다.

인간의 본성에는 공통된 요소가 있기 때문에 어느 사회에서나 사람들은 옷을 입고, 음식을 먹고, 집에 거주하며 살고 있다. 그리고 생일을 축하하고, 장례를 치르는 모습 등을 대부분의 사회에서 찾아볼 수 있다. 이처럼 모든 사회에서 공통으로 나타나는 문화 현상이 있는데, 이러한 특징을 문화의 보편성이라고 한다. 하지만 구체적인 생활 모습을 자세히 들여다보면, 사람들이 먹는 음식이나 입는 옷, 거주하는 집의 모습이 지역에 따라 각기 다르다는 것을 알 수 있다. 또 생일을 축하하는 방식, 장례를 치르는 방식도 사회마다 각기 다르다. 이는 사회의 구성원들이 서로 다른 자연환경과 사회적 상황에 적응하면서 그 나름의 독창적인 생활 양식을 만들어 왔기 때문이다. 이처럼 사회마다 독특하게 나타나는 생활 양식의 차이를 문화의 다양성이라고 한다.

다양한 문화를 이해하는 태도는 문화에 우열이 있다고 보느냐 아니냐에 따라 달라질 수 있다. 문화에 우열이 있다고 보는 태도에는 자문화 중심주의와 문화 사대주의가 있다. ㉠자문화 중심주의는 자신이 속한 문화는 우월하다고 여기고 다른 문화는 열등하거나 미개하다고 생각하는 태도이다. 이러한 태도는 자신의 문화만을 우월하다고 여김으로써 다른 문화와 갈등을 일으키거나 스스로 고립되는 결과를 낳을 수도 있다. 또한 다른 문화에 대한 부정적 편견을 심어 줄 수도 있으므로 경계해야 한다. 이에 비해 문화 사대주의는 다른 사회의 문화를 우월한 것으로 여기고 그것을 숭상하며, 자신이 속한 문화는 열등하다고 생각하는 태도이다. 문화 사대주의로 인해 맹목적으로 다른 사회의 문화를 숭상하게 되면 자신의 상황에 맞지 않는 문화를 따르게 될 수도 있다. 또한 자신의 문화가 가진 고유성과 그에 대한 자부심을 잃을 수도 있으므로 경계해야 한다.

그렇다면 사회마다 다양하게 나타나는 문화를 어떻게 이해해야 할까? 다른 문화를 바르게 이해하기 위한 태도로 문화 상대주의를 들 수 있다. 문화 상대주의는 한 사회의 문화를 그 문화가 형성된 상황이나 맥락에서 이해하려는 태도를 말한다. 이를 통해 우리는 다른 문화의 의미와 가치를 제대로 이해할 수 있을 뿐만 아니라, 다른 문화의 장점을 주체적으로 수용할 수 있다. 특히 현대 사회에서는 세계화로 인해 다양한 문화를 접할 기회가 많아지면서 이러한 문화 상대주의의 중요성이 더욱 커지고 있다.

문화 상대주의는 각 사회의 문화마다 차이가 있음을 인정하는 것이지 어떤 사회의 문화든지 무조건 옳다고 보는 것은 아니다. 예를 들어 힌두교의 '사티' 문화는 남편이 사망할 경우 아내에게 따라 죽으라고 강요한다. 인권, 생명 존중과 같은 인류의 보편적인 가치를 무시하는 이러한 문화를 그 사회의 문화라는 이유만으로 인정하고 존중해야 한다는 주장이 과연 용납될 수 있는 것일까? 문화 상대주의를 극단적으로 해석해 모든 문화에 나타나는 인간의 행위를 다 옳다고 보는 극단적 문화 상대주의는 지양해야 할 것이다.

• **파악**(把 잡을 파, 握 쥘 악)
어떤 대상의 내용이나 본질을 확실하게 이해하여 앎.

• **우열**(優 뛰어날 우, 劣 못할 열)
나음과 못함.

• **숭상**(崇 높일 숭, 尙 오히려 상)
높여 소중히 여김.

• **용납**(容 얼굴 용, 納 들일 납)
너그러운 마음으로 남의 말이나 행동을 받아들임.

• **극단적**(極 다할 극, 端 끝 단, 的 과녁 적)
중용을 잃고 한쪽으로 크게 치우치는. 또는 그런 것.

정답과 해설 31쪽

1 이 글을 통해 알 수 있는 내용이 <u>아닌</u> 것은 무엇인가요? (   )

① 문화의 보편성
② 문화의 다양성
③ 문화의 발전 방향
④ 좁은 의미의 문화의 **정의**
⑤ 문화를 이해하는 태도의 종류

2 글쓴이가 보기 의 문화 이해 태도를 **비판**한 내용으로 알맞은 것은 무엇인가요?

(   )

> **보기**
>
> 고대 아스텍 사람들은 '생명은 죽음에서 온다.'고 믿었다. 그래서 아스텍의 종교 의식 중에는 산 사람의 배를 갈라 심장을 꺼내 태양신에게 바치는 의식이 있었다. 이렇게 하면 위대한 태양신이 풍년이 들게 하고 제국의 번성을 이루어 준다고 믿었기 때문이다. 이러한 인신 공양 문화는 독특한 사회 문화적 맥락에서 형성된 것이기 때문에 그 가치를 인정해야 한다.
>
> • 인신 공양: 신에게 사람을 제물로 바치는 것.

① 한 사회의 문화는 전체적인 연관 속에서 이해해야 한다.
② 인류의 보편적 가치를 바탕으로 여러 문화를 이해해야 한다.
③ 다른 사회의 문화를 절대적인 기준으로 삼고 평가해야 한다.
④ 자기 문화의 고유성과 자부심을 잃지 않도록 노력해야 한다.
⑤ 모든 문화에서 나타나는 인간의 행위는 옳다고 생각해야 한다.

╋ 수능연결

비판은 객관적인 근거를 바탕으로 글의 내용을 평가하는 것을 말해요. 비판적 이해의 시작은 글에 드러난 글쓴이의 입장을 먼저 정확하게 파악하는 데 있습니다. 내용 이해에 바탕을 두지 않는 비판은 설득력이 없기 때문이죠.

19. 〈보기〉에 나타난 순자의 입장에서 윗글의 장자 사상을 비판한 내용으로 적절하지 않은 것은?

[3점]

비판

> ── 〈보기〉 ──
>
> 순자는 자연과 인간을 구별하면서 인간 우위의 문명 건설에 중점을 둔다. 그는 인간의 질서와 혼란이 자연 세계가 아니라 인간 세상의 문제로부터 비롯된다고 본다. 인간의 현실 문제를 해결하기 위해 그는 인간
> 한다. 또한 인간은 만물의 변화에
> 고 주장한다. 장자의 말처럼 자연
> 적 질서를 세울 수 없다고 본다.

> 수능에서는 글에 제시된 관점과는 다른 관점을 드러낸 글을 비판할 수 있는지를 묻는 문제가 자주 출제돼요.

3 이 글을 토대로 답할 수 있는 질문으로 알맞지 <u>않은</u> 것은 무엇인가요? (　　)

① 한 사회가 문화를 전승하는 방식은 무엇인가?

② 모든 사회에 공통으로 나타나는 문화 현상은 무엇인가?

③ 사회마다 독창적인 생활 양식이 나타나는 이유는 무엇인가?

④ 자신의 문화만을 우월하다고 여기는 태도의 문제점은 무엇인가?

⑤ 다양한 문화를 접할 기회가 많아지면서 주목받는 문화 이해 태도는 무엇인가?

4 다음 중 ㉠의 예로 알맞지 <u>않은</u> 것은 무엇인가요? (　　)

① 나치 독일의 게르만 우월주의

② 서양인의 체형에 맞춘 성형 수술

③ 이슬람의 타문화에 대한 숭배 금지

④ 다른 민족의 전통 음식을 혐오 음식으로 선정한 잡지

⑤ 자신의 민족이 아닌 타민족을 오랑캐로 생각하는 중국의 중화사상

한줄
요약

5 빈칸에 알맞은 말을 넣어 이 글의 핵심 내용을 한 문장으로 요약하세요.

넓은 의미의 〔　　〕는 인간이 만들어 낸 공통의 생활 양식을 가리키는데, 모든

사회에 공통으로 나타나는 문화 현상을 문화의 〔　　〕, 사회마다 다르게 나타

나는 문화 현상을 문화의 다양성이라고 하며, 문화를 이해하는 태도에는 자문화 중심

주의, 문화 사대주의, 문화 〔　　　〕가 있다.

지문 속 필수 어휘

낱말의 뜻을 참고하여, 다음 문장의 빈칸에 들어갈 알맞은 낱말을 완성하세요.

❶ 우리의 문제는 우리 자신이 [ㅈ | ㅊ | 적] 으로 해결하고 책임지는 자세가 필요하다.
어떤 일을 실천하는 데 자유롭고 자주적인 성질이 있는. 또는 그런 것.

❷ [ㅍ | 견] 을 버려야 한다.
공정하지 못하고 한쪽으로 치우친 생각.

❸ 그는 나보다 수학 실력이 [우 | ㅇ] 했다.
다른 것보다 나음.

❹ 그녀는 그 가수를 [매 | ㅁ | 적] 으로 좋아했다.
주관이나 원칙이 없이 덮어놓고 행동하는. 또는 그런 것.

다음 문장을 읽고, 두 낱말 중 알맞은 것을 찾아 ○표 하세요.

❺ 점원에게 옷값을 [치르고 / 치루고] 가게를 나왔다.

❻ 자유와 평등은 인류 사회가 [지양해야 / 지향해야] 할 보편적 이념이다.

문제 속 개념어

정의 定 정할 정, 義 옳을 의

어떤 용어가 지닌 개념을 명확하게 규정하는 것을 정의라고 합니다. 일반적으로 정의는 '무엇은 무엇이다'의 형태를 취합니다.

• 사랑은 어떤 사람이나 존재를 몹시 아끼고 귀중하게 여기는 마음이다.
• 학생은 학교에 다니면서 공부하는 사람이다.

대중 매체와 대중문화

어휘 수준 ★★★★★
글감 수준 ★★★★★
글의 길이 1,454자

대중 매체는 불특정 다수의 사람에게 대량의 정보를 동시에 전달하는 수단이나 매개체를 의미한다. 대중 매체에는 신문, 잡지와 같이 문자와 이미지를 이용하여 정보를 전달하는 인쇄 매체, 라디오와 같이 소리로 정보를 전달하는 음성 매체, 텔레비전과 같이 소리와 영상을 통해 정보를 전달하는 영상 매체, 인터넷 등을 활용하여 문자, 소리, 사진, 동영상 등 다양한 수단으로 정보를 공유하며 소통하는 뉴 미디어가 있다.

문화 비평가인 마셜 맥루한은 "미디어는 메시지이다."라는 말로 매체의 특징과 그 속성의 중요성을 지적한 바 있다. 최근 정보 통신 기술이 발달함에 따라 등장한 뉴 미디어는 시간과 공간의 제약이 적고, 쌍방향 의사소통이 가능한 매체라는 특징을 가진다. 기존의 대중 매체가 전달하는 내용이 일방적이고 대중은 수동적으로 받아들이는 방식이었다면, 뉴 미디어는 대중 매체의 내용을 대중이 능동적으로 선택하고 해석하여 적극적으로 문화를 생산하고 창조할 수 있는 주체가 되는 것이다.

이러한 대중 매체의 발달은 대중문화의 형성과 확산에도 영향을 ㉠미쳤다. 대중문화란 특정 계층이나 집단이 아닌 다수의 사람, 즉 대중이 공통으로 누리는 문화를 말한다. 과거에는 연극이나 영화 등의 문화를 즐길 수 있는 계층이 소수였다면 오늘날에는 대중 매체의 발달로 누구나 연극이나 영화를 보고 음악을 들으며, 외국의 스포츠 경기를 관람하고 멀리 떨어진 사람들과도 의견을 주고받을 수 있게 되었다. 소수의 특권 계층만이 즐기던 문화가 대중 매체로 인해 대중이 즐길 수 있는 영역으로 확장된 것이다.

그렇다면 대중문화는 어떠한 특징을 가지고 있을까? 첫째, 다수의 취향에 맞추어 형성된다. 이 때문에 많은 사람이 부담 없이 대중문화를 즐길 수 있다. 둘째, 대량으로 생산하고 소비한다. 이러한 이유로 대중문화는 상품으로써 이윤을 만들어 내는 수단이 되기도 한다. 셋째, 대중 매체를 통해 퍼지고 공유된다. 그래서 확산과 변화의 속도가 빠르고 공유되는 범위가 넓으며, 획일적인 측면도 나타난다. 최근에는 쌍방향 소통이 가능한 대중 매체의 발달과 함께 다양한 대중문화가 널리 퍼지면서 대중문화가 더욱 다채로워지고 있다.

그러나 대중문화가 지나치게 상업성을 띠면 자극적이고 즉흥적인 내용이 많아지는 등질이 낮아질 수 있고, 오락적 측면이 너무 강조되면 사회의 중요한 문제에 관한 사람들의 관심을 떨어뜨릴 수도 있다. 또한 대중문화를 통해 비슷한 생활 양식이 퍼지면서 사람들의 생각이나 행동이 획일화될 수 있으며, 왜곡된 정보가 전달되어 여론이 조작될 수 있는 위험이 있다.

따라서 이에 대응하기 위해서는 대중문화를 비판적으로 평가하는 태도가 필요하다. 대중 매체로 전파되는 대중문화를 맹목적으로 받아들이기보다는, 그것의 의미와 영향 등을 살펴 주체적인 관점에서 해석하고 받아들여야 한다. 그리하여 대중문화가 흥미나 이윤만 추구하는 것이 아니라, 인간의 생활을 더욱 유익하고 의미 있게 하는 수단이 될 수 있도록 해야 한다.

● 매체(媒 중매 매, 體 몸 체)
어떤 작용을 한쪽에서 다른 쪽으로 전달하는 물체. 또는 그런 수단.

● 확산(擴 넓힐 확, 散 흩어질 산)
흩어져 널리 퍼짐.

● 공유(共 한가지 공, 有 있을 유)
두 사람 이상이 한 물건을 공동으로 소유함.

● 왜곡(歪 기울 왜, 曲 굽을 곡)
사실과 다르게 해석하거나 그릇되게 함.

● 여론(輿 수레 여, 論 논할 론)
사회 대중의 공통된 의견.

정답과 해설 **32**쪽

1 이 글의 내용과 일치하지 <u>않는</u> 것은 무엇인가요? (   )

① 대중문화는 대량으로 생산하고 소비한다.

② 대중문화는 확산 속도와 변화 속도가 빠르다.

③ 대중문화는 대중 매체를 통해 형성되고 제공된다.

④ 대중 매체는 소수의 사람에게 특정 정보만을 전달한다.

⑤ 대중 매체에는 인쇄 매체, 음성 매체, 영상 매체, 뉴 미디어가 있다.

2 이 글의 서술 방식으로 알맞지 <u>않은</u> 것은 무엇인가요? (   )

① 화제에 대한 구체적인 예를 들어 설명하고 있다.

② 질문의 방식으로 글의 중심 화제를 제시하고 있다.

③ 주제와 관련된 핵심적인 용어의 개념을 정의하고 있다.

④ 전문가의 견해를 **인용**하여 자신의 견해를 서술하고 있다.

⑤ 대상에 대한 찬성과 반대의 견해를 모두 소개하고, 이를 절충하고 있다.

3 보기 는 이 글을 읽고 난 뒤, 미디어 비평을 하기 위해 세운 계획입니다. 밑줄 친 (개)에 들어갈 내용으로 알맞지 <u>않은</u> 것은 무엇인가요? (   )

> **보기**
>
> 1. 관심 있는 프로그램을 한 가지 선정한다.
> 2. 대중문화의 부정적 측면을 중심으로 비평할 항목을 작성한다.
>   – 비평 항목: _____ (개) _____
> 3. 항목에 근거하여 해당 프로그램의 내용을 평가한다.

① 대중이 쉽게 접할 수 있는가?

② 정확한 정보를 전달하고 있는가?

③ 지나치게 상업성을 띠지는 않았는가?

④ 오락적 측면이 너무 강조되지는 않았는가?

⑤ 자극적이고 즉흥적인 내용이 포함되지는 않았는가?

4 보기 를 바탕으로 할 때, 바람직한 대중문화의 수용 태도는 무엇인가요? (   )

> **보기**
>
> 　게이트 키핑은 뉴스 결정권자가 여럿 뉴스 가운데서 쓸 것과 버릴 것을 선택하는 것을 말한다. 뉴스가 되는 기준과 그 기준에 따라 선정된 사건이 '어떻게' 보도되는가 하는 점이 게이트 키핑의 핵심 과제이다. 뉴스로서 가치가 있는 특정 사건은 이러한 과정을 거치는 동안 여러 번 수정 또는 왜곡될 수 있다.

① 대중 매체가 전달하는 정보의 진실성을 신뢰한다.
② 대중 매체가 전달하는 정보를 비판적으로 평가한다.
③ 대중문화의 빠른 변화 속도를 따라갈 수 있도록 노력한다.
④ 대중문화를 통해 다른 사람과 비슷한 생활 양식을 가지도록 노력한다.
⑤ 대중문화의 상업성이 초래할 수 있는 문제점을 인식하고 이를 경계한다.

5 ㉠과 문맥적 의미가 가장 유사한 것은 무엇인가요? (   )

① 기가 막혀 <u>미칠</u> 지경이다.
② 사퇴를 하라는 압력이 그에게 <u>미쳤다</u>.
③ 그녀가 노래에 <u>미친</u> 것은 작년부터였다.
④ 우리 편 선수는 결승점에 못 <u>미쳐서</u> 넘어지고 말았다.
⑤ 그녀는 전쟁 통에 어린 자식을 잃고는 끝내 <u>미치고</u> 말았다.

6 빈칸에 알맞은 말을 넣어 이 글의 핵심 내용을 한 문장으로 요약하세요.

한줄
요약

　□□ □□는 불특정 다수의 사람에게 대량의 정보를 동시에 전달하는 수단이나 매개체를 의미하는데, 이것의 발달로 □□□가 형성되고 확산될 수 있었지만, 이를 □□으로 평가하고 주체적인 관점에서 해석하고 받아들여야 한다.

지문 속 필수 어휘

낱말의 뜻을 참고하여, 다음 문장의 빈칸에 들어갈 알맞은 낱말을 완성하세요

❶ 이 기쁨을 모든 국민과 ㄱ유 하고 싶다.

두 사람 이상이 한 물건을 공동으로 소유함.

❷ ㅇ곡 된 사실을 바로잡다.

사실과 다르게 해석하거나 잘못되게 함.

❸ 그는 매사에 너무 ㅂㅍ적 이다.

현상이나 사물의 옳고 그름을 판단하여 밝히거나 잘못된 점을 지적하는. 또는 그런 것.

❹ ㅎ일화 된 교육으로 학생들이 평균화되어 간다.

모두가 한결같아서 다름이 없게 됨.

문제 속 개념어

인용 引끌 인, 用쓸 용

인용은 남의 말이나 글을 자신의 말이나 글 속에 끌어 쓰는 것입니다. 주로 권위 있는 사람이나 전문가의 말, 책에 나온 내용을 인용하여 말하고자 하는 바를 뒷받침할 수 있습니다. 인용에는 남의 말이나 글을 그대로 따오는 '직접 인용'과 그것을 요약 · 정리하여 따오는 '간접 인용'이 있습니다.

직접 인용	갈릴레오 갈릴레이는 "그래도 지구는 돈다."라고 말했다. 인용 부호를 사용합니다.
간접 인용	갈릴레오 갈릴레이는 그래도 지구는 돈다고 말했다. 직접 인용은 '라고', 간접 인용은 '고'라는 조사를 사용합니다.

'직접 인용'은 남의 말이나 글을 그대로 따오는 것이기 때문에 따옴표로 확실하게 표시해야 합니다. '간접 인용'은 남의 말이나 글을 요약 · 정리하여 따오는 것이기 때문에 따옴표 없이 문장 속에 넣습니다.

민중의 노래, 민요

어휘 수준 ★★★★★
글감 수준 ★★★★★
글의 길이 1,214자
본격 독해 훈련

10분 안에 풀어보세요.

민요는 민중들 사이에서 저절로 생겨나 전해 내려오는 노래를 ⓐ말한다. 민요는 대부분 민중의 생활과 그들의 소박한 감정을 담아 입에서 입으로 전해지며, 장단이나 짜임새가 없는 것이 특징이다. 또한 주로 후렴을 가지고 있어서, 여럿이 부를 때는 독창으로 앞소리를 부르고 후렴은 다 같이 제창으로 부르는 경우가 많다. 이 경우 후렴은 같은 노랫말과 선율이 반복된다. 반면에 앞소리의 노랫말과 선율은 독창으로 부르는 사람의 즉흥적인 해석에 따라 변형이 가능하다. 하지만 대부분은 경험을 통해 이미 알고 있는 노랫말을 이용하여 부분적으로 재구성하는 경우가 많다.

민요에서 후렴은 매우 중요하다. 각 악곡의 정체성이 후렴에서 드러나기 때문이다. 따라서 한 노래의 후렴구에서 자주 되풀이되는 노랫말이나 후렴구의 첫 부분에 나타나는 말을 따서 〈아리랑〉이나 〈닐리리야〉와 같이 노래의 제목으로 삼기도 한다.

민요는 크게 '통속 민요'와 '향토 민요'로 나눌 수 있다. 통속 민요는 전문 음악가인 소리꾼들이 부르는 노래로, 전국적으로 널리 전파되어 불린 노래이다. 대부분 감상을 위한 음악으로 연주되었으며 일정한 장단이 있고, 한 번 만들어진 후에는 크게 변화되지 않는 것이 특징이다. 또한 장식음과 같은 기교를 사용하여 화려한 모습으로 만들어진 경우가 많았다.

반면 향토 민요는 음악을 직업으로 하지 않는 민중들이 생활의 필요에 의해 스스로 부르고 즐기는 자족적 성격의 노래이다. 대부분 구비 전승되었기 때문에 한 번 만들어진 향토 민요는 부르는 집단에 따라 계속 개작되어 변화되는 경우가 많았다. 또한 일정한 지역에서만 전승·가창되어 지역적인 특징이 매우 강하며, ㉠음악적으로 단순하고 소박한 형태가 많고 일상적인 삶과 밀접한 관련이 있는 경우가 많다.

향토 민요는 일과 관련된 노동요가 많은 비중을 차지하고 있다. 노동요는 여럿이 규칙적인 동작을 반복하는 작업 과정에서 부르기 때문에 주로 '메기고 받는' 방식으로 노래한다. 메기고 받는 방식은 독창으로 앞소리를 메기고 여럿이 후렴을 받으며 부르는 것을 말한다. 노동요를 비롯한 향토 민요는 통속 민요에 비해 앞소리와 후렴의 길이가 짧은 편에 속한다. 통속 민요는 한 절 단위로 가사의 문학적 의미가 완결되는 경향이 강하지만, 향토 민요는 고정적으로 되풀이되는 '받는 소리'에 구애되지 않고, 메기는 소리의 노랫말이 여러 절에 걸쳐 의미가 길게 연결되거나, 각 절의 노랫말이 내용상 의미가 연결되지 않는 경우가 많다.

● 제창(齊 다같이 제, 唱 부를 창)
같은 가락을 두 사람 이상이 동시에 노래함.

● 자족(自 스스로 자, 足 충족할 족)
스스로 넉넉함을 느낌.

● 개작(改 고칠 개, 作 지을 작)
작품이나 원고 따위를 고쳐 다시 지음. 또는 그렇게 한 작품.

1 이 글의 내용으로 알맞지 <u>않은</u> 것은 무엇인가요? (   )

① 민요는 전파된 지역 범위에 따라서도 구분할 수 있다.

② 후렴구의 노랫말 일부를 노래의 제목으로 정하기도 한다.

③ 민요 중에는 사람들에게 알려지는 과정에서 개작되는 것들도 있다.

④ 통속 민요는 전문 소리꾼들에 의해 감상용 음악으로 연주된 노래이다.

⑤ 앞소리의 노랫말을 변형할 때에는 기존에 없는 새로운 노랫말을 창작하였다.

2 이 글의 내용 전개 방식으로 알맞은 것은 무엇인가요? (   )

① 비유적 표현을 통해 대상을 설명하고 있다.

② **비교와 대조**의 방법으로 대상의 특징을 밝히고 있다.

③ 시대의 흐름에 따른 대상의 변화 과정을 설명하고 있다.

④ 질문을 던지는 형식으로 독자의 관심을 유발하고 있다.

⑤ 대상을 구분하는 기준에 대한 새로운 관점을 소개하고 있다.

+ 수능연결

글을 쓸 때 글쓴이가 질문을 던지며 글을 시작하는 방식을 말해요. 주로 화제에 대한 내용을 소개하거나 읽는 이로 하여금 대상에 대한 관심을 유도하기 위해 질문을 던지는 형식을 활용합니다.

강해진다. 그 이후에는 뼈의 양과 밀도 면에서   수능에는 주로 글쓰기 전략이나 중심 화제를
의 파괴가 생성보다 조금씩 활발해지면서, 뼈   다루는 방식을 물을 때 선택지 중 하나로 자주
                                            출제돼요.

34. 윗글에 대한 설명으로 적절하지 않은 것은?

① 예시를 통해 독자   질문을 던지는 형식
② 용어의 개념을 밝
③ **질문을 던지는 형식**으로 독자의 관심을 유발하고 있다.
④ 권위자의 주장을 인용하여 통념의 오류를 지적하고 있다.
⑤ 차이점을 중심으로 대상을 두 종류로 나누어 설명하고 있다.

3 ㉠의 이유를 설명한 것으로 가장 알맞은 것은 무엇인가요? (   )

① 노랫말이 간결하고 쉬울수록 후렴이 강조될 수 있기 때문이다.

② 비전문가 집단이 지어 불렀으며 구전되는 경우가 많았기 때문이다.

③ 비교적 어린 나이의 사람들이 주로 즐겨 부르던 노래였기 때문이다.

④ 창작자들이 자신의 음악적 실력을 내세우고 싶어 하는 경향이 크기 때문이다.

⑤ 넓은 지역에 유통되어 많은 사람에게 전파하기 위한 목적으로 만들었기 때문이다.

4 이 글을 바탕으로 보기 의 민요를 이해한 내용으로 알맞은 것은 무엇인가요? ( )

> (가) 1. 도라지 도라지 도라지 심심산천에 백도라지
>   한 두 뿌리만 캐어도 대바구니로 반실만 되노나
>   (후렴) 에헤요 에헤요 에헤야야 어여라 난다 지화자 좋다
>   저기 저 산 밑에 도라지가 한들한들
>
>   2. 도라지 도라지 도라지 은률 금산포 백도라지
>   한 뿌리 두 뿌리 받으니 산골에 도라지 풍년일세
>   후렴) 에헤요 에헤요 에헤야야 어여라 난다 지화자 좋다
>   저기 저 산 밑에 도라지가 한들한들   – 통속 민요: 도라지타령
>
> (나) 1. 절싸소리는 워디를 갔다/(후렴) 어헐싸 절씨고나
>   철만 찾아서 돌아를 오네/(후렴) 어헐싸 절씨고나
>
>   2. 꽃은 피어서 화산이 되고/(후렴) 어헐싸 절씨고나
>   잎은 피어서 청산이 되네/(후렴) 어헐싸 절씨고나   – 향토 민요: 논매는소리

① ⑺의 후렴은 독창으로, ⑷의 후렴은 여러 사람이 다 함께 불렀겠군.
② ⑺는 ⑷와 달리 앞소리의 노랫말을 변형하여 부를 수 있었겠군.
③ ⑺는 ⑷보다 지역적 특성이 많이 담겨 있다고 볼 수 있겠군.
④ ⑷는 ⑺에 비해 화려한 기교를 통해 연주되었겠군.
⑤ ⑷는 감상보다는 일정한 기능을 가진 노래라고 볼 수 있겠군.

5 문맥상 ⓐ와 같은 의미로 쓰인 것은 무엇인가요? ( )

① 사람들은 흔히 내 글을 관념적이라고 말한다.
② 힘센 걸로 말하면 우리 아버지를 따라갈 사람이 없다.
③ 우리 반 반장은 다른 학급에도 시험 날짜를 말해 주러 갔다.
④ 동생에게 남의 물건을 훔치지 말라고 아무리 말해도 듣지를 않는다.
⑤ 이 표지판은 주정차 금지 구역임을 말하는 것이므로 이곳에 차를 세워서는 안 된다.

6 빈칸에 알맞은 말을 넣어 이 글의 핵심 내용을 한 문장으로 요약하세요.

민요는 [　　]의 삶이 반영된 노래로, [　　]의 방식으로 전해졌으며, 전파된

지역의 범위와 목적에 따라 통속 민요와 [　　] 민요로 구분할 수 있다.

지문 속 필수 어휘

낱말의 뜻을 참고하여, 다음 문장의 빈칸에 들어갈 알맞은 낱말을 완성하세요.

❶ 대중문화의 | 전 | 파 | 속도는 굉장히 빠르다.

　　　전하여 널리 퍼뜨림.

❷ 회원 자격을 졸업생에 | ㅎ | 정 | 했다.

　　　수량이나 범위 따위를 제한하여 정함.

❸ 사소한 일에 너무 | 구 | ㅇ | 되면 큰일을 그르치게 된다.

　　　거리끼거나 얽매임.

❹ 그 찻집에는 감미로운 클래식의 | 선 | ㅇ | 이 흐르고 있었다.

　　　소리의 높낮이가 길이나 리듬과 어울려 나타나는 음의 흐름.

다음 문장을 읽고, 두 낱말 중 알맞은 것을 찾아 ○표 하세요.

❺ 그는 어떤 처지에서도 자기 자신에게 [자족 / 자존] 하며 살아간다.

❻ 운동장에 모인 학생들이 한 목소리로 애국가를 [독창 / 제창] 했다.

❼ 원작은 전하지 않고 후손에 의해 [개작 / 창작] 된 작품만 전해진다.

발레의 구성 요소

⏱️ 12분 안에 풀어보세요.

어휘 수준 ★★★★★ (하 중 상)
글감 수준 ★★★★★
글의 길이 1,574자

발레라는 단어는 '춤을 추다.'를 의미하는 이탈리아어에서 유래되었다. 발레를 흔히 고난도 신체 기법의 집합이라고 하지만, 신체의 움직임만으로 발레가 이루어지지는 않는다. 발레는 연극이나 뮤지컬, 오페라처럼 줄거리와 음악, 미술, 의상, 연기 등 여러 요소가 혼합된 '종합 예술'이다.

18세기 프랑스의 무용 이론가인 노베르는 〈무용과 발레에 관한 편지〉에서 "훌륭한 발레의 줄거리는 논리적이고 합리적으로 짜여야 하며 명료하면서도 일관성을 가져야 한다."라고 주장했다. 이러한 줄거리를 바탕으로 대본을 만들고, 대본의 각 장면에 맞게 음악을 선정하며, 무용수의 동작을 짠다.

안무란 대본과 음악에 맞춰 무용수의 동작을 짜는 행위를 말한다. 안무는 그리스어로 '춤을 쓴다.'라는 의미에서 나온 말인데, 18세기에는 무용을 기호로 기록하는 일을 뜻하였다. 그러나 오늘날에는 무용을 만드는 일을 의미하는 것으로, 신체의 움직임을 글로 새기듯 무대 공간에 입체적으로 드러내는 예술이라고 할 수 있다.

마임도 발레를 구성하는 매우 중요한 요소이다. 발레에서는 사람의 감정 표현을 말로 할 수 없기 때문에 신체의 움직임을 이용한 표현법을 고안해 냈는데, 그게 바로 마임이다. 마임은 '흉내'라는 의미의 그리스어에서 유래했다. 마임은 그 표현법을 알아 두면 무용수들이 어떤 이야기를 하는지 짐작할 수 있다. 예를 들어 무용수가 손으로 자신의 가슴을 가리키면 '나', 상대방의 가슴을 향하면 '너', 두 손을 포개어 살포시 심장 밑에 올리면 '사랑합니다', 오른손으로 왼손 넷째 손가락을 가리키면 '청혼'을 의미한다.

음악 역시 발레에서 빼놓을 수 없는 요소이다. 음악에 따라 안무가 이루어지기 때문이다. 발레의 음악은 주로 교향곡의 형식으로 작곡되며 오케스트라에 의해 연주된다. 본격적으로 발레 음악을 작곡한 최초의 음악가는 차이콥스키로 〈백조의 호수〉, 〈호두까기 인형〉 등의 발레 음악을 작곡했다. 발레 음악은 발레만을 위해 창작되기도 하지만, 교향곡이나 협주곡 등 이미 있는 음악 중에서 저작권료를 지불하고 사용하는 경우도 있다.

발레는 보는 예술인 만큼 무대와 의상도 중요하다. 안무가는 음악 선곡이 끝나면 무대와 의상, 조명 디자이너와 각각의 디자인 콘셉트를 상의한다. 의상의 경우 대개는 발레 의상 전문가와 작업하지만, 일반 패션 디자이너가 무대 의상의 제작에 참여하기도 한다. 심지어 20세기 초 발레 전성기에는 샤갈, 피카소와 같은 거장 화가들이 직접 무대 의상을 디자인하기도 했다.

무용수들의 의상 못지않게 발레에 화려함을 더해 주는 것은 무대 미술이다. 막이 올랐을 때 장면의 이미지를 강렬하게 드러내기 위해서는 무대 미술이 가장 효과적이기 때문이다. 다만 연극이나 오페라 등과는 다르게 발레는 많은 인원이 동시에 등장하고 춤추기 때문에

● **일관성**(一 하나 일, 貫 변하지 않을 관, 性 성질 성)
하나의 방법이나 태도로써 처음부터 끝까지 한결같은 성질.

● **고안**(考 생각할 고, 案 책상 안)
연구하여 새로운 안을 생각해 냄.

무대 위에서 춤추는 면적을 넓게 잡을 필요가 있으므로 무대 장치를 최소한으로 활용한다. 발레 초장기인 19세기에는 무대 뒤에 커튼으로 배경막을 걸어 놓고 이 배경막에 숲과 호수, 성, 마을 등을 그려 사용했다. 점차 세월이 흐르면서 무대 벽 쪽에 화려한 무늬나 색깔을 가진 천을 주름 잡아 걸거나 조명을 이용해 무대를 복잡하게 하지 않으면서도 분위기를 조성하게 되었다.

정답과 해설 **34**쪽

1 이 글을 통해 알 수 있는 내용으로 알맞지 <u>않은</u> 것은 무엇인가요? (   )

① 안무의 의미는 시대가 흐름에 따라 변화되어 쓰이고 있다.
② 발레는 우선 대본을 만드는 것에서부터 시작된다고 볼 수 있다.
③ 발레 무대 미술은 무대의 면적을 많이 차지하지 않는 것이 좋다.
④ 발레만을 위한 음악을 작곡하는 것에 음악가들은 어려움을 느꼈다.
⑤ 발레는 여러 가지 요소가 종합적으로 작용하는 예술이라고 할 수 있다.

2 이 글의 서술 방식에 대한 설명으로 알맞지 <u>않은</u> 것은 무엇인가요? (   )

① 단어의 어원을 제시하며 화제를 밝히고 있다.
② 대상의 장단점을 비교하여 독자들의 이해를 돕고 있다.
③ 구체적인 예를 들어 설명하여 독자들의 이해를 돕고 있다.
④ 전문가의 견해를 인용하여 대상의 중요성을 부각하고 있다.
⑤ 다른 대상과의 차이점을 밝히며 대상의 특징을 설명하고 있다.

3 이 글을 읽은 학생이 심화 학습을 하기 위해 설정한 주제로 알맞지 <u>않은</u> 것은 무엇인가요? (   )

① 발레의 기본 동작은 무엇일까?
② 발레는 처음에 어떻게 생겨나게 되었을까?
③ 발레 의상은 어떤 모양으로 변화해 왔을까?
④ 발레에서 무대 미술은 주로 어떤 방법을 사용했을까?
⑤ 차이콥스키 이외에 발레 음악을 작곡한 음악가는 누구일까?

4 다음은 〈백조의 호수〉 공연을 보고 쓴 감상문입니다. 이 글을 읽고 난 뒤 보인 반응으로 알맞지 <u>않은</u> 것은 무엇인가요? (　　　)

	〈백조의 호수〉 공연을 보고
㉠ 내용	지그프리드 왕자가 호수에서 저주에 걸린 백조 오데트를 만나 사랑에 빠지게 된다.
㉡ 인상 깊은 장면	지그프리드 왕자가 오데트의 가슴을 향해 손을 내밀었다가 다시 두 손을 포개어 자신의 심장 밑에 올리고는 오른손으로 왼손 넷째 손가락을 가리키던 동작이 기억에 남는다.
㉢ 무대 연출	저주에 걸린 백조들의 이야기가 보여지는 장면에서 어떤 무대 장치도 없었지만, 짙은 푸른색의 조명과 무대 뒤 배경막에 걸린 호수의 그림만으로 호수의 신비로움이 느껴졌다.
㉣ 음악	차이콥스키의 음악을 오케스트라의 연주로 직접 들으니 더 감동적이었고, 오케스트라의 연주 템포에 따라 무용수들의 동작이 달라지는 것을 볼 수 있었다.
㉤ 의상	새하얀 의상을 입고 일사불란하게 동작을 하는 무용수들을 보고 있으니 정말 살아 있는 백조들을 보는 것 같았다.

① ㉠을 보니, 발레도 연극이나 뮤지컬처럼 이야기가 있는 예술이군.

② ㉡을 보니, '당신을 사랑합니다. 결혼해 주세요.' 정도로 해석할 수 있는 장면이군.

③ ㉢을 보니, 발레 무대에서 분위기 조성은 무대 장치보다 무용수들의 역할이 더 중요하군.

④ ㉣을 보니, 음악은 단순히 배경 음악이 아니라 무용과 공연의 내용에도 영향을 주는 중요한 요소이군.

⑤ ㉤을 보니, 의상은 화려하고 예쁜 것뿐만 아니라 내용과도 잘 어울려야 하는군.

5 빈칸에 알맞은 말을 넣어 이 글의 핵심 내용을 한 문장으로 요약하세요.

발레는 '　　　　.'라는 의미를 지니고 있으며, 대본, 안무, 음악, 미술, 의상, 연기 등이 혼합된　　　　이다.

지문 속 필수 어휘

낱말의 뜻을 참고하여, 다음 문장의 빈칸에 들어갈 알맞은 낱말을 완성하세요.

❶ 기자단은 그를 이달의 선수에 ㅅㅣㅣ정ㅣ 했다.
　　　　　　　여럿 가운데서 어떤 것을 뽑아 정함.

❷ 피해자에게 보상금이 ㅣ지ㅣ ㅂ 되었다.
　　　　　　돈을 내어 줌. 또는 값을 치름.

❸ 자신들에게 유리하도록 여론을 ㅣ조ㅣ ㅅ ㅣ했다.
　　　　　　　　분위기나 정세 따위를 만듦.

❹ 영희는 조용하지만 ㅣㅁㅣㄹㅣ하ㅣ게ㅣ 말했다.
　　　　　　　　뚜렷하고 분명함.

'짜다'의 다양한 의미를 알고 그 쓰임으로 알맞은 것을 연결해 보세요.

'짜다'의 의미	쓰임의 사례
❺ 실이나 끈 따위를 씨와 날로 걸어서 천 따위를 만들다.	㉮ 빨래를 짜서 널었다.
❻ 어떤 부정적인 일을 하려고 몇 사람끼리만 비밀리에 의논하여 약속하다.	㉯ 짜고 매운 음식을 피해라.
❼ 누르거나 비틀어서 물기나 기름 따위를 빼내다.	㉰ 머리를 아무리 짜 보아도 대책이 없다.
❽ 어떤 새로운 것을 생각해 내기 위해 온 힘을 기울이다.	㉱ 할머니께서 털실로 목도리를 짜고 계셨다.
❾ 소금과 같은 맛이 있다.	㉲ 직원과 짜고 사람들을 속여 온 사장이 경찰에 붙잡혔다.

연극의 특징

어휘 수준 ★★★★☆
글감 수준 ★★★★☆
글의 길이 1,568자

⏱12분 안에 풀어보세요.

연극은 다른 예술에 비해 구성 요소와 표현 방법이 다양하고 복잡하기 때문에 한 마디로 표현하기가 어렵다. 그동안 많은 사람이 다른 예술과 구별 되는 연극의 특징에 대해 언급해 왔다. 브룬티에르는 그의 저서 〈극의 법〉에서 연극의 기본은 '갈등'에 있다고 주장했다. 즉 어떤 인간이 어떤 목적을 성취하기 위해 투쟁하고 갈등하는 이야기라는 것이다. 사실 브룬티에르의 이러한 갈등 이론은 많은 문인들의 공감을 받아 왔다. 그러면 이 갈등 요소는 연극에서만 뚜렷이 볼 수 있는 것일까? 소설에서도 연극 이상으로 갈등 과정이 잘 드러나는 것들이 있고, 연극에서 갈등 요소가 전혀 없는 경우도 있다.

이에 대해 아처는 그의 저서 〈극작〉에서 극의 본질적인 특성이 있다면 그것은 '위기'일 것이라고 말했다. 연극을 다른 예술과 구분짓는 것은 바로 이 특수한 위기감 조성에 있다는 것이다. 대부분의 연극은 무대에서 사건이 진행되다가 어떤 돌발적 사건이 일어나거나 사건 자체가 폭발하지 않으면 더 이상 진전될 수 없는 위기를 맞게 된다. 이 위기 해결에 대한 관객의 기대가 절정에 달할 때 비로소 연극은 그 기능을 다한다는 것이다. 하지만 이 위기 이론에도 반론이 생기지 않을 수 없다. 위기 설정이나 감정이 없어도 연극으로서 훌륭한 작품들이 있기 때문이다.

한편 극작가 손튼 와일더는 연극의 사건은 아무리 시대 배경이 과거라고 하더라도 무대에서 공연되는 순간, 그것은 현재 벌어지는 일이 되어 관객들에게 다가온다고 주장했다. 즉 관객들은 공연을 먼 옛날에 벌어졌던 일이 아니라 바로 이 순간에 진행되는 사건으로 ⓐ인식하게 된다는 것이다.

이러한 의견을 토대로 연극의 특징을 정리해 보면 다음과 같다. 연극이란 그림이나 조각 또는 스크린에 담긴 인간이 아니라 관객과 호흡을 같이하는 살아 있는 인간들이 그들의 육체와 음성을 통해 하나의 사건을 엮어 내는 ㉠'생동하는 예술'이다. 따라서 ㉡연극은 직접 전달의 성격을 갖는다. 극장에서의 공연을 통해 작가의 세계관이나 작가가 궁극적으로 말하고자 하는 바를 바로 눈앞에 있는 관객들에게 직접 전달할 수 있는 것이다. ㉮많은 시인, 소설가가 후년에 희곡에 도전하는 이유도 그들의 메세지에 대한 반응을 관객들로부터 직접 받고 싶다는 심리 때문인지도 모른다.

연극은 이처럼 관객들에게 메시지를 직접 전달하는 데 그치지 않고 관객들의 반응을 그 자리에서 받아들이기도 한다. 즉 ㉢연극은 상호 전달의 기능을 가지고 있다. 관객들의 반응이 다시 무대에 반영되어 배우들은 그들이 재연하는 인물이나 사건을 더욱 살찌게 한다.

또한 연극은 어느 시대의 작품을 공연하건 간에 일단 무대에서 공연되는 순간, ㉣그것은 생생한 현재의 인물, 현재의 사건으로 받아들여진다. 관객들은 먼 옛날에 살았던 인간의 사건을 바라보는 것이 아니라, 그 인물과 사건을 오늘날 바로 이 순간에 일어나는 인물이나 사건으로 ⓑ대하게 되는 것이다.

마지막으로 ㉤연극 역시 허구에 바탕을 둔다. 연극은 주위의 인물이나 사건을 있는 그대로 무대에서 보여 주는 것이 아니라, 극작가를 통해 허구화되어 표현된다. 만인이 다 아는

● **돌발**(突 갑자기 돌, 發 일어날 발)
뜻밖의 일이 갑자기 일어남.

● **재연**(再 거듭할 재, 演 흐를 연)
한 번 하였던 행위나 일을 다시 되풀이함.

역사적인 사실이나 사회의 사건도 허구를 통해 무대에서 표현될 때 비로소 그 구실을 다할 수가 있는 것이다.

정답과 해설 35쪽

1 이 글에 대한 설명으로 알맞은 것은 무엇인가요? (   )

① 대상에 대한 여러 관점들을 검토하고 있다.
② 통념에 대한 비판을 통해 자신의 주장을 드러내고 있다.
③ 이론이 등장한 역사적 배경을 순차적으로 제시하고 있다.
④ 자신의 관점을 제시하고 구체적인 사례에 적용하고 있다.
⑤ 대상의 형성과 발달 과정을 중심으로 내용을 전개하고 있다.

2 이 글을 이해한 학생들의 반응으로 알맞지 <u>않은</u> 것은 무엇인가요? (   )

① 대부분의 연극에서 위기는 내용 전개에 중요한 역할을 하는군.
② 연극에서 갈등이 필요하기는 하지만 필수적 요소는 아닐 수도 있겠군.
③ 조선 시대를 배경으로 한 연극이라도 관객들은 현재의 사건으로 감상하겠군.
④ 연극에서 관객들은 연극에 참여하기보다는 구경꾼으로서의 역할을 한다고 볼 수 있겠군.
⑤ 영화 속 인물들과 달리 연극의 인물들은 한 공간에서 관객과 함께 존재하는 특징이 있군.

3 ㉮를 보충하는 뒷받침 문장을 추가한다고 할 때, 가장 알맞은 것은 무엇인가요?

(   )

① 작가는 다양한 장르의 글을 쓰는 것이 자신의 글쓰기에 도움이 된다고 생각하기 때문이다.
② 작가는 자신이 창작한 작품이 대중에게 인생의 교훈을 주어야 한다고 생각하기 때문이다.
③ 소설이나 시는 주로 언어로 표현된 예술이므로 독자들의 상상력에 따라 해석이 달라질 수 있기 때문이다.
④ 소설이나 시는 작품을 작가 혼자 완성하기 때문에 독자들의 반응에 따라 내용을 수정하기가 수월하기 때문이다.
⑤ 소설이나 시는 책을 통해 독자들에게 간접적으로 전달되고, 독자들의 반응 역시 매체를 통해 간접적으로 전달받는 경우가 대부분이기 때문이다.

4 ㉠~㉤ 중 보기 의 내용과 가장 관련이 깊은 연극의 특징은 무엇인가요? (   )

> **보기**
>
> 셰익스피어는 〈햄릿〉에서 "연극의 목적이란 자연에다 거울을 비추는 일, 선은 선대로, 악은 악대로 있는 그대로를 비춰 내며, 시대의 모습을 고스란히 드러나게 하는 데에 있다."라고 했다. 그러나 연극이라는 것이 단순한 삶의 반영을 의미하지는 않는다. 그것은 예술의 형태로 선택된 반영이다. 즉 의미심장한 것으로 구성된 삶의 반영이라 할 수 있다.

① ㉠   ② ㉡   ③ ㉢   ④ ㉣   ⑤ ㉤

5 ⓐ와 ⓑ를 공통으로 대체할 수 있는 단어로 가장 알맞은 것은 무엇인가요? (   )

① 생각하게
② 깨닫게
③ 추측하게
④ 짐작하게
⑤ 기대하게

한줄 요약

6 빈칸에 알맞은 말을 넣어 이 글의 핵심 내용을 한 문장으로 요약하세요.

연극은 다른 예술과는 달리 [   ]들과 함께 상호 작용하며 주제를 관객들에게 직접 전달할 수 있고, 연극의 사건은 [   ]의 사건으로 받아들여지며, [   ]를 바탕으로 하는 특징을 보인다.

지문 속 필수 어휘

낱말의 뜻을 참고하여, 다음 문장의 빈칸에 들어갈 알맞은 낱말을 완성하세요.

❶ 그 연예인은 인기가 | 절 | ㅈ | 에 올랐다고 볼 수 있다.

　　　사물의 진행이나 발전이 최고의 경지에 달한 상태.

❷ 그의 주장에 대하여 | 반 | ㄹ | 할 근거가 전혀 없었다.

　　　남의 논설이나 비난, 논평 따위에 대하여 반박함.

❸ 작가는 | 허 | ㄱ | 적 인물을 설정하여 주제를 드러낸다.

　　　실제로는 없는 사건을 작가의 상상력으로 재창조해 냄.

다음 문장을 읽고, 두 낱말 중 알맞은 것을 찾아 ○표 하세요.

❹ 그 쌍둥이 자매를 [구별 / 구분] 하지 못해서 이름을 잘못 부른 적이 한두 번이 아니다.

❺ 어릴 때 모습이 [뚜렷히 / 뚜렷이] 남아 있다.

❻ 마음속에 목표를 [설정 / 선정] 했다.

다음 문장을 읽고, (　　) 안에 공통으로 들어갈 낱말을 완성하세요.

❼
- 비용 부족으로 연구가 제대로 (　　　)되지 못하고 있다.
- 이듬해 봄부터 그들의 관계는 급속하게 (　　　)되기 시작했다.

| 진 | ㅈ |

❽
- 거북선은 왜적을 무찌르는 데 크나큰 (　　　)을 했다.
- 그 아이는 여태껏 말썽만 피우더니 이제야 사람(　　　)을 한답니다.

| ㄱ | 실 |

르네상스 시대의 회화

어휘 수준 ★★★★☆
글감 수준 ★★★★★
글의 길이 1,501자

1400년대 초기 서구 세계가 깨어나기 시작했다. '다시 태어나다.'라는 의미의 르네상스는 이탈리아의 피렌체에서 몇몇 미술가에 의해 과거의 미술 개념에서 탈피하고 새로운 미술을 창조하려는 노력에서 시작되었다. 이러한 시도는 로마와 베네치아로 전파되었고, 1500년경에는 네덜란드, 독일, 프랑스 등으로 퍼져 나갔다.

르네상스 시대에는 인체와 생태계에 대한 과학적 탐구가 이루어졌으며, 자연의 형태를 사실적으로 묘사하려는 경향이 강해졌다. 해부학과 같은 새로운 기술의 도움으로 화가들은 회화의 새로운 지평을 열었으며, 이에 따라 예술가의 지위도 ㉠높아져 르네상스 전성기에는 레오나르도 다빈치와 미켈란젤로, 라파엘로와 같은 거장이 탄생하기도 했다. 또한 신대륙의 발견으로 인간이 스스로의 능력에 자신감을 가지게 되었고, 종교 개혁으로 인해 교회가 뿌리째 흔들리게 되었다. 결과적으로 신이나 절대자에 대한 관심이 점차 식게 되었고, 인간에 대한 탐구가 활발해지면서 미술은 인간 삶의 여러 단면을 드러내는 수단이 되었다.

르네상스 시기에 이루어진 기술적 혁신과 창조적 발견으로 현실을 표현하는 새로운 양식이 등장하게 되었다. 그중에서도 가장 중요한 발견은 캔버스 위에 그리는 유화이다. 유화의 발명으로 단순히 소묘를 기초로 채색하는 단계에서 벗어나 빛과 그림자를 사용하여 부피감을 살리는 명암 대조법, 3차원적 공간감과 거리감을 주는 원근법, 화면의 안정적 구성을 위한 피라미드 구도법이 등장하게 되었다.

유화에 사용되는 유채 물감은 마르는 속도가 느려서 마르기 전까지 덧칠이 가능하고, 색채가 다양하고 풍부해서 화가들은 여러 단계의 색을 쉽게 표현할 수 있다. 이렇게 화가들이 색조의 단계적 변화를 자유롭게 표현할 수 있게 되면서, 3차원적 형태와 질감을 표현하는 데 큰 발전을 이루게 되었다.

● **탈피**(脫 벗을 탈, 皮 가죽 피)
일정한 상태나 처지에서 완전히 벗어남.

● **해부학**(解 풀 해, 剖 쪼갤 부, 學 배울 학)
생물체 내부의 구조와 기구를 연구하는 학문.

● **캔버스**(canvas)
유화를 그릴 때 쓰는 천.

● **소묘**(素 본디 소, 描 그릴 묘)
연필, 목탄, 철필 따위로 사물의 형태와 명암을 위주로 그림을 그림. 또는 그 그림.

〈그림 1〉

서양 미술사에서 가장 획기적인 사건은 원근법의 발견이다. 원근법은 이후 500년 동안 서구 회화의 기초가 된다. 〈그림 1〉에서 볼 수 있듯이 물체가 관찰자의 시야에서 멀어지면 마침내 하나의 점으로 표현되는 위치까지 도달하게 된다. 이러한 지점을 '소실점'이라 부르는데, 이 소실점에서 뻗어 나오는 선들에 사물을 위치시켜 대상의 원근을 묘사하는 방법을 사용했다. 또한 사물이 뒤로 갈수록 점차 사라지는 것처럼 보이려고 사물의 크기를 줄여 나가거나 색조를 흐리게 하고 세부를 간략하게 묘사하는 방식을 사용하여 원근감을 표현하기도 했다.

명암 대조법은 평면으로부터 도드라져 보이는 느낌을 주기 위해 빛과 그림자를 사용하여 밝은 부분은 앞으로 나와 보이고, 어두운 부분은 뒤로 물러나 보이도록 형체를 묘사해 나가는 회화 기술을 말한다.

마지막으로 딱딱한 측면 초상이나 격자 모양의 수평선에 맞춰 인물들을 배치하는 방식은 점차 사라지고, 보다 3차원적 구도로 배치하는 피라미드 구도, 즉 삼각 구도도 나타나게 되었다. 이렇게 좌우로 균형 잡힌 구도는 중심에서 절정을 이루는데, 〈그림 2〉에서 볼 수 있듯이 레오나르도 다빈치의 〈모나리자〉 같은 그림에서는 중심점이 인물의 머리 부분에 있다.

〈그림 2〉

정답과 해설 **36**쪽

1 이 글에서 언급한 내용으로 알맞지 <u>않은</u> 것은 무엇인가요? (   )

① 르네상스 시대의 대표적인 예술가
② 르네상스 시대의 시작과 전파 과정
③ 르네상스 시대의 특징적인 그림 기법
④ 르네상스 시대의 작품에 대한 당시의 비평
⑤ 이전 시대와 다른 르네상스 시대의 회화 경향

2 이 글의 내용 전개 방식으로 알맞은 것은 무엇인가요? (   )

① 친숙한 예를 통해 화제를 시작하고 있다.
② 상반되는 관점들의 장단점을 비교하고 있다.
③ 대상에 대한 인식의 변화 과정을 제시하고 있다.
④ 대상이 등장하게 된 배경을 밝히며 설명하고 있다.
⑤ 대상의 특징이 다른 예술 분야에 적용된 결과를 보여 주고 있다.

3 이 글을 통해 알 수 있는 내용으로 알맞지 <u>않은</u> 것은 무엇인가요? (   )

① 유화의 발명은 새로운 그림 기법을 등장하게 한 배경이 되었다.
② 르네상스 시대에는 종교에서 벗어나는 삶에 대한 두려움이 있었다.
③ 르네상스는 이탈리아에서 시작하여 다른 유럽 지역으로 전파되었다.
④ 르네상스 시대에는 인간과 자연 같은 **실제**의 세계를 표현하고자 했다.
⑤ 르네상스는 기존의 미술 개념에서 벗어나고 싶은 욕구에서 생겨난 것이다.

4 이 글을 읽고 보기 를 설명한 내용으로 알맞지 <u>않은</u> 것은 무엇인가요? (   )

> **보기**
>
> (가)
>
>
>
> ◀ 치마부에, 〈8명의 천사로 둘러싸인 성모 마리아와 아기 예수〉
>
> 이 그림은 르네상스 이전의 그림 이다. 이 시기의 화가들은 사람들 이 중요하게 생각하는 것을 크게 그렸음을 보여 준다.
>
> (나)
>
>
>
> ◀ 라파엘로, 〈초원의 성모〉
>
> 이 그림은 르네상스 시대의 그림 이다. 레오나르도 다빈치의 〈모나 리자〉와 같은 안정된 구도를 보이 며, 인물들과 가까운 곳은 진하게, 멀어질수록 옅게 표현했다.

① (가)는 명암 대조법을 사용하여 입체감 있는 형체를 나타내려고 한 것이군.

② (가)는 르네상스 시대 이전에는 원근법이 그림에 적용되지 않았음을 보여 주는군.

③ (가)에서 성모 마리아와 아기 예수를 가장 크게 그린 것은 당시 종교에 대한 사람 들의 생각을 보여 주는 것이군.

④ (나)는 거리에 따른 색채의 변화를 반영하여 그림을 그린 것이겠군.

⑤ (나)는 피라미드 구도를 통해 균형 잡힌 안정된 구도를 보여 주는군.

5 문맥상 ㉠과 바꾸어 쓸 수 있는 것은 무엇인가요? (   )

① 상승하여   ② 변화하여   ③ 하강하여

④ 배제되어   ⑤ 고정되어

6 빈칸에 알맞은 말을 넣어 이 글의 핵심 내용을 한 문장으로 요약하세요.

한줄 요약

르네상스 시대의 회화는 과학적 탐구의 영향을 받아, 인간과 자연을 ☐☐☐ 으로 묘사하려는 경향이 강했으며, ☐☐의 발명으로 원근법, 명암 대조법, 피라 미드 구도법과 같은 새로운 그림 양식이 등장하게 되었다.

지문 속 필수 어휘

낱말의 뜻을 참고하여, 다음 문장의 빈칸에 들어갈 알맞은 낱말을 완성하세요.

❶ 그의 소설은 한국 문학의 [지][ㅍ] 을 넓혔다.

　　　　　사물의 전망이나 가능성 따위를 비유적으로 이르는 말.

❷ 그 사건을 통해 현대 사회의 한 [ㄷ][면] 을 엿볼 수 있었다.

　　　　　사물이나 사건의 여러 현상 가운데 한 부분적인 측면.

❸ [ㅅ][부] 에 구애되지 말고 큰 윤곽을 먼저 보아야 합니다.

　자세한 부분.

다음 문장을 읽고, 두 낱말 중 알맞은 것을 찾아 ○표 하세요.

❹ 그는 사과를 [껍질째 / 껍질채] 먹었다.

❺ 유화는 물감을 기름에 개어서 [캔버스 / 켄버스] 에 붓이나 나이프로 칠한다.

문제 속 개념어

실제와 실재 實 열매 실, 際 사이 제 / 實 열매 실, 在 있을 재

'실제'와 '실재'는 형태도 비슷하고 의미도 비슷한 점이 있어 사용할 때 많이 헷갈리는 단어입니다. 실제는 '사실의 경우나 형편.'을, 실재는 '실제로 존재함.'을 의미하므로, 그 쓰임에 차이가 있습니다. 따라서 실제의 유의어는 '사실' 또는 '실상', 실재의 유의어는 '실존'으로 볼 수 있습니다.

그는 실제 나이보다 젊게 보인다.

그의 사실상의 나이, 즉 원래 나이보다 젊게 보인다는 의미이다.

그녀는 가상의 인물이 아니라 실재의 인물이다.

그녀는 실제로 존재하는 인물이라는 의미이다.

가위바위보

어휘 수준 하 중 상 ★★★★★
글감 수준 ★★★★★
글의 길이 1,514자

본격 독해 훈련

⏱ **12**분 안에 풀어보세요.

우리는 일상생활에서 의견의 일치를 이루지 못할 때 가장 간단하게 결정할 수 있는 방법으로 가위바위보를 하곤 한다. 가위바위보의 규칙은 매우 간단하다. 참가자들은 미리 정해진 신호에 맞춰 오른손을 동시에 내민다. 이때 검지와 중지를 내밀면 가위, 주먹을 쥐면 바위, 손바닥을 펴면 보를 뜻한다. 가위는 보를, 보는 바위를, 바위는 가위를 이긴다. 누구나 알고 있는 간단한 놀이이지만, 캐나다 토론토에는 가위바위보 규칙을 제정하고 승리의 전략을 연구하며 세계 대회를 개최하는 세계 가위바위보 협회도 있다.

전 세계인이 알고 있는 가위바위보는 언제 시작되고 전파되었을까? 5세기 무렵 중국의 술자리에서 가위와 종이로 하던 손놀이가 아이들에게 전해졌다고도 하고, 인도의 전래 동화에서 유래했다고 보기도 한다. 그리고 17세기에는 유럽에, 18세기에는 미국으로 전해졌다. 우리나라는 일제 강점기에 일본의 '잔켄포'가 전파되었고, 이를 아동 문학가인 윤석중이 순우리말로 이름을 붙여 지금의 '가위바위보'가 되었다고 전해진다. 북한에서는 가위바위보가 아니라 '돌가위보'라고 부른다.

그렇다면 가위바위보를 이기는 방법이 있을까? 가위바위보를 반드시 이기는 방법은 존재하지 않지만, 이기는 확률을 높이는 방법은 있다. 가위바위보는 합이 0이 되는 제로섬 게임이다. 예를 들어 1승을 +1, 1패를 −1, 무승부를 0으로 보면 승, 패, 무의 합은 언제나 0이다. 2인 경기에서 상대방이 무엇을 낼지 모를 때 최선의 접근법은 가위, 바위, 보를 각각 동일한 확률 아래 무작위로 내는 것이다. 참가자가 모두 이 방식으로 게임을 하면 승, 패, 무의 확률이 양쪽 다 같아지게 된다.

하지만 영국과 캐나다의 심리학자들은 연구를 통해 사람들이 가위바위보를 할 때 비합리적인 결정을 한다는 것을 밝혀냈다. 연구 팀은 서식스 대 학생을 대상으로 컴퓨터와 가위바위보 게임을 하도록 했다. 참가자들은 세 번에 걸친 각 실험에서 75판씩 총 225판의 가위바위보 게임을 했다. 이때 컴퓨터는 실험마다 무작위 순서로 가위바위보를 각각 25번씩 선택했다. 참가자들은 각 실험 동안 준비 소리를 들은 뒤 자신이 낼 수를 선택하고 버튼을 눌렀고, 이에 맞춰 컴퓨터도 임의로 선택한 수를 냈다. 물론 최적의 전략은 각 수를 같은 확률로 무작위로 선택하는 것이지만, 대부분의 사람은 처음에 바위를 선택하는 경향이 있다는 것이 발견되었다. 또한 참가자들이 한 게임에서 승리했을 때, 자신이 이겼던 수를 계속 선택한다는 것이 발견되었다. 이를 심리학에서는 '승유패변의 법칙'이라고 부른다. 즉 자신이 질 때까지 자신의 선택을 바꾸지 않는 경향이 있다는 것이다. 이를 고려하면 이길 확률이 높은 패를 결정할 수 있다.

우리는 가위바위보를 가벼운 놀이 정도로 생각하지만 역사적으로 중요한 일을 가위바위보로 결정한 예가 종종 있다. 2004년에 일본의 한 회사가 내놓은 200억 상당의 미술품 경매의 주관을 두고 소더비사와 크리스티사는 치열한 경쟁을 벌였다. 의뢰인의 업체 선정 기준이 바로 가위바위보였다. 역사적인 걸작의 운명이 가위바위보로 결정된 것이다.

● **무작위**(無 없을 무, 作 지을 작, 爲 할 위)
통계의 표본 추출에서, 일어날 수 있는 모든 일이 동등한 확률로 발생하게 함.

● **최적**(最 가장 최, 適 맞을 적)
가장 알맞음.

1 이 글의 내용으로 알맞지 <u>않은</u> 것은 무엇인가요? (   )

① 가위바위보는 미국에서 유럽으로 전해졌다.

② 가위바위보를 겨루는 세계 규모의 대회가 있다.

③ 북한에서는 가위바위보를 '돌가위보'라고 부른다.

④ 무작위로 가위바위보를 할 경우 이길 확률은 같아진다.

⑤ 역사적으로 중요한 일을 가위바위보로 결정한 예가 있다.

2 가위바위보가 유래했다고 제시된 나라를 두 개 찾아 쓰세요.

(,   )

3 이 글의 글쓰기 전략으로 가장 알맞은 것은 무엇인가요? (   )

① 대상의 규칙을 단계에 따라 설명하고 있다.

② 시간의 흐름에 따라 화제의 변천 과정을 서술하고 있다.

③ 대상이 가진 문제의 원인과 그 해결 방안을 제시하고 있다.

④ 문답 형식으로 대상에 대한 독자의 호기심을 유발하고 있다.

⑤ 대상에 대한 전문가의 견해를 통해 장단점을 평가하고 있다.

+ 수능연결

대상의 변화 과정이나 양상을 말해요. 대상의 변화 과정을 설명할 때 주로 시간의 흐름에 따라 내용을 서술하기 때문에 '화제(대상)의 변화 과정을 시간의 흐름에 따라 서술하고 있다.'라는 형식이 많습니다.

> 음악에선 틀린 음을 연주하는 것 이외에 틀린 것이란 없다. 틀린 것이 아니라 다른 것이다. 여러 가지 '다름'을 허용하는 것이야말로 클래식 음악을 더욱 생동감 넘치는 현재의 음악으로 재현하는 원동력이 된다.

화제의 변천(변화) 과정

33. 윗글의 논지

① 화제의 변천 과정을 역사적으로 살펴보고 있

수능에는 시간의 흐름에 따라 대상에 어떤 변화가 있었는지를 설명하는 글에서 자주 나오는 선택지예요.

② 낯선 개념을 익숙한 대상에 빗대어 설명하고

③ 다양한 관점을 소개하면서 절충안을 모색하

④ 구체적인 사례를 들어 화제에 대한 이해를 돕고 있다.

⑤ 대상에 대한 서로 다른 관점의 장·단점을 비교하고 있다.

4 도윤이와 예준이가 가위바위보를 했습니다. 이 글의 내용으로 미루어 볼 때, 다음 판에 도윤이와 예준이가 낼 것을 추론한 것으로 알맞은 것에 ○표 하세요.

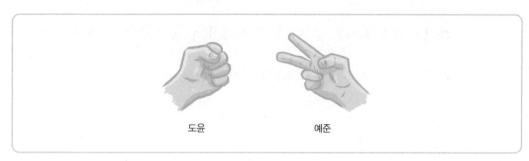

도윤   예준

(1) 도윤이는 처음에 바위를 내서 이겼기 때문에, 다음 판에서는 바위를 내지 않을 확률이 높다. ( )

(2) 예준이는 처음에 가위를 내서 졌기 때문에, 다음 판에서는 가위를 내지 않을 확률이 높다. ( )

5 이 글을 바탕으로 할 때, 가위바위보를 이기는 확률을 높이는 방법으로 알맞은 것을 보기 에서 골라 기호를 쓰세요.

> 보기
>
> ㄱ. 처음에 보를 낸다.
> ㄴ. 처음에 바위를 낸다.
> ㄷ. 질 때까지 자신의 선택을 바꾸지 않는다.
> ㄹ. 가위바위보를 동일한 확률로 무작위로 낸다.

( )

6 빈칸에 알맞은 말을 넣어 이 글의 핵심 내용을 한 문장으로 요약하세요.

한줄
요약

가위바위보를 이기는 확률을 높이는 방법에는 가위바위보를 [   ][   ]로 내는 것, 처음에는 [   ]를 내는 것, [   ][   ][   ]의 법칙을 고려하는 것이 있다.

지문 속 필수 어휘

낱말의 뜻을 참고하여, 다음 문장의 빈칸에 들어갈 알맞은 낱말을 완성하세요.

❶ 프랑스 문화원 ㅈ 관 으로 청소년 영화제가 개최되었다.
어떤 일을 책임을 지고 맡아 관리함.

❷ 평균 혼인 연령이 과거에 비해 높아지는 경 ㅎ 이 보인다.
현상이나 사상, 행동 따위가 어떤 방향으로 기울어짐.

❸ 이달의 선수에 ㅅ 정 되었다.
여럿 가운데서 어떤 것을 뽑아 정함.

❹ 그 중요한 일을 임 ㅇ 로 처리할 수는 없다.
일정한 기준이나 원칙 없이 하고 싶은 대로 함.

문제 속 개념어

추론 推 밀 추, 論 논할 론

추론의 사전적 의미는 '미루어 생각하여 논함.'입니다. 추론하며 글을 읽는다는 것은 직접 드러나지 않은 내용을 글의 앞뒤 사실로 미루어 생각하며 읽는 방법을 말합니다. 다음을 읽고 추론할 수 있는 내용은 무엇인지 생각해 봅시다.

> • 엄마가 철수에게 방을 청소하라고 하셨다. 다음 날, 철수는 지저분한 방 때문에 엄마에게 혼났다.
>
> | 추론한 내용 | 철수는 방을 청소하지 않았을 것이다. |
> |---|---|
>
> • 가위바위보를 할 때, 많은 사람이 처음에 바위를 내는 경향이 있다.
>
> | 추론한 내용 | 처음에 보를 내면 이길 확률이 높을 것이다. |
> |---|---|

추론하며 글을 읽으면 글에 직접 드러나지 않은 내용에 대해 생각할 수 있어서 글을 더 깊이 읽을 수 있습니다.

귀벌레 현상 —————

12분 안에 풀어보세요.

아침에 무심코 흥얼거리기 시작한 노래가 잠들기 전까지 머릿속을 떠나지 않고 맴돌거나 평소에 좋아하던 노래도 아닌데 온종일 비슷한 구절을 되뇌던 경험이 있을 것이다. 이런 현상을 귀에 벌레가 있는 것처럼 본인의 의지로 멈출 수 없다고 해서 '귀벌레'라고 부른다. 노랫말을 반복해서 흥얼거리는 귀벌레 현상을 겪다 보면 기분이 좋아지는 날도 있지만, 때로는 집중을 방해해 짜증이 나기도 한다. 귀벌레 현상이 생기는 이유는 무엇이고, 이것을 사라지게 할 수 있는 방법에는 어떤 것이 있을까?

대부분의 사람은 귀벌레 현상을 부정적으로 인식한다. 이는 귀벌레 현상이 시험 문제를 풀 때와 같이 강한 집중력이 필요한 순간에 나타나기 때문이다. 그런데 귀벌레 현상은 뇌의 피로와 스트레스를 완화하기 위한 작용이다. 많은 사람 앞에서 발표를 하기 전이나 중요한 회의를 시작하기 전, 뇌는 극도의 긴장 상태가 된다. 긴장이나 공포, 고통을 느끼면 인체는 스트레스 호르몬인 코르티솔을 분비한다. 이때 우리의 뇌는 스트레스를 완화하기 위해 한곳에 쏠린 관심을 다른 방향으로 분산시키려고 한다. 귀벌레 현상은 과거에 들었던 노래를 떠올려 긴장을 완화하려는 뇌의 자연스러운 활동인 것이다.

미국 신시내티 대학교 연구진에 따르면, 전 세계 인구의 98%가 귀벌레 현상을 경험하고 있다고 한다. 90% 이상의 사람들은 최소한 일주일에 한 번씩 이 현상을 겪고, 4명 중 1명은 하루에도 여러 차례 귀벌레 현상을 느낀다는 것이다. 또한 남성보다는 여성에게서 귀벌레 현상이 오래 지속되며 음악과 관련된 직업에 종사하는 사람이 이 현상에 더 민감하다고 한다.

영국의 더럼 대학교와 골드스미스 런던 대학교, 그리고 독일의 튀빙겐 대학교 공동 연구진은 일반인 3천 명을 대상으로 흥미로운 연구를 진행했다. 중독성이 강한 노래에 관한 설문 조사를 하고 공통점을 알아본 것이다. 연구 결과에 따르면, 중독성이 강한 노래는 멜로디만 있는 악기 연주보다 가사가 있는 노래, 빠른 박자, 다소 흔한 멜로디 형식, 불규칙적이고 특이한 음정 간격이라는 공통점이 있다고 한다.

그렇다면 귀벌레 현상을 막을 방법은 없을까? 노래를 처음부터 끝까지 다 듣는 방법이 있다. 귀벌레 현상은 30초 내 짧은 구절에 중독된 경우가 많기 때문에 전곡을 듣게 되면 특정 구절만 뇌리에 남는 것을 상당 부분 막을 수 있다고 한다. 대화를 나누거나 낱말 맞추기 퍼즐을 하는 것도 귀벌레 현상을 극복할 수 있는 방법 중 하나이다. 음악을 기억하는 뇌의 부위가 언어 활동도 담당하기 때문에 적극적인 언어 활동으로 반복적인 가사와 멜로디의 기억을 잊게 만드는 것이다.

껌을 씹는 것도 귀벌레 현상을 없애는 데 도움이 된다. 영국의 레딩 대학교의 심리학자들은 귀벌레 현상이 뇌의 특정 부위와 관련 있을 것이라는 가정하에 실험을 진행했다. 이

● 인식(認 알 인, 識 알 식)
사물을 분별하고 판단하여 앎.

● 분산(分 나눌 분, 散 흩을 산)
갈라져 흩어짐. 또는 그렇게 되게 함.

● 종사(從 좇을 종, 事 일 사)
어떤 일을 일삼아서 함.

들은 98명에게 동일한 노래를 들려준 뒤 귀벌레 현상이 나타났을 때 아무것도 하지 않기, 손가락으로 탁자 두드리기, 껌 씹기의 세 집단으로 나누어 실험한 결과 껌을 씹은 집단이 다른 두 집단보다 귀벌레 현상의 발생 확률이 3분의 1로 줄어든 것을 확인할 수 있었다. '씹기'를 관장하는 뇌 부위가 귀벌레 현상과 관련 있는 것으로 밝혀진 것이다.

귀벌레 현상은 누구나 겪는 일상적 경험이다. 따라서 귀벌레 현상이 일어났을 때 너무 예민하게 반응하는 것보다는 자연스러운 신체 활동으로 여기는 여유로운 마음가짐이 필요하다.

정답과 해설 **38쪽**

1 이 글에서 확인할 수 <u>없는</u> 정보는 무엇인가요? (   )

① 귀벌레 현상의 개념
② 귀벌레 현상을 잘 겪는 직업
③ 귀벌레 현상이 잘 일어나는 상황
④ 귀벌레 현상이 자주 일어나는 공간
⑤ 전 세계 인구 중 귀벌레 현상을 겪는 비율

2 다음 중 귀벌레 현상이 일어나는 원인으로 알맞은 것은 무엇인가요? (   )

① 특정 노래를 암기하기 위해서
② 강한 집중력을 발휘하기 위해서
③ 과거의 기억을 떠올리기 위해서
④ 적극적인 언어 활동을 하기 위해서
⑤ 뇌의 피로와 스트레스를 완화하기 위해서

3 귀벌레 현상이 일어나는 노래의 공통점이 <u>아닌</u> 것은 무엇인가요? (   )

① 빠른 박자의 노래
② 가사가 있는 노래
③ 과거에 들었던 노래
④ 규칙적인 음정의 노래
⑤ 흔한 멜로디 형식의 노래

4 다음은 희주와 진우의 대화입니다. 희주가 진우에게 해 줄 수 있는 조언으로 알맞지 <u>않</u>은 것은 무엇인가요? (   )

> 희주: 진우야, 무슨 일 있어? 심각한 표정이네.
> 진우: 응, 내일 수업 시간에 발표할 것이 있어서 준비 중인데, 머릿속에서 노래 하나가 계속 맴돌아서 집중이 안 돼. 링딩동 링딩동 디기디기동~
> 희주: 아, 그거 귀벌레 현상이야. 자꾸 어떤 노래가 머릿속을 맴도는 현상을 귀벌레 현상이라고 한다고 해.
> 진우: 무슨 방법이 없을까? 집중이 안 돼서 괴로워.
> 희주: 귀벌레 현상이 일어났을 때, (   )

① 껌을 씹는 것도 도움이 돼.
② 다른 사람과 대화를 나눠 봐.
③ 손가락으로 탁자를 두드려 봐.
④ 낱말 맞추기 퍼즐을 하면 도움이 돼.
⑤ 귀벌레 현상이 일어나는 노래를 처음부터 끝까지 들어 봐.

5 보기 중 귀벌레 현상이 일어날 확률이 높은 사람은 누구인지 기호를 쓰세요.

> **보기**
> ㉮ 내일 시험을 앞둔 영희
> ㉯ 엄마와 대화를 나누고 있는 동생 철수
> ㉰ 오랜만의 휴가에서 클래식을 듣고 있는 아빠

(   )

한줄요약

6 빈칸에 알맞은 말을 넣어 이 글의 핵심 내용을 한 문장으로 요약하세요.

귀벌레 현상은 뇌가 스트레스를 [   ]하기 위한 작용으로, 뇌의 특정 부위와 관련이 있어 [   ] 활동이나 씹는 활동을 하면, 이를 극복하는 데 도움이 된다.

지문 속 필수 어휘

낱말의 뜻을 참고하여, 다음 문장의 빈칸에 들어갈 알맞은 낱말을 완성하세요.

❶ 철수는 모든 일을 [ㅂ | ㅈ | 적]으로 생각한다.

       그렇지 아니하다고 단정하거나 옳지 아니하다고 반대하는. 또는 그런 것.

❷ 6월 초 선거가 실시된다는 [ㄱ | 정] 아래 준비를 해 왔다.

       사실이 아니거나 또는 사실인지 아닌지 분명하지 않은 것을 임시로 인정함.

❸ 그는 오랫동안 학교의 모든 행사를 [고 | 자] 해 오고 있다.

       일을 맡아서 주관함.

다음 문장을 읽고, 두 낱말 중 알맞은 것을 찾아 ○표 하세요.

❹ [무심꼬 / 무심코] 던진 말이 그의 마음을 상하게 했다.

❺ 엄마는 우리에게 살면서 [겪은 / 격은] 이야기를 들려주셨다.

낱말 퍼즐에서, 다음 문장의 빈칸에 들어갈 알맞은 낱말을 찾아 쓰세요.

현	상
	황

❻ 오늘 밤 열대야 [|] 이 나타나겠습니다.

       나타나 보이는 현재의 상태.

❼ 만일의 [|] 에 대비해 준비를 철저히 하자.

       일이 되어 가는 과정이나 형편.

	대
완	화

❽ 남북 간의 [|] 분위기가 조성되면서 긴장이 [|] 되었다.

   마주 대하여 이야기를 주고 받음. 또는 그 이야기   긴장된 상태나 급박한 것을 느슨하게 함.

색온도

어휘 수준 ★★★★★
글감 수준 ★★★★★
글의 길이 1,561자

우리는 사물을 볼 때 빛을 통해서 본다. 똑같은 물건도 어떤 빛 아래에서 보느냐에 따라 느낌이 다르며, 심지어 완전히 다른 색으로 보이는 경우도 있다. 그 이유는 빛에도 온도가 있기 때문인데, 이를 색온도 혹은 빛 온도라고 한다. 조명이 노랗거나 하얗게 보이는 것은 바로 이 색온도 때문이다. ㉠색온도가 낮으면 노랗거나 붉은색을 띠고, 색온도가 높으면 희고 푸른색을 띤다. 사진을 찍을 때 사진이 너무 파랗거나 하얗게 나오지 않도록 '화이트 밸런스'를 조절하는 것도 색온도를 맞추는 작업이다.

색온도를 나타낼 때는 '캘빈(K)'이라는 단위를 사용한다. 아침부터 밤까지 우리가 접하는 빛은 시시각각 달라진다. 왜냐하면 ㉡해가 떠 있는 위치에 따라 색온도가 계속 달라지기 때문이다. 동트는 시점의 색온도는 약 2,200K로, 촛불의 색온도와 비슷하다. 해가 뜨고 40분이 지나면 3,000K 정도가 되는데, 이때의 노란빛이 도는 색온도가 우리를 깨워 일터와 학교로 가게끔 만든다. 해가 뜨고 두 시간이 지나면 색온도는 약 4,400K쯤으로 백색과 온백색 형광등, 할로겐램프의 색온도와 비슷한 수준이 된다. 그러다 정오가 되면 5,800K, 오후에는 7,000K 이상이 된다. ㉢물론 날씨에 따라서도 색온도는 달라진다. 오후의 하늘에 구름이 끼었다면 7,000K, 맑다면 8,000K 정도가 된다. 유난히 맑은 날에는 10,000K 이상으로 오른다.

㉣빛의 색온도는 인간의 감정과 생체 리듬에 큰 영향을 미친다. 따라서 공간마다 적합한 빛의 색온도를 설정하는 것이 필요하다. 예를 들어 많은 사람이 모여 강사의 말에 집중해야 하는 강의실은 색온도를 보통 5,000~6,000K 정도로 설정한다. 사람들을 긴장시키고 딱딱하게 만들기 위해서이다. 긴장이 풀리는 3,000K의 빛 아래에서는 사람들이 강사의 말에 집중하기 어렵다. 이에 비해 마트는 6,000K 정도 되는 밝고 환한 빛을 사용한다. 사람들을 빨리 움직이고 활기차게 쇼핑할 수 있도록 하기 위해서이다. 특별히 6,000K를 사용하면 안 되는 공간도 있다. 불평불만을 토로하러 온 고객들을 맞는 고객 센터의 데스크이다. 이는 높은 색온도가 그들의 신경을 더 날카롭게 할 수 있기 때문이다. 오랫동안 앉아서 상담하는 공간이나 불만을 접수하러 온 고객들이 머무르는 공간에는 마음을 안정시키는 3,000K 정도의 낮은 색온도를 ⓐ쓰는 것이 좋다.

그렇다면 우리 눈에 가장 아름다운 색온도는 얼마일까? ㉤우리 눈에 가장 아름답게 보이는 색온도는 일출 뒤 한 시간 후의 색온도, 즉 3,500K이다. 감이 잘 안 온다면, 호텔 화장실의 약간 노란빛을 떠올리면 된다. 굳이 호텔이 아니더라도 대부분의 화장실 조명은 기본적으로 노란빛인데, 이 노란빛이 긴장감을 풀어 주기 때문이다. 백색 형광등이 켜져 있으면 아무리 따뜻한 물로 샤워를 오래 해도 피로가 쉽사리 풀리지 않는다. 형광등이 내뿜는 흰색 빛이 사람을 긴장시키고 딱딱하게 만들어서이다. 긴장이 되면 배변 활동 또한 편하게 될 리 없다. 우리 몸의 긴장을 풀어 주고 마음을 편하게 해 주는 빛은 자연광과 가장 비슷한 파장을 가진 노란빛이며, 이를 수치로 표현하면 바로 3,500K인 것이다.

● **화이트 밸런스**(white balance)
카메라 촬영 시 반사된 빛의 색감을 중립적으로 잡아, 색 균형을 조절하는 것.

● **캘빈**(K)
섭씨 온도에서 -273.15를 뺀 단위. 캘빈에서 1도가 상승하면 섭씨 온도도 1도 상승함.

● **파장**(波 물결 파, 長 길 장)
파동에서, 같은 위상을 가진 서로 이웃한 두 점 사이의 거리.

● **수치**(數 셀 수, 値 값 치)
계산하여 얻은 값.

1 이 글의 내용으로 알맞지 <u>않은</u> 것은 무엇인가요? (   )

① 색온도가 낮으면 희고 푸른색을 띤다.

② 정오의 색온도는 5,800K, 오후에는 7,000K 이상이 된다.

③ 같은 색도 어떤 빛 아래에서 보느냐에 따라 다르게 보인다.

④ 사진의 화이트 밸런스를 조절하는 것은 색온도를 맞추는 것이다.

⑤ 동트는 시점의 색온도는 약 2,200K로 촛불의 색온도와 비슷하다.

2 색온도에 대한 설명으로 알맞지 <u>않은</u> 것은 무엇인가요? (   )

① 색온도에 따라 조명의 색깔이 달라진다.

② 색온도는 날씨가 달라져도 일정하게 유지된다.

③ 색온도는 해가 떠 있는 위치에 따라 달라진다.

④ 색온도를 나타낼 때는 'K'라는 단위를 사용한다.

⑤ 색온도는 공간의 목적에 따라 다르게 조절해야 한다.

3 다음은 공간에 따른 조명 설치 계획입니다. 이 글을 바탕으로 할 때, 알맞은 것은 무엇인가요? (   )

① 침실은 마음을 안정시킬 수 있도록 6,000K의 조명으로 설정한다.

② 교실은 교사의 말에 집중할 수 있도록 5,000K의 조명으로 설정한다.

③ 화장실은 배변 활동을 빨리 할 수 있도록 5,000K의 조명으로 설정한다.

④ 고객 데스크는 고객의 말에 집중할 수 있도록 6,000K의 조명으로 설정한다.

⑤ 마트는 사람들이 편안한 쇼핑을 즐길 수 있도록 3,500K의 조명으로 설정한다.

4 ⊙～⑩ 중 보기 와 가장 관련이 깊은 색온도의 특징은 무엇인가요? (   )

> **보기**
>
> 푸른빛이 도는 차가운 형광등 아래에서 식사를 하면 심리적, 생리적으로 불안
> 해진다. 이는 우리 몸의 자율 신경계를 둔화시켜 공복감이 느껴지지 않게 하고,
> 소화도 부진하게 만든다. 반대로 주황빛은 인간의 자율 신경계를 자극하고 공복
> 감을 느끼게 하여 소화 작용을 돕는다. 많은 베이커리 매장에서 노란빛이 도는
> 색온도를 쓰는 것도 이런 이유 때문이다.

① ⊙   ② ⓛ   ③ ⓒ   ④ ⓔ   ⑤ ⑩

5 문맥상 ⓐ와 바꾸어 쓸 수 있는 말로 알맞은 것은 무엇인가요? (   )

① 사용(使用)하는
② 고용(雇用)하는
③ 검사(檢査)하는
④ 구사(驅使)하는
⑤ 연구(硏究)하는

한줄
요약

6 빈칸에 알맞은 말을 넣어 이 글의 핵심 내용을 한 문장으로 요약하세요.

빛의 온도를 ☐☐☐라고 하는데, 이는 인간의 감정과 생체 리듬에 영향을 미

치기 때문에 ☐☐마다 다른 색온도의 설정이 필요하다.

지문 속 필수 어휘

낱말의 뜻을 참고하여, 다음 문장의 빈칸에 들어갈 알맞은 낱말을 완성하세요.

❶ 봄하늘은 | ㅅ | ㅣ | 각 | ㄱ | 으로 분위기가 변한다.
각각의 시각.

❷ 이번 학기에는 평균 90점 이상을 목표로 | ㅅ | 정 | 했다.
새로 만들어 정해 둠.

❸ 친구에게 내 마음을 | 토 | ㄹ | 했다.
마음에 있는 것을 죄다 드러내어서 말함.

'틀리다'와 '다르다'는 일상에서 흔히 혼동하여 쓰는 표현입니다. 두 단어의 의미 차이에 주목하여 빈칸에 들어갈 올바른 말을 쓰세요.

그르게 되거나 어긋나다. 올바르지 못하고 비뚤어지다. ⋮	서로 같지 아니하다 보통의 것보다 두드러지다. ⋮
틀리다	**다르다**

❹ 쌍둥이도 서로 성격이 (   ).

❺ 조율을 잘못했는지 피아노가 음정이 (   ).

❻ 역시 기술자의 솜씨는 (   ).

❼ 이 문제의 정답을 '5'라고 쓰면 (   ).

스몸비

어휘 수준 ★★★★★ 하 중 상
글감 수준 ★★★★★
글의 길이 1,336자

본격 독해 훈련

⏱ **10**분 안에 풀어보세요.

가 스몸비(smombie)는 스마트폰(smart phone)과 좀비(zombie)의 합성어로, 스마트폰에 정신이 팔려 주변을 인지하지 못한 채 걸어가는 사람을 좀비에 빗댄 말이다. 우리나라뿐만 아니라 전 세계적으로 스마트폰 보급률이 높아지면서 많은 사람이 이동 중에 스마트폰을 사용한다.

나 스마트폰은 편리한 생활 도구이지만, 건강을 위협하는 흉기가 되기도 한다. 보행 중에 스마트폰을 이용하면 주변을 살피기 힘들고 시야도 현저히 좁아지기 때문에 각종 사고에 노출된다. 중국 저장성에서는 스마트폰을 보며 귀가하던 주부가 미처 보지 못한 연못에 빠져 익사했고, 독일 바이에른주에서는 스마트폰 게임에 ⓐ빠져 있던 열차 신호 제어 담당자가 신호를 잘못 보내는 바람에 열차가 충돌해서 11명이 숨지는 사고가 발생했다. 미국 뉴저지주에서는 거리를 걷던 흑인 여성이 스마트폰을 보느라 길을 제대로 살피지 못해 약 2m 아래 지하로 추락하는 사고를 당했다.

다 이 때문에 전 세계적으로 스마트폰 사용자의 사고 방지를 위한 다양한 방안이 제시되고 있다. 스웨덴에서는 새로운 표지판을 만들었다. ㉠〈Look up, people〉이라는 제목을 가진 이 표지판은 두 사람이 스마트폰 화면만 보고 고개를 숙인 채 걷는 모습을 담았다. 스웨덴의 예술가인 제이컵 샘플러와 에밀 틸스만이 작업한 이 표지판은 스마트폰을 보며 걷는 사람들에게 교통사고와 추락 등의 사고 위험을 알리기 위해 스톡홀름 곳곳에 설치되었다.

미국의 하와이주 호놀룰루에서는 길을 건널 때 스마트폰을 보는 지역 주민들에게 벌금을 부과한다. 보행 중에 스마트폰을 이용하다가 첫 번째로 적발될 경우 15~35달러의 벌금을 내야 한다. 1년 이내에 두 번째로 적발되면 35~75달러, 세 번째로 적발되면 75~99달러로 벌금이 올라간다.

라 우리나라에서도 스몸비 사고 예방을 위해 시범적으로 몇몇 교차로 바닥에 신호등을 설치하였다. 바닥 신호등은 횡단보도에서 고개를 들어 신호등을 확인하지 않아도 신호 변경 상황을 알 수 있도록 발광 다이오드(LED) 전구를 바닥에 매립한 것을 말한다. 현재 용인, 대구, 양주 등에 바닥 신호등이 설치되었으며, 점차 확대될 예정이다. 이 밖에도 학생들에게 보행 중 스마트폰 사용에 대한 예절 교육을 강화하고 이를 홍보하고 있다.

마 세계 각국이 스몸비로 인한 사고를 방지하기 위해 많은 예산과 시간을 들여 다양한 대책을 마련하고 있다. 하지만 이러한 조치가 전부는 아니다. 무엇보다 길을 걸을 때 스마트폰을 사용하지 않고, 주위를 살피며 안전하게 다녀야 한다는 인식을 가지는 것이 중요하다. 보행 중에 무심코 들여다본 스마트폰 때문에 커다란 사고가 일어날 수 있다는 것을 잊지 않고 항상 경각심을 가져야 할 것이다.

● **시야**(視 볼 시, 野 들 야)
시력이 미치는 범위.

● **부과**(賦 구실 부, 課 매길 과)
세금이나 부담금 따위를 매기어 부담하게 함.

● **매립**(埋 묻을 매, 立 설 립)
우묵한 땅이나 하천, 바다 등을 돌이나 흙 따위로 채움.

● **경각심**(警 경계할 경, 覺 깨달을 각, 心 마음 심)
정신을 차리고 주의 깊게 살피어 경계하는 마음.

1 이 글을 통해 알 수 있는 내용이 <u>아닌</u> 것은 무엇인가요? (   )

① 스몸비는 스마트폰과 좀비의 **합성어**이다.

② 스마트폰에 중독되면 뇌 조절 기능이 떨어진다.

③ 보행 중에 스마트폰을 사용하면 시야가 좁아진다.

④ 스몸비로 인한 다양한 사고가 전 세계에서 일어나고 있다.

⑤ 전 세계적으로 스몸비로 인한 사고를 방지하기 위해 다양한 대책을 마련하고 있다.

2 가~마 의 서술 방식에 대한 설명으로 알맞은 것은 무엇인가요? (   )

① 가 : 화제와 관련된 용어의 개념을 정의하고 있다.

② 나 : 관점의 차이를 보여 주는 사례를 소개하고 있다.

③ 다 : 비유적 진술을 통해 독자의 이해를 돕고 있다.

④ 라 : 앞부분의 내용과 대조되는 사실을 제시하고 있다.

⑤ 마 : 상반된 두 입장을 절충하는 방식으로 내용을 정리하고 있다.

+ 수능연결

상반된 두 입장은 동일한 사안에 대하여 반대되는 두 입장 또는 주장을 말해요. 이때 어느 한쪽으로 치우치지 않고 둘 사이의 타협점을 찾는 것을 절충이라고 합니다.

> 이와 같은 문제를 해결하여 공평성을 높이기 위해 정부에서는 공제 제도를 통해 조세 부담 능력이 적은 사람의 세금을 감면해 주기도 한다.

상반된 두 입장을 절충

27. 윗글을 읽은 학생이 정리한 메모이다. 적절

① 상반된 두 입장을 비교, 분석한 후 이를 절충하고 있다.

② 대상을 기준에 따라 구분한 뒤 그 특성을

③ 대상의 개념을 그와 유사한 대상에 빗대어

④ 통념을 반박하며 대상이 가진 속성을 새롭

⑤ 시간의 흐름에 따라 대상이 발달하는 과정을 서술하고 있다.

수능에는 양쪽의 의견 모두를 받아들일 때 자주 나오는 선택지예요.

3 다음 중 ㉠에 해당하는 표지판의 모양으로 알맞은 것은 무엇인가요? (   )

①   ②   ③

④   ⑤

4 이 글과 보기 의 자료를 참고하여 스몸비의 위험성에 대한 보고서를 쓰려고 합니다. 그 계획으로 알맞은 것은 무엇인가요? (   )

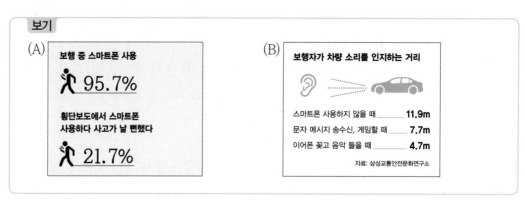

① 가 와 자료 (A)를 연관시켜 청소년 스마트폰 중독의 위험성을 제시해야겠어.

② 나 와 자료 (B)를 연관시켜 보행 중 스마트폰 사용이 사고 위험성을 높인다는 내용을 서술해야겠어.

③ 다 와 자료 (A)를 연관시켜 다른 나라의 스몸비 사고 예방 방안을 보여 주어야겠어.

④ 라 와 자료 (B)를 연관시켜 스마트폰 사용 예절 교육 실태에 대해 서술해야겠어.

⑤ 마 와 자료 (A)를 연관시켜 더 다양한 스몸비 사고 방지 대책이 필요함을 강조해야겠어.

5 문맥상 ⓐ와 같은 의미로 쓰인 것은 무엇인가요? (   )

① 나는 그와 사랑에 빠졌다.

② 공에 바람이 빠지면 찰 수가 없다.

③ 이 책에는 중요한 내용이 빠져 있다.

④ 기우뚱하더니 차가 갑자기 웅덩이로 빠지고 말았다.

⑤ 그의 실력은 절대로 다른 경쟁자들에게 빠지지 않는다.

6 빈칸에 알맞은 말을 넣어 이 글의 핵심 내용을 한 문장으로 요약하세요.

한줄
요약

☐☐☐ 는 스마트폰과 좀비의 합성어로, 보행 중에 스마트폰을 사용하여 주변을 ☐☐ 하지 못하는 사람을 이르는 말인데, 이로 인한 ☐☐ 를 방지하기 위해 전 세계적으로 다양한 방안이 제시되고 있다.

지문 속 필수 어휘

낱말의 뜻을 참고하여, 다음 문장의 빈칸에 들어갈 알맞은 낱말을 완성하세요.

❶ 감사의 표시로 작은 선물을 마 련 했습니다.

　　　헤아려서 갖춤.

❷ 해결 ㅂ 안 이 좀처럼 떠오르지 않는다.

　　일을 처리하거나 해결하여 나갈 방법이나 계획.

❸ 그 학생은 시험 시간에 부정행위를 하다가 ㅈ 발 되었다.

　　　　　숨겨져 있는 일이나 드러나지 아니한 것을 들추어냄.

문제 속 개념어

합성어 合 합할 합, 成 이룰 성, 語 말씀 어

'단어'는 일정한 뜻과 기능을 가지고 있으면서 홀로 쓰일 수 있는 가장 작은 말의 단위를 말합니다. 단어를 형성할 때 실질적인 의미를 나타내는 중심 부분을 '어근'이라고 하고, 어근에 붙어 그 뜻을 제한하는 주변 부분을 '접사'라고 합니다. 하나의 어근으로 이루어진 단어를 '단일어', 어근과 어근이 결합하여 만들어진 단어를 '합성어', 어근과 접사가 결합하여 만들어진 단어를 '파생어'라고 합니다.

단일어	합성어	파생어
하늘, 별	밤나무, 여닫다 밤(어근)+나무(어근) 열다(어근)+닫다(어근)	맨발, 새빨갛다 맨(접사)+발(어근) 새(접사)+빨갛다(어근)

다음 낱말들을 살펴보고 단일어, 합성어, 파생어를 구분하여 알맞은 것을 쓰세요.

❹ 손수건 (　　　　　　)

❺ 덧버선 (　　　　　)

❻ 사랑 (　　　　　)

비판적 독해의 시작은
관점 파악부터!

흔히 비문학 문제를 풀 때 '관점 문제는 어떻게 풀어야 하는가'에 대한 질문을 많이 하고 또 듣게 됩니다. 문학과 다르게 비문학 지문에서는 관점, 즉 글쓴이의 입장이 드러나기 때문이죠. 관점은 주장하는 글인 논설문에서만 나타난다고 생각하기 쉽지만 꼭 그렇지는 않습니다. 글쓴이가 대상을 어떻게 바라보고 있는지를 설명하는 글에서도 관점은 나타날 수 있습니다.

이제 다음 질문에 대해 생각해 볼까요?

● **다음 중, 공통점이 가장 적은 스포츠는 무엇인가요?**

① 야구

② 축구

③ 골프

④ 아이스하키

이 질문에 대한 답을 말할 때, 흥미로운 사실은 많은 학생들이 서로 다른 선택을 한다는 점에 있습니다. 이미 짐작했을 수도 있지만, **이 문제의 정답은 없습니다.**

그럼 정답이 없는 문제를 왜 냈을까요? 심심해서 혹은 그냥 지면을 채우려고?
이 문제에는 정해진 답은 없지만 한 가지 흥미로운 사실을 알려줍니다. 바로 관점에 대한 것입니다.

'관점'은 어떤 대상이나 상황에 대한 기본적인 생각이나 입장, 시각을 말합니다.
대부분의 사람들은 ❸ 골프를 선택합니다. 골프는 개인 경기지만 나머지는 단체 경기이기 때문이죠. 골프 다음으로 선택할 가능성이 높은 스포츠는 무엇일까요? 바로 ❹ 아이스하키입니다. 나머지는 겨울에도, 여름에도 할 수 있지만, 아이스하키는 겨울 스포츠이기 때문이죠. 또 아이스하키 선수는 스케이트를 신지만 다른 운동선수들은 운동화를 신으며, 아이스하키는 퍽을 가지고 겨루지만, 나머지 스포츠는 크기는 달라도 공을 가지고 겨루므로 공통점이 가장 적다고 생각할 수 있습니다. ❷ 축구를 정답으로 생각하는 사람들도 있을 것입니다. 축구를 제외한 다른 스포츠는 막대 같은 도구를 사용하기 때문입니다.

이처럼 저마다 다른 답을 하는 이유는 무엇 때문일까요? 바로 똑같은 질문에 대해 생각하는 바가 다르기 때문입니다.

한 편의 글에는 글쓴이의 입장이나 관점이 반영되어 있습니다.
어떤 대상을 바라보는 글쓴이의 입장이나 관점은 저마다 다릅니다. 이런 것들을 글쓴이의 태도라고 합니다. 그래서 우리는 글을 읽을 때 대상에 대한 글쓴이의 관점을 파악하고, 글쓴이의 관점에 주목해서 내용을 수용하거나 혹은 비판적으로 바라볼 수 있는 거죠.

수능 국어영역에서 가장 어려운 건 바로 비문학이었죠? 그런데 비문학 문제 중에서도 가장 고난도로 출제되는 문제는 무엇일까요? 바로 관점에 따른 비판하기 문제입니다. 특히 지문에 제시된 글쓴이의 관점과 상반되는 입장을 제시하고, 양쪽의 입장을 고려하여 글의 내용을 비판하는 문제는 최고난도 문제에 속합니다.

> ❝ 비판적 독해는 글쓴이의 관점을 파악하는 것에서부터 시작합니다.
> 글에 드러난 관점을 제대로 파악해야
> 글쓴이의 견해에 대한 비판도 가능하기 때문이죠. ❞

수능까지 연결되는 제대로 된 독해 학습

생각 읽기가 독해다!

디딤돌 독해력 박

생각 읽기가 독해다!

생각독해 I

│ 중학 국어 │ 시작편 (Ⅰ) │ 기본편 (Ⅱ, Ⅲ) │ 심화편 (Ⅳ, Ⅴ) │

상위권의 기준

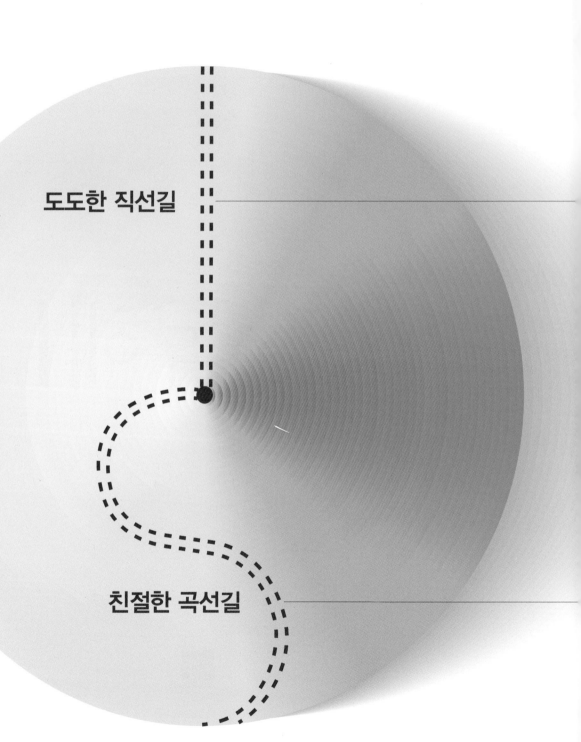

도도한 직선길

친절한 곡선길

수능까지 연결되는
초등

디딤돌 독해력

정답과 해설

애들러의 〈독서의 기술〉

1 ③	**2** ⑤	**3** 대화
4 ①	**5** ③	**6** 점검, 분석

● 독해력을 기르는 어휘

❶ 점검　　**❷** 장황　　**❸** 옹골

애들러의 〈독서의 기술〉이란 책의 내용을 바탕으로 바람직한 독서의 방법을 소개한 글입니다. 책의 내용을 큰 틀에서 이해하는 점검 독서와 작가와 끊임없이 대화하며 읽는 분석 독서로 나누어 설명하고 있습니다.

● **글의 특징**

– 애들러의 〈독서의 기술〉이라는 책의 내용을 바탕으로, 제대로 된 독서의 방법과 그 중요성을 설명하고 있습니다.

– 애들러의 독서 기술이 현대의 독자들에게 전하는 교훈을 말하며 글을 마무리하고 있습니다.

● **글의 구조**

1문단	책은 많이 읽는 것보다 제대로 읽는 것이 중요함.	→	바람직한 독서의 방법
2문단	본격적인 독서 전에 제목, 목차 등을 통해 책의 내용을 가늠해 보는 점검 독서를 해야 함.	→	점검 독서의 방법
3문단	점검 독서 후에는 내용을 한 문단 정도로 정리해 보아야 함.	→	점검 독서 후 내용 정리
4문단	책의 내용에 대해 끊임없이 따져 보며 분석적으로 책을 읽어야 함.	→	분석 독서의 방법
5문단	한 권의 책과 옹골차게 씨름하며 끈기 있게 독서를 해야 함을 강조함.	→	애들러의 독서의 기술이 주는 교훈

⬇

주제 애들러의 〈독서의 기술〉을 통해 알아본 바람직한 독서 방법

---

1 이 글에서는 책을 많이 읽는 것보다 제대로 읽는 것이 중요다고 말하고 있습니다.

2 점검 독서는 본격적인 책 읽기에 앞서 책의 큰 틀을 훑어보는 것입니다. 글의 주제를 정리하는 것은 점검 독서 단계에는 해당하지 않습니다.

3 4문단에서 "읽기는 독자들이 작가와 나누는 대화이다."라고 한 데서 알 수 있습니다.

4 4문단에서 글쓴이는 무엇이건 읽는 시간이 15분을 넘지 못하는 끈기 없는 요즘 독자들을 '쿼터리즘'이라는 말로 비판하고 있습니다. 15분은 충분히 생각하고 이해하기에는 너무나 짧은 시간이라고 말하고 있습니다.

오답피하기 ③ 요즘 독자들은 호기심에 휘둘려 짧고 자극적인 것에만 반응한다는 것이지, 책에 대한 호기심이 많다는 것은 아닙니다.

④ 짧은 시간에 많은 것을 얻으려고 하는 것이 아니라, 지나치게 짧은 시간만 집중하는 요즘 독자들의 독서 태도를 지적하고 있습니다.

5 애들러는 책의 내용을 큰 틀에서 이해하는 점검 독서와 꼼꼼하게 읽으며 작가와 끊임없이 대화하는 분석 독서를 순서대로 하는 것이 제대로 된 독서라고 말하고 있습니다. 이렇게 볼 때, 가장 바람직하게 책을 읽는 학생은 ③의 '들이'입니다.

오답피하기 ① 5문단에서 애들러는 지혜는 지식의 양에서 나오지 않는다고 하였습니다. 즉 다양한 책을 많이 읽기보다 한 권의 책을 제대로 읽는 것이 더 바람직하다고 보고 있습니다.

④ 책의 핵심 내용도, 곁다리 내용도 모두 잘 이해해야 합니다.

1 (1) ○ (3) ○   2 ②   3 ③
4 열매(또는 열매 맺음.)   5 ④
6 상수리, 쓸모

● 독해력을 기르는 어휘
❶ 목수   ❷ 수명   ❸ 꾸짖었다
❹ 넋 놓고   ❺ 곰곰이   ❻ 당대
❼ 우화   ❽ 사당

장석과 상수리나무 우화를 통해 쓸모없는 것이 크게 쓸모 있다고 말하는 장자의 '무용지용'에 대해 설명한 글입니다. 세상 사람들이 쓸모 있다고 하는 것이 정말 나에게도 쓸모 있는 것일까에 대한 질문을 던지며 장자의 '무용지용'의 의미에 대해 생각해 보게 하고 있습니다.

● **글의 특징**
- 장석과 상수리나무 우화를 통해 장자의 '무용지용'에 대해 설명하고 있습니다.
- '쓸모없음이 크게 쓸모 있다'는 장자의 말의 의미를 생각해 보게 하는 질문을 던지며 글을 마무리하고 있습니다.

● **글의 구조**

가	'무용지용'이라는 말을 남긴 동양 최고의 철학자인 장자는 세상에 쓸모없는 사람이 되고자 함.	→	장자와 그의 '무용지용'에 대한 소개
나	장석은 상수리나무가 쓸모가 없었기 때문에 오랫동안 베어지지 않고 커다랗게 자랐다고 말함.	→	커다란 상수리나무에 대한 장석의 생각
다	상수리나무는 장석의 꿈에 나타나 자신의 '쓸모없음'의 쓸모에 대해 말함.	→	장석의 꿈에 나타나 깨달음을 주는 상수리나무
라	세상 사람들이 말하는 쓸모가 자신에게도 쓸모 있는 것인지 생각해 보기를 권함.	→	장자의 '무용지용'이 우리에게 던지는 질문

주제 장자의 우화를 통해 본 쓸모없음의 쓸모

어휘 수준 ★★★☆☆   글감 수준 ★★★★☆   글의 길이 1,330자

1 장자는 학문적으로 매우 뛰어난 동양 철학자로, 본명은 장주였고, 다른 사상가들처럼 그의 성씨를 따 장자라고 불렸습니다. 그는 '무용지용'이라는 가르침을 남겼습니다.

2 나에서 장석은 상수리나무가 크게 자랄 수 있었던 이유로 "아무 쓸모가 없었으니까 저렇게 커다랗게 자랄 수 있었지."라고 대답하고 있습니다.

3 나와 다는 우화의 일부로, 읽는 이들의 흥미를 돋우고 있습니다.
오답 피하기 ① 장석이 꾼 꿈은 다이고, 나는 장석의 경험입니다.
② 다는 상수리나무가 장석에게 하는 말을 내용으로 하고 있지만, 나는 이에 해당하지 않습니다.

4 다에서 상수리나무는 열매 때문에 가지가 뜯기고 부러진 사과나무, 배나무, 귤나무에 대해 말하고 있습니다. 언뜻 보기에는 맛있는 열매를 맺는 과일나무들이 더 쓸모 있다고 생각할 수 있지만, 그 쓸모 때문에 결국 그것들이 어떻게 되었는지 생각해 보라고 말하고 있습니다. 결국 열매는 과일나무의 쓸모였지만, 그것들을 쓸모없게 만든 원인입니다.

5 상수리나무는 과일나무처럼 사람들을 매혹시킬 만한 쓸모를 갖지는 못했지만, 그렇기 때문에 오랫동안 자신의 자리를 지키며 살아남을 수 있었습니다. 따라서 ㉠에는 세상에 쓸모없다는 것이 자신에게는 큰 쓸모가 되었다는 ④의 내용이 들어가는 것이 어울립니다.

1 ⓐ, ⓒ, ⓓ　　2 ⑤　　3 ③

4 세계　　5 ④　　6 이카로스, 도전

● 독해력을 기르는 어휘

❶ 부탁하셨다.　❷ 알지 못하는　❸ 사랑

❹ 경고　　❺ 추락　　❻ 칭송

❼ 위반

그리스 신화 속 이카로스의 날개 이야기를 통해 도전과 모험의 가치에 대해 이야기하는 글입니다. 이카로스는 아버지의 당부를 무시하고 하늘 높이 날다가 결국 추락해 죽고 맙니다. 하지만 자신의 한계와 경계를 넘어서 새로운 도전을 한 이카로스의 이야기는 많은 사람에게 깨달음을 주었음을 말하고 있습니다.

● **글의 특징**

– 그리스 신화에 나오는 이카로스의 날개 이야기를 통해 도전과 모험의 가치를 이끌어 내고 있습니다.

– 화제와 관련지어 다른 유명한 사람의 말을 인용하고 있습니다.

● **글의 구조**

1문단	이카로스는 적정한 높이로 날아야 한다는 아버지의 당부를 무시한 탓에 추락해 죽게 됨.	→	그리스 신화 속 이카로스의 날개 이야기
2문단	이카로스의 날개 이야기에서, 이카로스를 이야기의 중심에 둔 이유에 대해 궁금증을 제시한 후, 그 이유를 말함.	→	한계를 넘어 도전한 이카로스
3문단	헤르만 헤세는 알 속의 새는 그 알을 깨고 밖으로 나와야 새로운 세계를 경험할 수 있다고 말함.	→	새와 알의 이야기
4문단	도전과 모험을 하지 않고 머물러만 있으면 아무것도 이룰 수 없음.	→	우리가 도전하고 모험해야 하는 이유

⬇

주제 이카로스의 날개 이야기를 통해 알아본 도전과 모험의 가치

어휘 수준 ★★★★★　　글감 수준 ★★★★★　　글의 길이 1,441자

1 유능한 건축가이자 과학자였던 다이달로스는 미노스 왕의 사랑을 받았지만, 어느 날 왕으로부터 미움을 받아 자신이 건설한 미노스 궁의 탑에 갇히게 됩니다. 미노스 궁은 너무 견고해서 탈출이 쉽지 않았습니다. 그래서 다이달로스는 깃털로 날개를 만들어 밀랍으로 붙인 뒤 이카로스와 함께 하늘을 날아서 탑을 탈출했습니다.

오답 피하기 ⓑ 다이달로스는 미노스 왕에 의해 아들인 이카로스와 함께 탑에 갇히게 됩니다.

2 이카로스가 미노스 궁에 대해 잘 몰랐는지는 이 글에서 확인할 수 없습니다.

3 놀라운 발명품을 만든 인물은 다이달로스로, 이카로스가 무언가를 발명한 것은 아닙니다.

오답 피하기 이카로스는 아버지의 당부를 무시하고 높이 날아서 태양열에 밀랍이 녹아 추락해 죽게 되지만, 이러한 행동은 위험을 무릅쓴 용기 있는 행동이자(①), 현재에 머물러 있지 않고 개척하려 했던 멋진 모습이기도 합니다(②). 또한 자신의 한계를 뛰어넘고(④), 새로운 세계를 향해 몸을 날린 용맹한 행동이기도 합니다(⑤).

4 3문단에서 헤르만 헤세가 "새가 알에서 나오려 노력한다. 알은 곧 세계이다."라고 말한 데서 확인할 수 있습니다.

5 익숙한 것에 머물러 있는 것은 안전합니다. 그러나 그곳에만 있으면 아무것도 이룰 수가 없습니다. 새로운 세계를 만나려면 위험을 무릅써야 하고, 불가능해 보이는 일처럼 보이는 것도 해야 합니다. 물에 대한 공포를 이기고 꾸준히 노력하여 결국 자신이 다니는 학교 수영 대표 선수로 뽑힌 일(④)은 이러한 내용과 같은 맥락의 경험이라고 볼 수 있습니다.

1 ②		**2** ④		**3** ③
4 ②		**5** 생각, 아이히만		

● 독해력을 기르는 어휘

① 관료 **②** 학살 **③** 생계
④ ⓒ **⑤** ⓑ **⑥** ⓐ

한나 아렌트가 말한 '악의 평범성'의 의미를 설명한 글입니다. 글쓴이는 인간은 본래 슬기로운 존재이지만, 생각하지 않고 막 살아가다 보면 누구나 유대인 학살에 관여한 아이히만 같은 악마가 될 수 있다고 말하며 생각하며 사는 것의 중요성을 당부하고 있습니다.

● **글의 특징**

– 생각하지 않고 사는 것의 위험성을 유대인 학살에 관여한 아이히만의 사례를 중심으로 보여 주고 있습니다.

– 생각이 없으면 누구나 악마가 될 수 있음을 경고하며, 내가 하는 일이 올바른 일인지 생각하고 행동해야 한다고 말하고 있습니다.

● **글의 구조**

1문단	호모 사피엔스인 인간이 생각하며 슬기롭게 살고 있는지 의문을 제기함.	→	인간에 대한 글쓴이의 의문
2문단	한나 아렌트는 아이히만의 재판을 취재한 후 '악의 평범성'이라는 말을 함.	→	아이히만의 재판을 취재한 아렌트
3문단	한나 아렌트는 아이히만이 평범한 보통 사람인 것에 놀람.	→	보통 사람인 아이히만
4문단	아이히만은 명령받은 일을 성실히 수행함.	→	유대인 학살의 이유
5문단	생각이 없으면 누구나 악마가 될 수도 있음을 경고하며, 생각하고 행동할 것을 당부함.	→	글쓴이의 당부

↓

주제 생각하며 산다는 것의 중요성

어휘 수준 ★★★★ 글감 수준 ★★★★★ 글의 길이 1,385자

1 한나 아렌트는 유대인 학살에 관여한 독일 관료 아이히만의 재판 과정을 취재한 철학자이지, 유대인 학살에 관여한 사람이 아닙니다.

2 3문단에는 수많은 유대인을 학살한 아이히만이 예상과는 달리 너무나 평범한 보통 사람이라는 사실에 놀랐다는 한나 아렌트의 이야기가 나옵니다. 〈보기〉에서 '그러나' 뒤에는 아이히만의 평범함에 대한 내용이 나와 있으므로, 앞 문장에는 이와 반대되는 내용이 와야 합니다. 즉 평범함과는 다른 흔히 상상하는 학살자의 사악한 모습에 대한 내용이 오는 것이 알맞습니다.

3 ㉠의 뒤에 나오는 아이히만의 답변을 바탕으로 ㉠에는 왜, 무엇 때문에 그렇게 많은 유대인을 학살했는지에 대한 물음이 제시되어야 합니다.

4 글쓴이는 호모 사피엔스인 인간은 생각하면서 살아야 하고, 그렇지 않으면 누구나 아이히만 같은 잘못을 저지를 수 있다고 말합니다. 그래서 어떤 일이든 충분히 생각하고, 옳고 그름을 따져 보는 것이 중요하다고 강조합니다. 이러한 글쓴이의 생각대로라면 무슨 일이든 옳고 그른지 고민해 보는 지우가 가장 이상적인 삶을 살고 있다고 볼 수 있습니다.

오답 피하기 ①, ③, ④, ⑤에 등장하는 학생들도 모두 훌륭한 삶을 살고 있습니다. 그러나 글쓴이의 말대로라면 어떤 일이든 무조건 순종하고, 성실하게 최선을 다하기보다는 주어진 일이 정의롭고 많은 사람을 이롭게 하는 것인지 고민해 보는 과정을 반드시 거쳐야 합니다.

1 ①	2 ④	3 ⑤
4 ②	5 (1) ○ (4) ○	6 경국대전, 유산

● 독해력을 기르는 어휘

❶ 실정   ❷ 유산   ❸ 몰수

❹ (1) ⓐ (2) ⓒ (3) ⓑ

조선의 최고 법전인 〈경국대전〉이 만들어진 배경과 그 내용을 소개한 글입니다. 〈경국대전〉은 흩어져 있던 법들을 하나로 모아 상황에 관계없이 일관되게 적용될 수 있는 기준이 되었던 법전입니다. 비록 양반과 남성만을 위한 법률이 많았고, 왕의 잘못을 벌하는 법 조항이 따로 없었다는 한계는 있지만, 조선 시대 사람들의 삶과 사상을 알 수 있는 우리의 자랑스러운 유산임을 말하고 있습니다.

● **글의 특징**

– 이전의 법전들을 언급하며 〈경국대전〉이 만들어진 배경을 소개하고 있습니다.

– 〈경국대전〉이 다루고 있는 내용과 한계를 구체적으로 설명하고 있습니다.

● **글의 구조**

1문단	상황에 관계없이 일관되게 적용할 수 있는 법에 대한 필요에 의해 만들어진 것이 〈경국대전〉임.	→	〈경국대전〉이 만들어진 배경
2문단	〈경국대전〉은 6조에서 맡은 업무를 기준으로 내용이 분류되어 있으며, 각 조에 해당하는 내용이 상세히 기록되어 있음.	→	〈경국대전〉이 다루고 있는 내용
3문단	특정 계층을 위한 법 조항이 많으며, 왕의 잘못을 처벌할 조항이 없다는 한계가 있지만, 〈경국대전〉은 우리의 자랑스러운 유산임.	→	〈경국대전〉의 특징 및 한계

⬇

주제 〈경국대전〉의 특징, 한계 및 의의

어휘 수준 ★★★★☆   글감 수준 ★★★★☆   글의 길이 1,248자

1 1문단의 "법은 시대와 사회의 모습에 따라 변화하고 발전해 왔다."라고 한 데서 확인할 수 있습니다.

2 〈경국대전〉은 조선 시대에 만들어진 것으로, 그 이전에도 법전은 존재했습니다. 하지만 관습법에 의존하고 법의 내용이 여기저기 흩어져 있다 보니 상황에 따라 법이 '다르게' 적용되는 경우가 많았습니다. 세조는 이러한 문제점을 해결하기 위해 흩어져 있는 법률을 '종합하고' 상황에 일관되게 적용할 수 있는 기준을 세우고자 하였습니다. 이러한 필요를 바탕으로 만들어진 것이 바로 〈경국대전〉입니다.

3 2문단에서 "병전(兵典)은 무과, 군사 제도에 대한 규정을 담고 있다고 하였습니다.

오답피하기 2문단을 보면, 예전(禮典)은 의례, 외교, 친족, 제사 등에 대한 규정을 담고 있다고 하였으므로 ①~④는 모두 〈경국대전〉의 '예전(禮典)'에서 다룰 항목입니다.

4 ㉠의 '담다'는 '어떤 내용이나 사상을 그림, 글, 말, 표정 따위 속에 포함하거나 반영하다.'라는 의미로 쓰였는데, 문맥적 의미가 이와 같은 것은 ②입니다.

오답피하기 ①, ③, ④, ⑤는 '어떤 물건을 그릇 따위에 넣다.'라는 의미입니다.

5 3문단에서 〈경국대전〉의 문제점으로 양반이나 남성을 위한 법 조항이 많고, 왕의 잘못을 벌할 수 있는 조항이 없다는 점을 들고 있습니다.

오답피하기 (2) 3문단에서 재혼한 여성의 아들은 관직에 오를 수 없다는 조항이 〈경국대전〉에 실려 있다는 내용을 확인할 수 있습니다. 재혼한 여성과 그의 자녀를 차별하는 조항이기는 하지만, 〈경국대전〉에 재혼한 여성에 대한 내용이 나온다는 것은 알 수 있습니다.

(3) 3문단의 "집이 가난해서 혼인을 할 수 없는 경우에는 나라에서 혼인 비용을 지급한다"고 한 데서 〈경국대전〉에 가난한 사람들을 돕기 위한 조항이 있었음을 알 수 있습니다.

1 ⑤	2 거서간, 차차웅, 이사금, 마립간
3 ②	4 ②	5 ②
6 신라, 왕		

● 독해력을 기르는 어휘
❶ 강화 ❷ 문물 ❸ 기반
❹ (1) 공간 이동 (2) 시간 순서

신라 왕호의 변천을 설명한 글입니다. 연맹 국가였던 신라는 왕권이 약했고, '거서간, 차차중, 마립간' 등 왕호도 자주 바뀌었습니다. 그러다 22대 지증왕 때에 이르러 왕권이 강화되어 '왕'이라는 중국식 칭호를 사용하고 나라 이름도 '신라'로 정하면서 국가의 체제를 정비하게 되었습니다. 이렇듯 신라 왕호의 변천을 통해 신라 사회의 성장 과정을 알 수 있음을 보여 주고 있습니다.

● **글의 특징**
– 신라 왕호의 변화를 시간 순서에 따라 설명하고 있습니다.
– 신라 왕호의 의미와 그 호칭을 사용한 왕의 특징을 관련지어 설명하고 있습니다.

● **글의 구조**

1문단	고구려, 백제가 중국처럼 '왕'이라는 칭호를 사용한 데 반해, 신라는 고유한 이름으로 부름.	→	고유한 왕호를 사용한 신라
2문단	초대 왕은 거서간, 2대 왕은 차차웅, 3대 왕부터 14명의 왕은 이사금이라는 고유한 왕호로 불렸음.	→	신라 왕호 '거서간, 차차웅, 이사금'의 의미
3문단	내물왕부터 지증왕까지 여섯 명의 왕은 최고의 우두머리라는 의미를 가진 마립간으로 불림.	→	신라 왕호 '마립간'의 의미
4문단	지증왕 때에 이르러 '왕'이라는 칭호가 사용되고, 이 시기에 왕의 권한이 매우 강해짐.	→	'왕'이라는 칭호 사용의 의미

↓

주제 신라의 왕호 변천을 통해 본 신라 사회의 성장 과정

어휘 수준 ★★★☆☆   글감 수준 ★★★☆☆   글의 길이 1,319자

1 신라 건국 초기에는 연맹 국가의 형태를 취하고 있었기 때문에 왕권이 약했던 것이지, 왕권이 약했기 때문에 연맹 국가를 만든 것이 아닙니다.

2 시조인 박혁거세는 제사장이라는 의미를 가진 '거서간', 2대 남해왕은 무당이라는 의미의 '차차웅'으로 불렀습니다. 3대 유리왕부터 4세기 중엽의 흘해왕까지 14명의 왕은 연장자라는 의미의 '이사금'으로, 내물왕부터 지증왕까지 6명의 왕은 '마립간'으로 불렸습니다.

3 이 글은 신라 왕호의 변천 과정을 시간 순서에 따라 설명하고 있습니다. 신라의 시조 박혁거세의 왕호를 '거서간'이라 한 것을 시작으로, 22대 지증왕 때에 중국식 왕호인 '왕'을 사용했다는 것을 시간의 흐름에 따라 알기 쉽게 설명하고 있습니다.

4 '마립간'은 '대장군 혹은 최고의 우두머리'를 의미하는 말입니다. 제사장이나 무당 등의 의미를 가진 왕호에 비해, 마립간은 훨씬 더 강한 힘을 가진 사람이라는 의미를 가지고 있습니다. 이를 통해 이전에 비해 왕권이 강화되었음을 알 수 있습니다.

5 3문단에서 내물왕 때에 김씨만 왕위에 오를 수 있게 되었다는 내용은 제시되어 있지만, 그 이유는 드러나 있지 않습니다.

오답 피하기 ① 박혁거세의 왕호는 '거서간'입니다.
③ '이사금'은 연장자라는 의미를 가지고 있는 왕호인데, 유리왕부터 흘해왕까지 총 14명의 왕이 이사금으로 불렸습니다.
④ 3문단을 보면, 내물왕은 소백산맥 일대를 정복하며 국가 성장의 기반을 닦았음을 알 수 있습니다.
⑤ '무당'이라는 의미를 가진 '차차웅'이라는 왕호를 통해 신라 초기의 왕 중 남해왕은 정치뿐만 아니라 종교까지 도맡았음을 알 수 있습니다.

1 돈가스, 카레라이스, 고로케   2 ⑤

3 ①   4 불교   5 ④

6 돈가스, 제국주의

● 독해력을 기르는 어휘

❶ 반기   ❷ 왜소   ❸ 출범

❹ 자체   ❺ 식습관   ❻ 제대

❼ 개혁   ❽ 살생   ❾ 반발

우리가 즐겨 먹는 돈가스의 유래에 얽힌 이야기를 일본의 역사와 관련지어 설명하는 글입니다. 일본을 대표하는 음식인 돈가스가 사실은 일본의 제국주의에 대한 욕망이 만들어 낸 음식이라는 흥미로운 내용을 소개하고 있습니다.

● **글의 특징**

‒ 우리가 흔히 먹는 음식이자 일본의 3대 양식인 돈가스가 어떻게 탄생했는지를 소개하고 있습니다.

‒ 돈가스의 유래에 얽힌 이야기를 일본의 역사와 관련지어 설명하고 있습니다.

● **글의 구조**

가	일본의 3대 양식인 돈가스는 일본의 제국주의 욕망이 만들어 낸 음식임.	→	돈가스의 유래
나	메이지 정부는 일본인들의 체격을 서양인들만큼 키우기 위해 국민들에게 고기를 먹도록 명령함.	→	메이지 정부가 일본인들에게 고기를 먹인 이유
다	불교를 숭상했던 일본의 덴무 왕이 살생을 금지하여 당시 일본인들은 육류를 즐겨 먹지 않음.	→	일본인들이 육류를 즐기지 않았던 이유
라	억지로 고기를 먹게 된 군인들이 제대 후 고기 예찬론을 펼치게 되고, 이것이 일본식 식문화와 결합하여 돈가스가 탄생함.	→	일본의 식습관과 결합하여 탄생한 돈가스

⬇

주제 일본의 제국주의 욕망으로 탄생한 돈가스

어휘 수준 ★★☆☆☆   글감 수준 ★★☆☆☆   글의 길이 1,246자

1 **가** 의 "돈가스, 카레라이스, 고로케를 일본의 3대 양식이라고 한다."에서 알 수 있습니다.

2 **나** 에 따르면, 메이지 왕은 "앞으로 소고기와 돼지고기를 먹도록 하라."라는 내용의 조서를 내렸음을 알 수 있습니다. 소고기보다 돼지고기가 사람 몸에 더 유익하다고 말한 것은 아닙니다.

오답 피하기 ① 체질이나 취향에 따라 육식을 즐기지 않는 사람들도 있었을 텐데, 국민들의 식습관을 고려하지 않고 강요하는 것은 잘못된 것이라고 비판할 수 있습니다.
③ 국민들에게 고기를 억지로 먹이려고 했던 것이 국민들의 건강을 위해서가 아니라 힘 있는 나라가 되기 위해서라는 것은 이해하기 어렵습니다.
④ 먹는 것에 따라 성장의 속도는 달라질 수 있습니다. 하지만 서양인들이 즐겨 먹는 음식을 먹는다고 해서 그들과 비슷한 체격을 가질 수 있다고 생각한 것은 잘못된 것이라고 비판할 수 있습니다.

3 읽는 이들의 이해를 돕기 위해서는 적절한 자료를 활용하면 좋습니다. **나** 의 내용을 고려할 때, 일본인들과 서양인들의 체격을 대조한 도표를 보여 주면 당시 일본 정부가 국민들에게 왜 억지로 고기를 먹이려고 했는지를 더 쉽게 이해할 수 있을 것입니다.

오답 피하기 ② 메이지 정부가 서양식 군대를 도입했다는 내용은 제시되어 있지만, 이것과 일본식 군대의 공통점을 비교하는 것은 내용 이해에 도움을 주지 않습니다.
⑤ 일본인들이 육식을 즐겨 먹기 시작했다는 내용은 **나** 에 드러나 있지 않습니다.

4 일본 국민들이 육식을 즐겨 하지 않는 이유는 불교를 숭상했던 40대 왕 덴무가 살생을 금지해서 고기를 자주 먹지 못했던 습관이 오랜 시간 동안 굳어져서입니다.

5 군대는 윗사람이 명령하면 무조건 복종해야 하는 상하 관계가 명확한 집단입니다. 그래서 고기를 먹지 않으려는 국민들을 대신해, 명령에 복종할 수밖에 없는 군인들을 대상으로 고기를 먹도록 한 것입니다.

1 ④	2 ①	3 다
4 ②	5 ④	6 이순신, 거북선

● 독해력을 기르는 어휘

❶ 대폭　　❷ 충돌　　❸ 추정

❹ 배치　　❺ 전함　　❻ 목재

❼ 근원

거북선에 관한 사람들의 오해와 진실을 설명한 글입니다. 거북선을 철갑선으로 많이들 알고 있지만, 목재로 만들어졌다고 보는 것이 더 설득력이 있다고 글쓴이는 주장하고 있습니다. 거북선의 실체는 아직 밝혀야 할 것들이 많지만 당대 최고의 군선이었다는 것은 인정할 수밖에 없다는 내용으로 글을 마무리하고 있습니다.

● **글의 특징**

– 거북선과 이순신 장군에 관한 내용을 소개하며 글을 시작하고 있습니다.

– 거북선에 관한 오해를 먼저 제시한 뒤, 근거를 들며 거북선의 진실을 설명하고 있습니다.

● **글의 구조**

가	거북선은 조선 초기부터 있었고, 이순신 장군은 이를 더욱 발전시켜 새로운 거북선을 만들어 냄.	→	이순신 장군과 거북선의 관련성
나	거북선은 철갑선이 아닌 목재로 만들어졌다고 보는 것이 적절함.	→	거북선의 재료
다	번쩍이는 외관 때문에 철갑선이라고 알려졌지만, 잘못 알려진 것임.	→	거북선이 철갑선이라고 알려진 이유
라	거북선의 크기는 다양하며, 돛으로도 노로도 항해할 수 있었고, 상황에 따라 노군의 수가 달랐음.	→	거북선의 규모와 특징
마	거북선은 조선의 자랑스러운 전함으로, 당대 가장 뛰어난 군선이었음.	→	당대 최고인 군선인 거북선

⬇

주제 거북선에 대한 오해와 진실, 그리고 거북선의 우수성

어휘 수준 ★★★★★　　글감 수준 ★★★★★　　글의 길이 1,437자

1 임진왜란 이전에도 거북선은 존재했지만 이순신 장군이 더욱 발전시켜 새롭게 만들었으므로, 이순신 장군이 개량한 거북선과 이전의 거북선은 전혀 다르다고 이해해야 합니다. 그러므로 이순신 장군이 거북선을 최초로 발명한 것이 아니라고 해도 거북선은 이순신 장군과 연관성이 매우 깊습니다.

오답 피하기 ① 거북선이라는 이름의 배는 임진왜란 이전에도 존재했다고 전해지고 있습니다.

2 ㉠의 뒤에 이어지는 내용을 바탕으로 볼 때, ㉠에는 거북선이 철갑선으로 알려져 있다는 내용이 과연 맞는지를 묻는 내용이 와야 합니다.

3 거북선이 철갑선이라는 주장은 임진왜란 때 우리와 적으로 싸웠던 일본인들의 기록에 따른 것입니다. 이는 거북선이 멀리서 보면 덮개에 꽂은 칼과 송곳이 마치 철갑을 씌운 듯이 번쩍거렸기 때문일 수도 있다고 다 에서 언급하고 있습니다.

4 라 에서 "거북선은 돛을 올리면 다른 범선처럼 바람을 이용하여 항해할 수도 있고, 돛을 내리고 노만 저어서 항해할 수도 있는 노선이기도 했다. 물론 돛과 노를 동시에 이용하여 더 빨리 항해할 수도 있었다."라고 하였습니다.

오답 피하기 ③, ⑤ 평소에는 2명의 노군이 배치되었고, 전투 시에는 4~6명의 노군이 마주 서서 노를 저었습니다. ④ 영조 때 14척, 정조 때 40척이 있었다고 전해집니다.

5 거북선에 대해서는 밝혀지지 않은 부분들이 많지만, 글쓴이는 거북선이 당대 최고의 군선이라는 것은 분명하다고 힘주어 말하고 있습니다. 왜 그런지에 대한 이유는 마 에서 언급하고 있지 않으므로, 거북선이 우수한 이유에 대한 설명이 이어진다면 읽는 이들이 내용을 더욱 깊이 있게 이해할 수 있을 것입니다.

BBC의 재난 보도 가이드라인

본문 40~43쪽

1 ⑤   **2** (1) ○ (4) ○   **3** ④

4 차이점(차이, 다른 점)   **5** ①

6 존엄성, 매체

● 독해력을 기르는 어휘

❶ 지침   ❷ 평범   ❸ 취재

❹ 제한   ❺ ③ ○   ❻ ③ ○

영국 공영 방송국인 BBC의 재난 보도 가이드라인을 소개한 글입니다. 재난 사건의 경우, 뉴스를 신속하게 전하는 것도 중요하지만 사건과 관련된 사람들의 마음을 최우선으로 배려하고 있는 BBC의 재난 보도 가이드라인에 대해 설명하며 우리나라의 언론 보도 방식의 문제점을 비판하고 있습니다.

● 글의 특징

- BBC가 재난 보도 가이드라인을 정한 이유를 소개하고 있습니다.
- BBC의 재난 보도 가이드라인과 비교되는 우리나라의 언론 보도 방식을 비판하고 있습니다.

● 글의 구조

가	BBC는 재난 보도에 관한 가이드라인을 가지고 있음.	→	BBC의 재난 보도 가이드라인
나	BBC는 재난 보도 시 피해자 가족들의 충격을 고려하여 피해자의 이름을 언급하지 않음.	→	BBC 재난 보도 가이드라인의 내용 ①
다	BBC는 재난을 보도하는 사람은 시청하는 사람들에게 고통을 주는 표현을 금하도록 하고 있음.	→	BBC 재난 보도 가이드라인의 내용 ②
라	매체의 발달로 누구나 손쉽게 뉴스를 전할 수 있게 되고, 이것은 많은 문제를 일으킴.	→	현대 사회의 상황과 문제점
마	무신경하게 뉴스를 퍼 나르는 것은 누군가에게 큰 상처를 줄 수도 있음을 명심해야 함.	→	뉴스를 전할 때 주의해야 할 점

주제 BBC 재난 보도 가이드라인의 내용과 의의

어휘 수준 ★★★☆☆   글감 수준 ★★★★☆   글의 길이 1,330자

1 BBC는 재난 보도를 할 때, 사건의 실상을 있는 그대로 보도하는 것도 중요하지만 사건을 경험한 사람들의 존엄성을 존중하는 것도 중요하다고 여깁니다. 그래서 재난 보도에 대한 가이드라인을 정해 이를 지키며 보도하는 것입니다.

2 BBC 방송은 재난 사건의 경우 피해자의 이름을 뉴스에서 언급하지 않습니다. 이는 방송을 보고 자신의 가족이 사건의 피해자임을 알았을 때 피해자 가족들이 느낄 정신적 고통을 고려한 것입니다. 따라서 이를 언급한 (1)과 (4)가 BBC의 재난 보도 가이드라인에 들어갈 내용으로 알맞습니다.

오답 피하기 (2) 피해자의 이름은 언급하지 않지만, 방송을 보고 어떤 사건인지 정확히 알게 하기 위해 사건에 관한 다른 내용은 구체적으로 보도합니다.

(3) 시청자들의 알 권리보다 사건에 관련된 사람들의 존엄성을 더욱 우선시한다는 것을 알 수 있습니다.

3 BBC의 재난 보도 가이드라인은 사건과 관련된 사람들의 고통과 상처를 고려하여 피해자의 이름을 방송 보도에서 언급하지 않는 것을 지침으로 삼고 있습니다. 이에 대해 비판적인 입장을 취하고 있는 것은 사건의 규모나 종류에 관계없이 언론이라면 사건과 관계된 모든 내용을 정확하고 구체적으로 보도해야 한다고 말한 ④입니다.

오답 피하기 ② BBC의 재난 방송 가이드라인 또한 사건 자체에 대한 호기심보다는 사건과 관련된 사람들에 대한 배려와 차분하게 기다려 주는 태도가 필요하다는 정신을 담고 있습니다.

4 BBC의 재난 보도 가이드라인과 특종에만 급급하여 자극적인 뉴스를 전하는 우리나라 언론 기사들의 보도 태도를 대조적으로 제시하여 우리나라 방송의 문제점을 지적하고 있습니다.

5 다양한 매체의 발달로 언론 종사자들뿐만 아니라 누구나 손쉽게 뉴스를 타인에게 전달하는 일이 가능해졌습니다.

1 ③　　　　2 ②　　　　3 ⑤

4 배심제　　　5 ⑤　　　　6 희생자, 국민 참여

● 독해력을 기르는 어휘

❶ 보완　　　　❷ 다수결　　　　❸ 도출

❹ ② ○　　　　❺ ① ○

억울한 희생자를 줄이고 재판의 공정성을 높이기 위해 도입된 국민 참여 재판에 대해 설명한 글입니다. 국민 참여 재판은 법률 전문가가 아닌 일반 국민이 배심원으로 구성된 재판 제도로, 대법원이 정한 사건을 대상으로 하며 피고인의 의사에 따라 진행 여부가 결정됩니다. 아직 우리나라에서는 국민 참여 재판이 안정적으로 정착되지 못하고 있는데, 글쓴이는 이에 대한 국민들의 많은 관심을 부탁하며 글을 마무리하고 있습니다.

● 글의 특징

– 국민 참여 재판의 개념, 특징, 배심원으로 참여하는 방법 등을 상세히 설명하고 있습니다.

– 우리나라 국민 참여 재판의 독특한 형태를 소개하고 있습니다.

● 글의 구조

가	억울한 희생자를 줄이고 재판의 공정성을 높이기 위해 도입된 국민 참여 재판이 우리나라에서는 2008년부터 시행되고 있음.	→	국민 참여 재판의 개념 및 도입 배경
나	국민 참여 재판의 대상이 되는 범죄의 종류, 배심원 자격을 법으로 정하고 있음.	→	국민 참여 재판의 대상 및 배심원의 자격
다	우리나라 국민 참여 재판은 배심제와 참심제가 결합된 특수한 형태임.	→	우리나라 국민 참여 재판의 특징 ①
라	국민 참여 재판의 방법과 배심원의 역할	→	국민 참여 재판의 특징 ②
마	국민 참여 재판의 장점과 국민적 관심의 필요성	→	국민 참여 재판의 의의

↓

주제 국민 참여 재판의 특징 및 의의

어휘 수준 ★★★★★　　　글감 수준 ★★★★★　　　글의 길이 1,369자

1 개인이 어떤 방법으로 법을 해석하는지에 대한 내용은 가 에서 확인할 수 없습니다.

오답 피하기 ① 2008년 1월부터 시행되었습니다.

② 일반적인 재판에서는 직업 법관인 판사가 판결을 내립니다.

④ 재판의 공정성을 높이고 억울한 희생자를 줄이기 위해 도입되었습니다.

⑤ 일반 국민이 배심원이 됩니다.

2 '개입되다'는 '자신과 직접적인 관계가 없는 일에 끼어들게 되다.'라는 의미이므로, ㉠의 '끼어들다'와 바꾸어 쓸 수 있습니다.

3 국민 참여 재판에서 배심원의 수는 법률에 정해진 형량을 기준으로 구분됩니다.

오답 피하기 ① 국민 참여 재판의 대상이 되는 범죄는 살인, 강도, 강간 등 강력 범죄와 뇌물죄 등 대법원 규칙이 정하는 크고 무거운 사건으로 한정됩니다.

② 국민 참여 재판은 피고인이 거부하는 경우에는 이루어지지 않습니다.

③ 국회 의원, 변호사, 법원 · 검찰 공무원, 경찰, 군인 등의 직업 종사자는 배심원이 될 수 없습니다.

④ 만 20세 이상이 되어야 배심원의 자격을 가지게 됩니다.

4 우리나라 국민 참여 재판은 배심제와 참심제가 혼합 · 수정되어 있는데, 이것은 다른 나라의 국민 참여 재판과는 다른 독특한 형태입니다.

5 국민 참여 재판이 정착되어 국민으로부터 신뢰받는 사법 제도가 확립되기를 바라는 글쓴이의 생각이 마 에 나와 있지만, 이미 신뢰가 확립되었다는 것은 알 수 없습니다.

1 ③	2 ②	3 ⑤
4 개인, 사회	5 ②	6 기능론, 갈등론

● 독해력을 기르는 어휘

❶ 편안한	❷ 벗어나려고	❸ 돕기
❹ 차이	❺ 구축	❻ 전제
❼ 보상	❽ 빈부	❾ 기득권

빈곤의 원인을 이해하는 두 가지 관점을 소개하는 글입니다. 빈곤이란 무엇인지 정확한 뜻을 제시한 후, 이를 토대로 빈곤을 바라보는 기능론과 갈등론의 시각과 각각의 관점이 제안하는 빈곤 해결의 방법을 설명하고 있습니다.

● **글의 특징**
– 빈곤의 원인을 바라보는 두 가지 관점을 대조적으로 설명하고 있습니다.
– 빈곤에 대한 글쓴이의 태도와 주장이 드러나 있습니다.

● **글의 구조**

가	다양한 사회 문제의 원인이 되는 빈곤을 바라보는 두 가지 관점이 존재함.	→	빈곤의 개념 및 빈곤을 이해하는 두 가지 관점
나	기능론은 빈곤의 원인을 개인에게서 찾고, 빈곤 문제 해결 또한 개인의 노력에 달려 있다고 봄.	→	기능론의 관점
다	갈등론은 빈곤의 원인을 사회 구조적 문제로 이해하고, 이를 해결하기 위해서는 사회 구조의 근본적 개혁이 필요하다고 봄.	→	갈등론의 관점
라	모든 사람은 빈부에 관계없이 행복할 권리가 있으므로, 빈곤 문제 해결을 위한 노력이 필요함.	→	빈부 격차에 대한 글쓴이의 입장

⬇

주제 빈곤을 이해하는 두 가지 관점 – 기능론과 갈등론

1 가는 빈곤의 개념을 소개하고 빈곤을 이해하는 두 가지 관점인 기능론과 갈등론이 존재한다는 내용을 제시하고 있습니다. 나와 다는 각각 기능론과 갈등론의 구체적인 내용을 설명하고 있습니다. 라는 앞서 설명한 내용을 종합하고 빈곤 문제에 대한 글쓴이의 입장을 드러내며 글을 마무리하고 있습니다.

2 가를 살펴보면, 빈곤이란 경제적인 이유로 살기 힘든 삶을 살고 있는 상황을 말합니다.
오답피하기 ① 곤란한 상황이라는 것은 빈곤의 개념을 설명하기에 모호합니다. '빈곤'이란 '경제적'으로 곤란한 상황이라는 내용을 포함하는 낱말입니다.

3 ⓒ은 빈곤의 원인을 개인에게서 찾고, 빈곤 문제를 해결하기 위한 방안 또한 개인의 노력에 달려 있다고 보고 있습니다. 이 입장은 국가가 개인의 빈곤 문제 해결을 위해 적극적으로 나설 필요는 없으며, 국가는 보상적인 차원의 역할만 하면 된다고 말합니다.
오답피하기 ①~④의 학생들은 모두 빈곤을 기능론의 입장에서 이해하고 있습니다.

4 다에서는 빈곤의 원인을 사회 구조에서 찾고 사회 구조의 개혁이 필요하다고 말하는 갈등론에 대해 설명하고 있습니다. 갈등론은 빈곤 문제 해결을 위해서는 개인보다는 사회적 차원에서의 노력이 중요하다고 이해합니다.

5 이어 주는 말이 무엇인지 알기 위해서는 이어 주는 말의 앞뒤 내용을 살펴보아야 합니다. ⓒ의 앞부분에는 빈곤을 이해하는 두 가지 관점을 아는 것이 중요하다는 내용이 제시되어 있습니다. 그런데 ⓒ의 뒷부분에는 "그것보다 더 중요한 것은 ~"이라고 하여 앞부분에서 설명한 것보다 더 중요하게 생각해야 하는 것이 있다고 말하고 있습니다. 이러한 글의 흐름을 고려할 때, ⓒ에는 '그러나', '하지만'과 같은 이어 주는 말이 들어가는 것이 알맞습니다.

12 시리아 내전

1 (1) 1 (2) 2 (3) 3 (4) 4   **2** ④

3 ⓒ   **4** ⑤   **5** ④

6 난민, 인간

● 독해력을 기르는 어휘

❶ 내전   **❷** 차별   **❸** 폐허

시리아 내전과 난민에 대해 다루고 있는 글입니다. 전 세계인을 충격에 빠뜨린 한 장의 사진을 통해 난민 문제의 심각성을 언급하고 있습니다. 이를 바탕으로 우리나라에서도 난민 문제가 더 이상 먼 이야기가 아니라는 점을 지적하며, 난민들이 인간다운 삶을 살 수 있도록 모든 사람이 힘을 합해 도와야 한다는 글쓴이의 입장을 밝히고 있습니다.

● **글의 특징**

– 화제가 되었던 사건을 통해 독자들의 흥미를 끌고, 개념을 쉽게 풀어 설명해 독자들의 이해를 돕고 있습니다.

– 난민 문제 해결을 위해 우리에게 필요한 태도가 무엇인지 글쓴이의 생각을 설득적으로 제시하고 있습니다.

● **글의 구조**

가	해안가에 엎드려 죽은 채 발견된 쿠르디라는 어린아이는 내전을 피해 도망친 시리아 난민이었음.	→	쿠르디의 사진을 통해 본 난민들의 비참함
나	난민은 어쩔 수 없는 이유로 고국을 떠난 사람들로, 국제법에 따라 보호를 받음.	→	난민의 개념 및 관련 제도
다	아름다웠던 시리아는 장기간의 내전으로 황량하게 변함.	→	내전으로 폐허가 된 시리아
라	시리아 내전은 죄 없는 많은 사람을 희생시키고 있으며, 난민들의 수는 갈수록 증가하고 있음.	→	시리아 내전으로 증가하는 난민들
마	난민들이 고국으로 안전하게 돌아갈 수 있을 때까지 모든 사람이 힘을 합해 도와야 함.	→	난민 문제 해결을 위한 글쓴이의 입장

주제 시리아 내전을 통해 본 난민 문제의 심각성과 해결 방안

어휘 수준 ★★★☆☆   글감 수준 ★★★★☆   글의 길이 1,234자

1 가를 시간 순서에 따라 정리해 보면, 시리아에 내전이 일어난 것이 가장 먼저입니다. 그래서 쿠르디는 자신의 나라를 떠나게 되고 위험한 탈출 과정에서 죽게 된 것입니다. 이후 이 장면을 찍은 한 장의 사진이 사람들에게 알려지며, 많은 사람이 슬픔에 빠졌습니다.

2 난민은 국제법에 따라 보호를 받습니다. 그래서 난민이 정치적 망명을 요구하는 경우 별다른 이유 없이 요청을 거부할 수 없습니다.

오답 피하기 ② 전쟁이나 테러, 자연재해 등의 원인뿐만 아니라 종교나 국적, 인종에 따른 차별로 고통받다가 고국을 떠난 사람들도 난민이라고 합니다.

3 ㉠, ㉡, ㉣, ㉤은 모두 시리아를 가리킵니다.

오답 피하기 ⓒ '동양의 진주'는 시리아의 수도인 다마스쿠스를 가리킵니다.

4 시리아 난민들은 시리아와 국경을 접하고 있는 터키나 요르단, 레바논, 이집트 등으로 탈출하고 있습니다. 쿠르디 가족은 터키로 갔지만, 시리아인들 대부분이 터키로 탈출했다는 것은 확인할 수 없습니다.

5 이 글은 쿠르디의 사진을 시작으로 난민들의 참혹함을 이야기한 후, 난민으로 인정받는 것이 지나치게 까다롭다는 문제점을 지적하고 있습니다. 글쓴이는 어쩔 수 없는 이유로 자신의 나라를 떠나야 하는 난민들이 인간다운 삶을 살 수 있도록 전 세계인들이 도와야 한다고 주장하고 있습니다. 이러한 글의 흐름과 문제에서 제시하고 있는 '난민들을 도웁시다.'라는 영상의 주제를 고려할 때, 난민으로 인정받기 위한 구체적인 방법을 알려 주는 전문가의 강연 영상은 알맞지 않습니다.

1 ①　　　　2 ① 간접세의 뜻 ② 직접세의 장단점

3 ②　　　　4 ③　　　　5 ⑤

6 직접세, 간접세

● 독해력을 기르는 어휘

❶ 납부　　　　❷ 납세　　　　❸ 탈세

❹ 법인세　　　❺ 세무서　　　❻ 누진세

❼ 관세　　　　❽ 비교　　　　❾ 대조

국가에 납부하는 세금의 종류 중에서 직접세와 간접세에 대해 설명한 글입니다. 직접세와 간접세가 무엇인지 각각 예를 들어 설명한 후, 직접세와 간접세의 장단점을 비교와 대조를 통해 살펴보고 있습니다.

● **글의 특징**

– 직접세와 간접세의 전반적인 내용을 좀 더 이해하기 쉽게 비교와 대조의 방법을 활용하여 설명하고 있습니다.

– 어려울 수 있는 개념을 독자가 쉽게 이해할 수 있도록 예를 들어 설명하고 있습니다.

● **글의 구조**

1문단	직접세란 개인이나 기업이 직접 납부하는 세금임.	→	직접세의 뜻
2문단	간접세란 세금을 부담하는 사람과 납부하는 사람이 다른 세금임.	→	간접세의 뜻
3문단	직접세는 소득의 격차를 줄이는 효과가 있지만, 세금을 걷을 때 여러 가지 어려움이 있음.	→	직접세의 장단점
4문단	간접세는 세금을 걷기는 편하지만, 간접세의 비중이 너무 높으면 소득의 격차가 커질 수 있음.	→	간접세의 장단점

↓

주제 직접세와 간접세의 뜻과 장단점

어휘 수준 ★★★★★　　글감 수준 ★★★★★　　글의 길이 1,379자

1 1문단에 따르면, 개인의 소득에 따라 부과되는 것은 간접세가 아니라 직접세입니다.

오답 피하기 ③ 부모님으로부터 재산을 물려받아도 국가에 상속세를 내야 합니다.

⑤ 직접세는 소득이나 재산에 따라 누진적으로 적용되므로 소득이 높은 사람은 더 많은 세금을 내야 합니다.

2 2문단에서는 간접세의 뜻을 예를 들어 설명하고 있으며, 3문단에서는 직접세의 장단점에 대해 설명하고 있습니다.

3 신문 기사는 개인이 자신의 소득을 정당하게 신고하지 않아 탈세를 한 것에 대한 내용입니다. 이는 3문단에서 설명하고 있는 직접세의 단점과 관련이 있습니다. 직접세는 개인의 소득에 따라 걷는 세금이기 때문에 개인이 자신의 소득을 속여서 신고할 경우 신문 기사에서와 같은 문제가 발생하게 됩니다.

4 간접세의 예로는 물건이나 서비스에 부과되는 부가 가치세나 관세가 대표적입니다. ③은 개인이 자신의 재산으로 얻게 된 이득에 대해 부과된 세금이므로 직접세에 해당합니다.

오답 피하기 ①과 ⑤는 부가 가치세, ②와 ④는 관세에 해당합니다.

5 ㉡에서 공평하다는 것은 동일한 물건을 사용한 것에 대해 모든 사람에게 동일한 세금을 부과한다는 의미에서 공평하다는 뜻입니다.

오답 피하기 ④ 간접세는 소득이 적은 사람일수록 소득에 비해 내야 할 세금의 비율이 높아져 납세의 부담이 크다는 단점이 있습니다. 따라서 두철이는 간접세를 잘못 이해하고 있습니다.

1 (1) × (2) ○ (3) ×　　　　　**2** ③

3 ① 정보의 비대칭성　② 더 이상 장사를 할 수 없게 될 것이다.(과일 가게 문을 닫을 수밖에 없을 것이다.)

4 ②　　　　**5** ①　　　　**6** 해이, 시장, 피해

● 독해력을 기르는 어휘

❶ 이해　　　　❷ 당사자　　　　❸ 부실

도덕적 해이와 관련된 다양한 사실을 설명하면서 자신의 생각을 덧붙이고 있는 글입니다. 도덕적 해이의 뜻, 도덕적 해이가 일어나는 원인, 도덕적 해이가 가져올 수 있는 문제 등에 대해 살펴보면서 도덕적 해이의 위험성을 경고하고 있습니다.

● **글의 특징**

– 화제에 대한 이해를 돕기 위해 쉬운 예를 들거나 유사한 상황에 빗대어 내용을 제시하고 있습니다.

● **글의 구조**

1문단	도덕적 해이란 '긴장이 풀려 마음이 느슨해지는 것처럼 도덕심도 느슨해지는 것'을 말함.	→	도덕적 해이의 사전적 정의
2문단	은행의 경영자나 공무원들이 저지르는 비도덕적 행위	→	도덕적 해이의 대표적인 예
3문단	정보의 비대칭성으로 인해 도덕적 해이가 일어남.	→	도덕적 해이가 일어나는 이유
4문단	공정한 경쟁이 이루어지지 못하는 상황을 '정보의 비대칭성'이라고 함.	→	정보의 비대칭성의 의미
5문단	도덕적 해이는 결국 시장에 속한 모든 사람에게 피해를 줌.	→	도덕적 해이가 일어나는 이유와 그 위험성

주제 도덕적 해이가 일어나는 이유와 그 위험성

어휘 수준 ★★★☆☆　　글감 수준 ★★★★☆　　글의 길이 1,572자

14 디딤돌 독해력

1 (1) 이 글에서 경제학 분야에서 나타나는 '도덕적 해이'에 대해서만 다루고 있다고 해서 '도덕적 해이'란 말이 경제학에서만 사용된다고 보는 것은 알맞지 않습니다. (3) 상대적으로 정보를 더 많이 가지고 있으면 '도덕적 해이'가 일어나기 쉬운 것은 사실이지만, 정보를 더 많이 가지고 있는 모든 사람들이 도덕적 해이를 저지르는 것은 아닙니다.

2 이 글의 설명 대상은 '도덕적 해이'인데, 이 글에서는 이 도덕적 해이와 대비되는 다른 대상과의 차이점을 밝히고 있지 않습니다.

오답 피하기 ① '도덕적 해이'란 말을 사전적으로 풀이하며 글을 시작하고 있습니다.

② 3~5문단에서 글쓴이는 질문을 먼저 던지고 그에 대한 답을 제시하고 있습니다.

④ '도덕적 해이', '정보의 비대칭성' 등의 개념을 설명할 때 우리 주변에서 볼 수 있는 예를 들고 있습니다.

⑤ 과일 장수의 예는 도덕적 해이가 어떤 결과를 가져올 수 있는지를 좀 더 쉽게 추리할 수 있도록 도와줍니다.

3 ① 3문단에서 '도덕적 해이'는 정보의 비대칭성 때문에 일어난다고 하였습니다. ② 5문단에서 "과일 장수에게 속아서 개살구를 사 먹은 소비자들은 다시는 그곳에서 살구뿐만 아니라 다른 과일도 사 먹으려 하지 않을 것이고, 그렇게 되면 그 과일 가게는 문을 닫을 수밖에 없을 것이다."라고 하였습니다.

4 '정보의 비대칭성'은 시장 경제 체제하에서 동일한 대상에 대해 가지고 있는 정보량이 서로 다른 상황을 의미합니다. 인터넷 쇼핑몰 운영자는 인터넷 쇼핑몰과 관련된 전반적인 체제와 유통 등에 대한 정보를 인터넷 쇼핑몰 이용자보다 훨씬 더 많이 알고 있을 것입니다.

오답 피하기 ①, ③, ④, ⑤의 상황은 무엇보다 시장 경제 상황이 아니며, 동일한 대상에 대한 정보량을 비교할 수 없습니다.

5 지서는 도덕적 해이가 현대 사회에서 점차 사라져 가고 있다고 말했는데, 이 글에서는 이렇게 말한 근거는 찾을 수 없습니다.

1 ① 뜻(정의) ② 양방향 ③ 부정적 ④ 정부 개입

2 ④   3 (1) 경제 (2) 경제 (3) 부정 (4) 긍정

(5) 긍정   4 ① ⓐ, ② ⓑ   5 ②

6 기대, 손해, 개입

● 독해력을 기르는 어휘

❶ 개입   ❷ 수반   ❸ 과수

❹ 양봉   ❺ ⓓ   ❻ ⓑ

❼ ⓐ   ❽ ⓒ

경제 활동에서 발생하는 외부 효과에 대해 설명한 글입니다. 외부 효과의 뜻과 종류, 특성 등을 다양한 예를 들어 설명하면서 외부 효과가 바람직한 수준으로 일어나기 위해서 필요한 것은 무엇인지 제시하고 있습니다.

● **글의 특징**

– 다양한 사례를 들어 개념을 설명하고 있습니다.

● **글의 구조**

1문단	외부 효과란, 한 경제 주체의 행위가 기대하지 않았던 혜택이나 손해를 발생시키는 효과임.	외부 효과의 뜻
2문단	드라마 촬영지와 주변 지역과의 관계	단방향 긍정적 외부 효과의 예
3문단	과수 농가과 양봉 농가의 관계	양방향 긍정적 외부 효과의 예
4문단	공장이나 공사로 인한 인근 주민들의 피해, 길거리 흡연 피해	부정적 외부 효과의 예
5문단	시장의 원리에만 맡기면 긍정적 외부 효과는 감소하고 부정적 외부 효과는 증가함.	외부 효과의 양상
6문단	긍정적 외부 효과를 유도하고 부정적 외부 효과를 최소화하기 위해서는 정부의 개입이 필요함.	정부 개입의 필요성

⬇

주제 바람직한 외부 효과 발생을 위한 정부 개입의 필요성

어휘 수준 ★★★★☆   글감 수준 ★★★★★   글의 길이 1,543자

1 1문단에서는 외부 효과의 개념을 소개하고, 2~3문단에서는 단방향과 양방향으로 발생하는 긍정적 외부 효과를, 4문단에서는 부정적 외부 효과를 설명하고 있습니다. 마지막으로 5~6문단에서는 긍정적 외부 효과를 유도하고 부정적 외부 효과를 최소화하기 위한 정부 개입의 필요성을 언급하며 글을 마무리하고 있습니다.

2 아파트 공사 과정에서 발생하는 소음 때문에 주민들과 생기는 갈등은 부정적 외부 효과의 한 예입니다.

오답피하기 ① 경제 주체들은 기본적으로 자신의 이익을 최우선으로 고려하여 경제 활동을 합니다.
② 외부 효과는 본래 목적과 별개로 생기는 부수적인 효과이므로, 과수 농가가 망한다고 하여 양봉 농가도 함께 망하게 되는 것은 아닙니다.
③ 외부 효과란 경제 주체의 경제 행위가 다른 경제 주체들에게 기대하지 않았던 혜택이나 손해를 발생시키는 효과를 의미합니다.
⑤ 드라마 제작사는 외부 효과로 발생한 지역의 이익을 일부 받는지는 확인할 수 없습니다.

3 경제 행위는 말 그대로 특정한 목적 하에 이루어지는 경제 활동 그 자체입니다. 이 글의 내용을 고려하면 흡연을 하는 것, 버스 정류장을 새로 만드는 것은 경제 행위이며, 그러한 경제 행위로 인해 발생하는 부수적인 긍정적·부정적 효과들이 외부 효과가 됩니다.

4 담장을 아름답게 색칠한 것은 '주거 환경 개선'이라는 목적으로 이루어진 경제 활동입니다. 이러한 경제 활동의 결과 발생할 수 있는 긍정적 외부 효과는 '그림을 보려는 관광객이 생기면서 A 지역 사람들의 관광 수입이 늘어나는 것'이고, 부정적 외부 효과는 '많은 사람이 A 지역에 찾아오면서 쓰레기 증가, 소음 발생 등의 문제가 발생하는 것'입니다.

5 노인이 많은 지역에서 농기계를 구입하고자 할 때 정부가 보조금을 지원해 주는 것은 농가의 경제 활동으로 인한 긍정적 외부 효과를 유도하는 적절한 개입으로 볼 수 있습니다. 따라서, ㉠에 대한 비판적 관점이 아니라 긍정적 관점에서 설명한 것입니다.

1 (1) ○ (2) × (3) ○ (4) ×   **2** ②   **3** ⑤

4 ④   **5** ④   **6** 환경, 재료, 정부, 소비자

● **독해력을 기르는 어휘**

❶ 양산   ❷ 진상   ❸ 불매 운동

생산과 소비에 대한 우리의 기존 생각이 이제는 완전히 바뀌어야 한다고 주장하는 글입니다. 지구의 환경 문제가 심각해짐에 따라 세계 시장이 어떻게 달라지고 있는지, 이에 따라 우리는 생산과 소비의 관점을 어떻게 바꿔야 하는지를 살펴보고 있습니다.

● **글의 특징**

– 현재의 문제 상황과 변화된 현실을 먼저 제시하여 화제의 필요성을 설득력 있게 이끌어 내고 있습니다.

– 전문 지식과 정확한 사실에 근거하여 주장에 신뢰성을 높이고 있습니다.

● **글의 구조**

1문단	오늘날의 환경 문제는 우리의 세계관과 생활 양식을 근본적으로 바꿔야 해결할 수 있음.	→	환경 문제 해결을 위한 변화의 필요성
2문단	세계 시장은 환경을 보호하는 데 집중하는 방향으로 변화하고 있음.	→	변화된 현실의 모습
3문단	수출 상품의 재료와 공정 과정을 친환경적으로 바꿔야 살아남을 수 있음.	→	친환경적인 생산의 필요성
4문단	국내 시장에서도 기업이 환경을 배려할 수 있도록 정부가 감시와 규제를 강화하고 소비자도 적극적으로 행동해야 함.	→	정부의 감시와 규제 강화 및 친환경적인 소비의 필요성

↓

주제 친환경적인 관점에서 생산과 소비를 해야 하는 이유

어휘 수준 ★★★☆☆   글감 수준 ★★★★☆   글의 길이 1,303자

1 (2) 제품에 대한 불매 운동을 벌이는 것은 소비자가 할 수 있는 적극적인 행동입니다. 정부는 기업을 제도적으로 감시하고 규제해야 합니다.

(4) 1문단에서 환경 문제를 해결하기 위해서는 단순히 가해자와 피해자를 가리고 진상을 규명하여 보상해 주는 것만으로는 안 된다고 하면서 근본적으로 세계관과 생활 양식을 바꿔야 한다고 주장하고 있습니다.

2 글쓴이는 환경 문제를 해결하기 위해서는 근본적으로 지금까지 당연하다고 생각해 온 것들을 '새로운 눈'으로 바라보아야 한다고 주장하고 있습니다. 이를 위해 2문단에서는 친환경적인 기술 개발의 중요성을 말하며 수출 상품의 재료와 공정 과정을 환경 기준에 맞게 바꿔야 경쟁력을 갖출 수 있다고 주장합니다. 또한 정부와 소비자들도 기업이 친환경적이고 안전한 상품을 만들 수 있도록 적극적으로 감시하고 행동해야 한다고 주장합니다. 따라서 글쓴이가 말하는 '새로운 눈'이란 생산과 소비에서 기존의 방식을 벗어난 생산과 소비에 대한 친환경적인 시각을 의미합니다.

3 '클린 테크놀로지'는 말 그대로 '깨끗한 기술'입니다. 즉 환경을 보호할 수 있는 친환경적인 기술을 의미합니다. 그러나 원유를 이용하여 왁스를 만드는 기술에서 친환경적인 공정이나 원료 등을 확인할 수 없으므로 ⑤는 ㉡의 사례로 적절하지 않습니다.

4 환경 기준에 맞춰 재료와 공정 과정을 바꿔야 하는 이유는, 현재 지구의 환경 문제가 심각한 단계에 이르렀고 그에 따라 전 세계의 시장도 경제 성장보다 환경을 더 중요하게 생각하는 쪽으로 바뀌고 있기 때문입니다. 그러나 유해 물질을 친환경적인 신물질로 대체하면 원가 부담이 크게 늘어난다는 것은 〈보기〉의 주장을 뒷받침하기보다 오히려 이를 반대하는 쪽의 주장의 근거가 될 수 있습니다.

5 수익금의 일부를 기부하는 회사에 세금 혜택을 주어야 한다는 주장은 환경 보호를 중시하는 글쓴이의 입장과는 거리가 있습니다. 수익금의 일부를 기부하는 회사가 환경을 보호하는 관점에서 회사를 운영할지 아닐지는 알 수 없기 때문입니다.

생물 17 침입종

수능까지 연결되는

1 (1) ○ (2) × (3) × (4) ○ (5) ○ **2** ⓐ 널리 알려진 침입종의 피해 사례를 살펴보자. ⓑ 그렇다면 이 문제를 해결할 수 있는 방법은 없을까? **3** ①

4 ⑤ **5** 다양성, 예방, 침입종

● 독해력을 기르는 어휘

❶ 고유종　❷ 유입　❸ 방사
❹ 사후　❺ 토착　❻ 토종
❼ 제방　❽ 예방　❾ 현혹
❿ 서식　⓫ 모피　⓬ 성체

침입종의 위험성을 알리고 해결 방법을 제시하는 글입니다. 먼저 침입종이 무엇인지 그 개념을 설명한 뒤, 다양한 피해 사례를 들어 침입종의 위험성을 알리고 있습니다. 그리고 침입종의 유입으로 발생하는 문제를 해결하기 위해서는 어떻게 해야 하는지를 밝히며 글을 마무리하고 있습니다.

● **글의 특징**
– 문제 상황을 먼저 제시하고 그것을 해결하기 위한 방법을 제시함으로써 자연스럽게 독자를 설득하고 있습니다.
– 구체적인 사례를 통해 침입종의 위험성을 보여 주고 있습니다.

● **글의 구조**

문제 제기	침입종은 다른 지역에 유입되어 적응하고 번식하는 생물종으로, 인간을 포함한 다른 종에게 매우 위협적인 존재임.

↓

문제 상황	• 회색 다람쥐　• 붉은귀거북 • 뉴트리아　• 미코니아, 육식 달팽이

↓

해결 방법	• 철저한 예방 및 발빠른 후속 조치 • 수입산 동식물을 함부로 사지 않기

⬇

주제 침입종의 위험성과 그 해결 방법

어휘 수준 ★★★★★　글감 수준 ★★★★★　글의 길이 1,200자

1 (2) 4문단을 보면, 침입종 문제를 사후에 처리하는 것은 어렵기도 하고 비용도 많이 들기 때문에 최대한 사전에 예방하는 것이 좋다고 설명하고 있습니다.
(3) 2문단을 보면, 댐과 제방에 굴을 파거나 나무와 풀의 뿌리를 먹어 치워 많은 피해를 주고 있는 것은 붉은귀거북이 아니라 뉴트리아입니다.

2 이 글은 '문제 제기-문제 상황-해결 방법'의 순서로 되어 있습니다. 그리고 각 부분의 마지막 문장에서 다음에 이야기할 내용을 소개하고 있습니다. 1문단의 마지막 문장에서 "널리 알려진 침입종의 피해 사례를 살펴보자."라고 하며, 2문단에서 구체적인 피해 사례들이 제시될 것임을 안내하고 있습니다. 그리고 2문단의 마지막 문장에서는 "그렇다면 이 문제를 해결할 수 있는 방법은 없을까?"라고 하며, 3문단에서 문제 해결 방법을 제시할 것임을 안내하고 있습니다.

3 〈보기〉는 이 글에서 제시한 침입종들을 나타낸 것입니다. 3문단에서 전문가들은 "이러한 침입종이 생물 다양성을 위협하는 큰 문제라고 지적한다."라고 하였으므로 ①과 같은 내용을 이끌어 내는 것은 알맞습니다.
오답 피하기 ② 침입종은 원래 서식하던 곳이 아닌 다른 어떤 지역에서도 잘 적응합니다.
③ 붉은귀거북처럼 인간이 키우거나 돌볼 수 있는 침입종도 있으므로 알맞지 않습니다.

4 〈보기〉에서는 침입종이라는 이유로 무자비하게 죽이는 것이 '생명'이라는 관점에서 볼 때 과연 옳은 일인가라는 문제의식을 드러내고 있습니다.
오답 피하기 ① 이분법적 태도 그 자체에 대한 문제의식이 아니라 침입종과 토착종을 이분법적으로 보는 사고방식에 대한 문제의식입니다.
② 야생 동식물 보전 자체에 대해서는 부정적인 입장이 드러나지 않습니다.

| 1 ④ | 2 효소, 대사 | 3 ④ |
| 4 ④ | 5 ⓑ | 6 질소, 육식 |

● 독해력을 기르는 어휘

❶ 효소   ❷ 대사   ❸ 포충엽

❹ 지상부   ❺ ⓓ   ❻ ⓐ

❼ ⓒ   ❽ ⓑ

식물 중에서도 육식을 하는 식물에 대해 설명하는 글입니다. 소형 동물까지 잡아먹는 육식 식물을 식충 식물로 불렀던 이유, 육식 식물이 육식을 하게 된 이유, 육식 식물 중 하나인 벌레잡이통풀의 사냥 기술 등에 대해 자세히 살펴보고 있습니다.

● **글의 특징**

– 일반적으로 맞다고 여겨져 온 것에 대해 문제를 제기하여 독자들의 흥미를 유발하고 있습니다.

– 실제 사례를 매우 사실적이면서도 흥미롭게 묘사하여 독자들의 관심을 지속적으로 이끌어 내고 있습니다.

● **글의 구조**

1문단	'식충 식물'로 불리던 식물 중에는 소형 동물까지 잡아먹는 육식 식물이 있었음.	→	육식 식물에 대한 정확한 이해
2문단	토양에 부족한 질소를 보충하기 위해서 육식 식물이 고기를 먹게 됨.	→	식물이 육식을 하게 된 이유
3문단	벌레잡이통풀은 주머니 모양의 포충낭에서 달콤하고 향기로운 물질을 뿜어 곤충을 유혹한 뒤 소화액으로 서서히 소화시킴.	→	벌레잡이통풀의 사냥 기술
4문단	육식 식물은 더 늘어날 전망으로, 식물에 대한 우리의 인식도 바뀌어야 함.	→	식물에 대한 새로운 인식

⬇

주제 육식 식물이 육식을 하는 이유와 실제 사례

어휘 수준 ★★★★☆   글감 수준 ★★★★☆   글의 길이 1,223자

1 1문단에서 다윈의 시대에 이미 육식 식물의 존재가 밝혀졌다는 사실을 확인할 수 있습니다. 19세기에도 육식 식물을 알고 있었지만, 식물 앞에 '육식'이라는 말을 붙이기가 부담스러웠던 사회 분위기 때문에 식충 식물로 분류했을 뿐입니다.

오답 피하기 ①은 4문단에서, ②, ③, ⑤는 2문단에서 확인할 수 있습니다.

2 ㉠의 바로 앞부분에서 "포획한 곤충을 효소를 이용하여 대사시킨 다음 잎을 통해 영양소를 흡수하는 것이 육식 식물의 결정적 특징이다."라고 하였습니다.

3 글쓴이는 "소화액 속에서 허우적거리다가 결국 탈진하고 이를 확인한 벌레잡이통풀은 소화 활동을 시작한다. 가엾은 곤충은 영양분이 풍부한 수프로 바뀌어 서서히 흡수되는 것이다."라고 설명하고 있습니다. 이는 벌레잡이통풀이 육식 식물로 진화해 온 원리라기보다 곤충이 소화되는 과정을 설명한 것입니다.

4 ㉢이 가리키는 것은 육식 식물에 대해 잘 모르는 상태에서 막연하게 식물에 대해 가지고 있었던 사람들의 생각입니다. 글쓴이는 육식 식물이 600종 이상이라면 우리가 일반적으로 생각하는 것처럼 식물은 땅속에서만 영양분을 얻을 것이라는 생각을 완전히 바꿔야 할 것이라고 말하고 있습니다.

5 2문단을 보면, 육식 식물은 진화하는 과정에서 잎의 형태를 곤충을 잡기에 쉬운 형태인 '포충엽'으로 개조했다고 설명하고 있습니다. 〈보기〉에 제시된 예에서 이와 비슷한 모양을 찾으면 ⓑ가 됩니다.

인간의 얼굴이 가지는 특징에 대해 설명하는 글입니다. 인간의 얼굴이 전형적인 포유류와 비교할 때 생김새와 움직임, 표현력 면에서 어떤 특징을 가지는지에 대해 살펴보고 있습니다.

● **글의 특징**

– 일반적인 상식에서 벗어나는 흥미로운 사실을 먼저 제시함으로써 독자들의 관심을 유발하고 있습니다.

– 그림을 활용하여 인간의 얼굴과 다른 포유류의 얼굴이 어떻게 다른지를 이해하기 쉽게 설명하고 있습니다.

● **글의 구조**

1문단	모든 얼굴 중에서 인간의 얼굴이 가장 특이함.	→ 인간의 얼굴에 대한 관심 환기
2문단	인간의 얼굴은 전형적인 포유류의 모습과 완전히 다름.	→ 생김새 면에서 인간의 얼굴이 가지는 특징
3문단	인간의 얼굴은 정교하고 민감한 의사소통 도구의 역할까지 함.	→ 표현력 면에서 인간의 얼굴이 가지는 특징

⬇

주제 생김새와 표현력 면에서 인간의 얼굴이 가지는 특징

1 각 문단의 내용을 파악하여 개요표의 형식에 맞게 정리해 봅니다.

2 글쓴이는 특별히 두개골 양옆에 붙은 귀에 대해서는 설명하고 있지 않습니다. 그림을 보면 여우와 침팬지도 두개골 양옆에 귀가 붙어 있음을 알 수 있습니다. 따라서 '두개골 양옆에 붙은 귀'는 ㉠의 근거로 볼 수 없습니다.

3 ㉡은 인간의 표정이 가지는 의미를 설명하고 있습니다. 입술이 벌어진 상태에서 입꼬리가 살짝 위로 올라간 모습은 행복함이나 즐거움의 신호이며, 실눈을 뜨면서 이마를 찌푸리는 행동은 이해하지 못해 혼란한 상태임을 의미하고, 꽉 다문 입술은 불신을 의미합니다.

4 2문단에서 "침팬지의 얼굴은 여우와 인간의 중간에 위치하며 두 종의 특징이 혼합되어 있다. 그러나 얼핏 보아도 여우보다는 인간의 얼굴과 더 닮았다는 점을 알 수 있다." 라고 설명하고 있습니다.

5 제시된 자료는 침팬지도 인간이 짓는 다양한 표정을 지을 수 있다는 것을 보여 주고 있습니다. 따라서 ⑤와 같이 말한 글쓴이의 생각을 반박하는 자료로 활용할 수 있습니다.

오답피하기 ①, ③ 글쓴이의 생각을 반박하려면 인간의 표정이 말의 의미를 보강하지 않거나 감정 상태를 전달하지 않는다는 것을 보여 주는 자료를 제시해야 합니다.
② 글쓴이의 생각에 대한 반박이 아니라 보충하기에 알맞은 자료입니다.
④ 글쓴이의 생각을 반박하려면 인간의 얼굴이 이상하거나 우습게 보이는 자료를 제시해야 합니다.

어휘 수준 ★★★★★   글감 수준 ★★★★★   글의 길이 1,266자

1 ②　　　**2** ④　　　**3** ㉠ 가 ㉡ 나, 다,
라 ㉢ 마 ㉣ 바다에서 일어나는 일 ㉤ 인간에게 일어나는 일

4 ④　　　　　**5** 미생물, 평가

● 독해력을 기르는 어휘

❶ 조류　　　❷ 은신처　　　❸ 미생물

❹ ㉡　　　❺ ㉢　　　❻ ㉠

❼ 해충　　　❽ 자취　　　❾ 장내

미생물의 중요성에 대해 설명하는 글입니다. 미생물이 한꺼번에 사라졌을 때의 상황을 가정한 뒤, 육지, 바다, 인간에게 구체적으로 어떤 일이 일어나는지를 살펴봄으로써 미생물의 중요성을 강조하고 있습니다.

● **글의 특징**

– 특정 상황을 가정하고 그 이후에 일어날 일을 과학적으로 예상해 보는 '시뮬레이션' 방식으로 설명하고 있습니다.

– 미생물이 사라졌을 때의 상황을 육지, 바다, 인간의 순서로 예측하고 있습니다.

● **글의 구조**

가	동물과 미생물의 동반자 관계가 깨질 경우 일어날 일을 가정함.	→	문제 제기
나	지구에서 미생물이 사라졌을 때의 긍정적인 결과와 부정적인 결과	→	가정 상황 ① – 육지
다	심해 세계의 먹이 사슬 전체가 붕괴되고 많은 생명이 고통받을 것임.	→	가정 상황 ② – 바다
라	인간은 체내 노폐물 축적, 식량 위기 등을 겪을 것임.	→	가정 상황 ③ – 인간
마	이제는 미생물을 제대로 평가할 때임.	→	글쓴이의 주장

주제 미생물의 중요성과 제대로 된 평가의 필요성

어휘 수준 ★★★★★　　글감 수준 ★★★★★　　글의 길이 1,506자

1 감염병과 해충이 모두 사라지는 것은 지구에서 미생물이 사라졌을 때의 긍정적인 결과를 나타낸 것입니다.

오답 피하기 ①, ③, ④, ⑤는 모두 지구에서 미생물이 사라졌을 때의 부정적인 결과들입니다.

2 글쓴이는 미생물이 없을 때 인간과 지구가 겪게 될 엄청난 문제 상황을 제시함으로써 미생물이 얼마나 중요한 역할을 하는 존재인지를 알리고자 합니다.

오답 피하기 ① 미생물에 고마움을 가져야 한다는 것은 단순히 감정적인 문제입니다. 글쓴이는 이보다 좀 더 나아가 우리의 인식을 바꿔야 한다는 것을 말하고 있습니다.

② 인간에 대한 생물학적 이해는 글쓴이가 미생물의 중요성을 알아야 한다고 주장하는 여러 가지 이유 중 하나일 뿐입니다.

③ '사고 실험'을 해야 한다는 것은 글쓴이의 주장이 아닙니다.

⑤ 미생물이 무시당하고 미움을 받아 왔다는 것은 글쓴이의 주장이 아니라 미생물에 대한 현재의 평가입니다.

3 글을 읽으면서 각 문단의 성격이 제시된 표의 어느 부분에 해당하는지 판단해 봅니다. 그리고 각 문단의 내용을 대표적으로 드러낼 수 있는 알맞은 제목을 표에 제시된 다른 제목의 형식을 고려하여 생각해 보세요.

4 〈보기〉의 자료는 미생물이 인간의 건강에 긍정적인 영향을 미친다는 내용입니다. 이는 라에서 미생물이 사라지면 인간의 건강도 악화될 것이라는 내용에 대한 근거로 활용하기에 알맞은 자료입니다.

1 ⑤

2 ㄹ → ㄴ → ㅁ → ㄱ → ㄷ

3 (1) × (2) ○ (3) ×

4 ⑤

5 ④

6 과당, 포만감

● 독해력을 기르는 어휘

❶ 공복감   **❷** 전례   **❸** 촉발

❹ 시, 소설, 희곡   **❺** 미술   **❻** 회화, 공예, 조각

설탕의 한 종류인 과당의 위험성을 설명한 글입니다. 우리 몸이 과당을 많이 섭취하도록 진화되어 온 과정을 먼저 제시한 뒤, 과당이 우리 몸에 어떤 문제를 일으키는지를 과학적인 근거를 들어 살펴보고 있습니다.

● **글의 특징**

– 설탕에 대해 사람들이 일반적으로 알고 있는 사실과 관련지어 새로운 정보를 전달하고 있습니다.

– 과당에 반응하는 우리 몸의 진화 과정과 과당의 위험성에 대해 설명하고 있습니다.

● **글의 구조**

1문단	설탕을 정의 내리는 일은 단순하지 않음.	설탕에 대한 사람들의 인식
2문단	포도당은 자연식품만으로도 충분히 공급받을 수 있음.	포도당의 역할과 공급 방법
3문단	현재 우리는 설탕을 과도하게 섭취하고 있으며, 그중에서 과당은 우리 몸에 특히 치명적임.	과도한 설탕 섭취와 그 위험성
4문단	과당은 포만감을 못 느끼게 하여 음식을 과도하게 섭취하도록 함.	과당의 문제점 ①
5문단	과당을 섭취할 기회가 적었던 과거에 맞춰 진화되어 온 우리 몸의 생존 기술은 오늘날 커다란 문젯거리로 작용함.	과당을 많이 먹을 수 있게 진화되어 온 우리 몸
6문단	지방으로 전환된 과당의 식욕 통제 시스템 방해로 과식하게 함.	과당의 문제점 ②

⬇

주제 과당의 위험성

어휘 수준 ★★★★★   글감 수준 ★★★★★   글의 길이 1,227자

1 2문단에서 "설탕에는 포도당, 과당, 갈락토스, 자당, 젖당, 맥아당 등 여러 종류가 있다."라고 하였습니다.

오답피하기 ② 우리 조상들은 과당을 섭취할 수 있는 방법이 많지 않았을 뿐 과당 섭취를 즐기지 않은 것은 아닙니다. 그래서 먹을 수 있을 때 많이 먹어 두려고 과당에 대해서는 포만감을 잘 느끼지 못하도록 우리 몸이 진화해 온 것입니다.

2 5~6문단에 제시된 우리 몸이 과당을 많이 섭취하도록 진화되어 온 과정과 그로 인한 부정적인 결과를 순서대로 나열하면, 'ㄹ – ㄴ – ㅁ – ㄱ – ㄷ'로 정리할 수 있습니다.

3 (1) 포도당은 우리가 섭취하는 과일과 채소, 단백질과 지방 등을 통해 공급받을 수 있습니다. 즉 포도당도 음식을 먹어야만 공급받을 수 있는 것입니다.

(2) 과당과 같은 설탕을 과도하게 섭취하는 것은 우리 몸에 매우 해로운 결과를 가져올 것이라는 것은 충분히 예상할 수 있습니다.

(3) 우리 조상들이 과당을 섭취하지 않았다면 오늘날 비만 문제가 발생하지 않았을 것이라고 단정할 수 없습니다. 우리 몸이 과당에 관대하게 진화되어 온 것은 사실이지만, 오늘날의 비만 문제는 넘쳐나는 고열량 식품, 운동 부족 등과 같은 다양한 문제와도 관련되어 있기 때문입니다.

4 패스트푸드가 포만감을 덜 느끼게 해서 음식을 많이 먹게 만든다는 사실은 과당이 체내에서 지방으로 전환되어 우리 몸의 식욕 통제 시스템을 방해하는 것과 관련된 설명입니다.

5 이 글의 핵심 주장은 '과당은 우리에게 포만감을 덜 느끼게 하여 필요 이상으로 음식을 많이 섭취하도록 하는 위험성을 가지고 있다.'라는 것입니다. 이러한 주장을 반박할 수 있는 근거로는 우리가 음식을 많이 섭취하게 되는 이유로 과당이 아닌 스트레스를 제시한 ④가 알맞습니다.

오답피하기 ⑤ 고열량 식품의 섭취와 앉아서 일하거나 운동을 적게 하는 생활 습관이 비만을 가져온다는 것은 이 글의 주장을 보충하는 근거로 볼 수 있습니다.

본문 96~99쪽

1 (1) ✕ (2) ◯ (3) ◯ (4) ✕ (5) ◯ 2 ②

3 ③ 4 ⑤ 5 극지방, 지표, 기후

● 독해력을 기르는 어휘

❶ ㉢ ❷ ㉣ ❸ ㉡

❹ ㉠ ❺ 지표 ❻ 표층수

❼ 심층수 ❽ 온도 ❾ 밀도

북극과 남극이 지구에서 하는 역할에 대해 설명한 글입니다. 극지방은 기본적으로 지구의 온난화를 측정할 수 있는 지표와 같은 역할을 하면서 동시에 태양빛을 반사하고 이산화 탄소의 양을 조절하며 바닷물을 순환시켜 지구의 불균등한 열을 이동시키는 역할 등을 하고 있음을 설명하고 있습니다.

● **글의 특징**

– 극지방의 역할을 '지표'와 '기후 조절'이라는 두 가지 영역으로 나누어 설명하고 있습니다.

– 남극과 북극에서 심층수가 만들어지는 원리를 그 과정에 따라 설명하고 있습니다.

● **글의 구조**

가	극지방은 지구의 온난화를 측정할 수 있는 지표 역할을 함.	→	기후 변화의 지표의 구실을 하는 극지방
나	극지방은 태양빛을 반사하여 지구의 온도를 조절하고, 이산화 탄소의 양을 조절하기도 함.	→	극지방의 역할 – 열처리 시스템
다	극지방은 지구의 불균등한 열을 이동시키는 열 균형 펌프장 역할을 함.	→	극지방의 역할 – 열 균형 펌프장
라	남극에서는 겨울에 심층수가 만들어져 바닷물 아래로 내려가 순환을 시작함.		남극에서 심층수가 만들어지는 과정
마	북대서양에서도 멕시코 만류와 캐나다 북부의 차가운 바람이 만나 심층수가 만들어짐.		북극에서 심층수가 만들어지는 과정

⬇

주제 **극지방의 역할**

어휘 수준 ★★★★★ 글감 수준 ★★★★★ 글의 길이 1,234자

1 (1) 나 에서 극지방은 지구로 오는 태양빛을 70%쯤 반사한다고 하였습니다.

(4) 가 에서 극지방의 얼음이 모두 녹으면 바닷물은 60m 이상 높아질 것이라고 하였습니다.

2 마 에 따르면, 북대서양의 바닷물은 멕시코 만류의 영향으로 염분은 높으나 밀도가 크지 않아 아래로 가라앉는 심층수가 되기 어렵습니다. 그러나 다행히도, 캐나다 북부에서 불어오는 차가운 바람의 영향으로 바닷물의 온도가 내려가면서 심층수가 형성됩니다.

3 〈보기〉의 그림은 지구 전체의 물이 아래위로 번갈아 가며 순환하는 것을 보여 주고 있습니다. 이를 가장 직접적으로 설명하고 있는 문단은 다 입니다. 다 에서는 "마치 거대한 펌프가 작동하는 것처럼 지구 전체의 바닷물을 위아래로 휘휘 저어 준다."라고 설명하고 있습니다.

오답 피하기 라 와 마 에서는 남극과 북극에서 각각 바닷물의 순환이 시작되기 위해 심층수가 만들어지는 과정을 설명하고 있습니다.

4 〈보기〉는 지구 온난화로 인해 빙하가 녹으면 극지방의 염분이 낮아지고, 이로 인해 바닷물의 수직 순환이 일어나지 않게 되면서 바닷물이 이동하지 않고 결과적으로 지구는 에너지 불균형 상태에 놓이게 될 것이라는 내용입니다. 이를 이 글의 내용과 연결지어 생각해 보면 앞으로 지구 온난화가 계속될 경우 결국 극지방이 해 오던 열 균형 펌프장 역할이 멈추게 될 것임을 예측할 수 있습니다.

오답 피하기 ① 이 글과 〈보기〉의 내용을 보면 시간이 지날수록 바닷물의 염분 농도가 낮아지고 있다는 것을 알 수 있습니다.

② 북극의 빙하가 다 녹으면 지구의 빛 반사율이 낮아지게 되고 에너지의 순환도 어렵게 될 것으로 예측할 수 있습니다.

③ 에너지 수송 펌프가 멈추면 극지방에서도 예측 불가능한 부정적인 변화가 생길 거라 예측할 수 있습니다.

④ 지구의 온난화가 심각해지면 바닷물의 수직 순환에 어려움이 생기는 것을 알 수 있습니다.

1 ③　　　　**2** ㉠ 다이어프램, ㉡ 바이누랄

3 (3) ○ (4) ○　　**4** ①　　　　**5** ㉢, ㉤

6 벨, 소리

● 독해력을 기르는 어휘

❶ 개량　　　**❷** 진동　　　**❸** 무해

청진기의 개념과 유래, 변천 과정, 구조 등을 설명하는 글입니다. 청진기가 언제 처음 만들어졌는지 제시한 후, 현재 일반적으로 사용하는 청진기가 어떤 구조로 이루어져 있는지 분석적으로 설명하고 있습니다. 또한 청진기의 각 부분이 환자의 몸에서 나는 소리를 의사의 귀까지 전달하는 데 어떤 역할을 하는지 상세히 설명하고 있습니다.

● **글의 특징**

- 청진기의 유래와 역사를 소개하고 있습니다.

- 청진기의 구조를 분석적으로 제시하고 있습니다.

- 청진기의 각 부분이 어떤 역할을 하는지 비교와 대조를 통해 설명하고 있습니다.

● **글의 구조**

가	청진기는 19세기 초에 발명되었고, 현재의 형태는 19세기 중반에 완성됨.	→	청진기의 역사
나	청진기는 다이어프램, 벨, 연결관, 바이누랄, 귀꽂이로 이루어져 있음.	→	청진기의 구조
다	인체의 소리는 벨이나 다이어프램을 진동시킨 후 연결관을 통해 의사의 귀로 전달됨.	→	인체의 소리가 청진기를 통해 귀로 전달되는 과정
라	기술의 발달로 눈으로 볼 수 있는 청진기가 등장함.	→	새로운 형태의 청진기의 등장

⬇

주제 청진기의 역사와 구조

어휘 수준 ★★★★★　　글감 수준 ★★★★★　　글의 길이 1,364자

1 가 에서는 청진기가 언제 처음 만들어졌고 어떤 과정을 거쳐 현재의 쌍귀형 청진기가 발명되었는지 설명하고 있습니다. 따라서 가 의 중심 내용은 '청진기의 역사'가 알맞습니다.

2 나 에서는 청진기의 구조를 설명하고 있습니다. 각 부분의 특징에 대한 설명을 바탕으로 그림을 보면, 청진기의 각 부분의 모양과 위치를 확인할 수 있습니다.

3 다 에서 벨과 다이어프램의 차이를 설명하고 있습니다. 벨과 다이어프램은 모두 소리를 듣는 기능을 하는데, 이 둘의 집음 부위 구조에 차이가 있어서 벨은 낮은 소리, 다이어프램은 높은 소리를 듣는 데 사용됩니다.

오답피하기 (1) 아주 작은 소리는 떨림판 자체에서 흡수되어 진동이 잘 전달되지 않습니다.

(2) 벨은 다이어프램과 달리 떨림판이 없습니다.

4 다 는 청진기 각 부분의 특징을 바탕으로, 인체의 소리를 의사가 들을 수 있는 원리를 설명하고 있습니다.

오답피하기 ④ 대상의 구조를 분석하고 있는 것은 맞지만, 공통점보다는 각 부분이 하고 있는 역할의 차이점을 중심으로 내용을 전개하고 있습니다.

5 의공학 기술의 발달로 인체의 소리를 그래프로 나타낼 수 있게 되었고(㉢), 인체의 소리를 귀로 듣는 것을 넘어서 눈으로 볼 수 있게 표시할 수도 있으니 소리를 듣는다는 의미의 '청진기'가 아니라 다른 이름이 필요한 것이 아닌가라고 글쓴이는 생각하고 있습니다(㉤).

1 ④　　　　2 ㉠, ㉢　　　　3 ⑤

4 코마, 먼지　　5 ① ㉢　② ㉠　③ ㉣　④ ㉡

6 빛, 행성, 혜성

● 독해력을 기르는 어휘

❶ 반사　　　❷ 공전　　　❸ 인공

❹ 붙박이　　❺ 방출　　　❻ 천체

❼ 유일

항성, 행성, 위성, 혜성 네 가지의 별에 대해 소개하는 글입니다. 항성, 행성, 위성, 혜성은 이름이 비슷하고 모두 빛을 내는 성질을 가지고 있는 천체의 일부이지만, 각각 다른 특징을 가지고 있음을 설명하고 있습니다. 간결하고 객관적으로 내용을 전개하고 있어서 천체의 종류를 분석적으로 이해하는 데 도움을 주고 있습니다.

● **글의 특징**

– 천체의 종류를 네 가지로 나누어 그 개념과 특징을 설명하고, 예를 활용하여 독자들의 이해를 돕고 있습니다.

● **글의 구조**

가	별은 개수도 많고 종류도 다양함.	→	별의 종류
나	스스로 빛을 내는 항성은 소멸할 때까지 에너지 생산 과정을 계속함.	→	항성의 개념과 특징
다	스스로 빛을 내지 못하는 천체 중 일정 크기 이상의 천체를 행성이라고 함.	→	행성의 개념과 특징
라	행성의 주변을 도는 천체를 위성이라고 함.	→	위성의 개념과 특징
마	코마와 꼬리가 있는 별로, 유성우를 만들어 내는 천체를 혜성이라고 함.	→	혜성의 개념과 특징
바	모두 비슷해 보이지만 별은 크기, 색깔, 성질이 매우 다양함.	→	별의 다양성

⬇

주제 별의 종류와 특징

어휘 수준 ★★★★★　　글감 수준 ★★★★★　　글의 길이 1,449자

1 **가** 에서는 설명할 대상인 '별'과 별의 종류 중 항성, 행성, 위성, 혜성에 대해 알아볼 것이라고 설명의 대상과 방향을 밝히고 있습니다.

오답 피하기 ② 별의 사전적 의미를 제시하고 있지 않습니다. ③ 사람들의 궁금증을 자극하는 내용일 수는 있지만, 궁금증을 나열하고 있지는 않습니다. ⑤ 설명하는 글이므로 글쓴이의 주장이 드러나 있지는 않습니다.

2 항성은 스스로 빛을 내는 별이고, 핵융합 반응이 일어나는 것이 특징입니다.

오답 피하기 ㉡ 과거에는 영원히 사라지지 않고 떠 있다고 여겨졌지만, 사실은 그렇지 않습니다. ㉣ 항성의 에너지 생산 과정은 항성이 소멸될 때까지 계속됩니다.

3 **라** 에서 위성을 가장 많이 가지고 있는 행성은 목성이라고 설명하고 있습니다. 현재까지 밝혀진 바에 따르면 목성은 위성이 무려 112개나 된다고 합니다.

4 **마** 에서 혜성과 유성우의 관계에 대해 설명하고 있습니다. 유성우는 코마와 꼬리를 가지고 있는 혜성 안에 있는 먼지가 지구 대기층과의 마찰로 불타면서 만들어 내는 아름다운 우주 쇼를 말합니다.

5 항성은 '붙박이 별'이라는 의미입니다(㉢). 행성은 수성, 금성, 지구, 화성처럼 일정 크기 이상의 천체를 통틀어 이르는 말입니다(㉠). 혜성은 달과 같은 자연 위성도 있고, 인위적으로 만들어진 인공위성도 있습니다(㉡). 혜성의 코마는 핵과 핵을 둘러싼 기체 덩어리인데, 핵은 구성 성분 때문에 '더러운 눈덩이'라고도 불립니다(㉣).

1 ④　　**2** ③　　**3** ㉠, ㉡, ㉢

4 ②　　**5** 자연, 융합, 환경

● 독해력을 기르는 어휘

❶ 저당　　❷ 영감　　❸ 부제

❹ 혁신　　❺ 명쾌한　　❻ 출간되었다

❼ 이루지　　❽ 굳게

생물 모방에 대해 설명하는 글입니다. 생물 모방의 개념을 밝히고, 그것이 최근 각광받고 있는 이유에 대해 설명하고 있습니다. 또한 생물 모방이 지구의 환경 위기를 해결할 수 있을 것이라 기대되는 혁신적인 접근 방법임을 설명하고 있습니다.

● **글의 특징**

– 권위자의 글을 직접 인용하여 내용의 신뢰성을 높이고 있습니다.

– 개념에 대한 이해를 돕기 위해 다양한 예를 제시하고 있습니다.

● **글의 구조**

생물 모방의 개념	생물체로부터 영감을 얻어 문제를 해결하려는 공학 기술임.
생물 모방의 연구 범위	로봇 공학, 생체 전자 공학, 신경 공학 등 모든 과학 기술을 융합함.

↑

- 나노 기술의 발달로 생물의 구조와 기능을 파악할 수 있게 됨.
- 지구의 환경 위기를 구해낼 수 있는 혁신적인 접근 방법임.

생물 모방이 각광받게 된 두 가지 이유

주제 생태 시대를 열 수 있는 생물 모방의 가능성

---

1 1문단에서 베니어스가 생물 모방을 '자연에서 영감을 얻는 혁신'이라고 정의했음을 언급하고 있습니다.

오답피하기 ② 2문단을 보면 생물 모방의 연구 범위는 가늠하기 어려울 정도로 넓고 깊다고 설명하고 있습니다.

⑤ 3문단에서 생물 모방이 각광받기 시작한 이유 중의 하나가 나노 기술의 발달이라고 설명하고 있습니다. 즉 나노 기술이 먼저 발달했고, 그로 인해 생물 모방도 발전하기 시작한 것입니다.

2 [A]와 [B]는 미국의 생물학 저술가인 베니어스의 책 〈생물 모방〉에 있는 내용을 그대로 쓴 직접 인용문입니다. 인용은 자신의 생각을 잘 나타낼 수 있는 다른 사람의 말이나 글을 가져와 보다 효과적으로 의미를 전달하는 방법입니다. 그러나 다른 사람의 생각을 자신의 생각인 것처럼 표현하는 방법은 아닙니다.

3 글쓴이는 생물 모방이 친환경적인 기술이기 때문에 지구의 환경 위기에 효과적으로 대처할 수 있는 기술이라고 보고 있습니다. 생물 모방이 가능하기 위해서는 현대 과학 기술을 융합할 수 있는 최첨단 기술이 뒷받침되어야 함을 알 수 있습니다.

오답피하기 ㉢ 생물 모방은 지구의 환경 위기에서 인류를 구해 줄 혁신적인 접근 방법이기는 하지만, 이로써 모든 문제를 해결할 수 있게 되었다고 단정지을 수는 없습니다.

㉢ 생물 모방의 연구 범위는 매우 넓고 깊으며 모든 현대 과학 기술을 융합하는 것이므로, 그 발전 가능성은 오히려 무궁무진하다고 볼 수 있습니다.

4 (가)는 생물 모방에서 말하는 자연의 지혜가 담긴 대상이고, (나)는 그 대상에서 영감을 얻은 기술을 적용하여 만든 결과물입니다. 즉 (가)가 아니라 (나)가 현대 과학 기술의 핵심이 융합된 결과입니다.

어휘 수준 ★★★★☆　　글감 수준 ★★★★★　　글의 길이 1,314자

1 (1) × (2) × (3) ○ (4) ○   **2** ⑤
3 ④   **4** ②   **5** 혜택, 침해, 대책

● 독해력을 기르는 어휘

❶ 프라이버시   ❷ 시급   ❸ 보급
❹ 전자 상거래   ❺ 전자 태그   ❻ 일환
❼ 돌변   ❽ 식별   ❾ 장악

새로운 기술이 가지는 부정적 측면에 대해 경각심을 일깨우는 글입니다. 새로운 기술의 혜택을 누리는 대가로 프라이버시가 침해당할 수 있는 구체적인 예들을 제시하면서 이에 대한 대책을 마련해야 한다고 주장하고 있습니다.

● **글의 특징**

– 주장을 뒷받침하는 근거를 하나하나 제시하고 있습니다.
– 문제 상황을 제시하고, 이를 해결할 수 있는 방안을 마련할 것을 촉구하고 있습니다.

● **글의 구조**

1문단	새로운 기술의 혜택을 누리는 대가로 프라이버시를 희생해야 함.	→	새로운 기술을 누리는 대가
2문단	텔레비전 전자 상거래 서비스	→	프라이버시 침해의 예 ①
3문단	얼굴 인식 기술	→	프라이버시 침해의 예 ②
4문단	전자 태그	→	프라이버시 침해의 예 ③
5문단	통합 카드 도입	→	국가 단위 프라이버시 침해의 예 ④
6문단	감시당하는 사회가 되기 전에 국가 기관의 권한을 제한하는 대책을 마련해야 함.	→	문제 상황에 대한 대책 마련의 필요성

⬇

주제 새로운 기술이 가져오는 프라이버시 침해 가능성에 대한 대책 마련의 필요성

어휘 수준 ★★★★★   글감 수준 ★★★★★   글의 길이 1,364자

1 (1) 3문단을 보면, 범죄 예방에 유용하게 쓰이는 기술은 '얼굴 인식 기술'입니다.
(2) 현재 개발 중이거나 이미 개발된 몇몇 기술은 맥락상 '새로운 기술'을 의미하며, 이것은 사람들에게 '편리함'이라는 큰 혜택을 주고 있습니다.

2 글쓴이는 1문단에서 새로운 기술은 혜택을 주지만 그 대가로 프라이버시를 침해당할 가능성이 높다고 주장하고 있으며, 이를 뒷받침하는 다양하면서도 구체적인 예들을 2문단부터 차례대로 제시하고 있습니다.
오답 피하기 ①, ④ 글쓴이의 주장에 대비되는 관점의 주장들은 이 글에서 찾아볼 수 없습니다.
② 주장을 뒷받침하는 하나의 사례를 집중적으로 분석하기보다는 다양한 예를 나열하고 있습니다.
③ 글쓴이는 마지막 문단에서 자신의 주장을 분명하게 드러내고 있습니다.

3 ㉠은 편리함의 대가로 프라이버시를 침해당할 수도 있다는 의미입니다. ①, ②, ③, ⑤는 편리한 기기를 사용하면서 프라이버시가 침해당하는 내용이 포함되어 있는 반면, ④는 내비게이션이라는 새로운 기술의 편리함을 누리는 것만 제시되어 있을 뿐 프라이버시가 침해당하는 내용은 제시되어 있지 않습니다.

4 글쓴이는 새로운 기기들의 프라이버시 침해에 대해 매우 부정적인 입장입니다. 그래서 이를 방지할 수 있는 대책의 필요성을 주장하고 있습니다. 이러한 글쓴이의 생각을 비판적 관점에서 평가한 것은 ②로, 프라이버시 침해는 편리함을 누리는 것에 대한 어쩔 수 없는 대가라고 하면서 글쓴이의 생각을 비판하고 있습니다.

1 ⑤
2 (가) 떡살의 뜻과 재료, (나) 떡살의 문양과 의미, (다) 떡살의 모양과 크기
3 다산과 자손 번창
4 ④
5 ②
6 무늬, 장식, 행복

● 독해력을 기르는 어휘
❶ 소
❷ 고물
❸ 금슬
❹ 문양
❺ 다산
❻ 자기, 사기, 옹기 / 대추나무, 감나무, 호두나무, 박달나무

우리나라 전통 떡인 절편을 장식하는 도구로 쓰였던 '떡살'에 대해 설명하는 글입니다. 떡살의 뜻과 재료, 모양, 떡살에 새기는 문양의 종류와 의미 등을 살펴보고 있습니다.

● **글의 특징**
– 대상과 관련된 내용을 일일이 열거함으로써 대상의 개념이나 특징에 대한 이해를 돕고 있습니다.
– 하나의 대상에 관한 다양한 사실을 설명함으로써 대상을 깊이 있게 분석하고 있습니다.

● **글의 구조**

1문단	절편은 고물이나 소 없이 원형이나 사각 모양으로 만든 떡임.	→	절편의 뜻과 특징
2문단	떡살은 절편에 무늬를 새기는 도구로, 주로 단단한 나무로 만듦.	→	떡살의 뜻과 재료
3문단	떡살에는 각각의 의미를 가진 다양한 문양을 새겨 넣음.	→	떡살의 문양과 의미
4문단	떡살의 모양은 주로 원형과 장방형이 있음.	→	떡살의 모양과 크기
5문단	우리 조상은 떡살을 소중한 가물로 여겼음.	→	조상들에게 떡살이 가지는 의미

주제 떡살의 뜻과 재료, 모양, 문양의 종류와 의미

어휘 수준 ★★★★☆ 글감 수준 ★★★☆☆ 글의 길이 1,243자

1 2문단에서 "떡살은 자기, 사기, 옹기 등의 재료로 만든 것도 있지만, 주로 나무를 깎아서 만든다."라고 하였습니다.
오답 피하기 ①은 4문단에서, ②는 2문단에서, ③은 1문단에서, ④는 3문단에서 확인할 수 있습니다.

2 각 문단에서 주로 설명하고 있는 내용이 무엇인지 파악해 봅니다. 2문단에서는 먼저 떡살의 뜻을 설명하고, 주로 무엇으로 만드는지 설명하고 있습니다. 3문단에서는 떡살에 새기는 문양의 종류와 각 문양의 의미를 설명하고 있습니다. 4문단에서는 떡살 자체의 모양을 설명하고 있습니다.

3 〈보기〉에 제시된 문양은 포도입니다. 3문단에서 포도는 다산과 자손 번창의 의미를 상징한다고 설명하고 있습니다.

4 [A]에서는 "떡본", "떡손", "자기, 사기, 옹기 등의 재료로", "대추나무, 감나무, 호두나무, 박달나무와 같이"에서 '열거'의 설명 방식이 활용되었습니다. [B]에서는 각 문양과 의미를 길게 나열하고 있으며, 마지막의 "건강, 행복, 부귀영화 등을 염원하는 마음을 새긴 것이다."도 역시 열거가 활용된 문장입니다.
오답 피하기 ① 정의란 어떤 말이나 사물의 뜻을 명백히 밝히는 설명 방법입니다.
② 인용이란 남의 말이나 글을 글 속에 끌어 쓰는 설명 방법입니다.
③ 과정이란 일이 되어 가는 경로를 설명하는 방법입니다.
⑤ 비교는 공통점을, 대조는 차이점을 통해 대상들을 설명하는 방법입니다.

5 ②에서 소유권에 대한 인식이 높았다고 한 것은 우리 조상들의 사회적 측면에 대한 인식을 평가한 것이지, 떡살의 기술적 우수성을 평가한 것이 아닙니다.

1 ③ 2 ① 3 사람은 누구나 다
평등하다는 의식이 반영되어 있다. 4 ②

5 행랑채, 감시, 신분

● 독해력을 기르는 어휘

❶ 들녘 ❷ 농토 ❸ 지세

❹ 일거수일투족 ❺ ⓑ ❻ ⓒ

❼ ⓓ ❽ ⓐ

조선 시대 양반집의 건축 구조에 신분 질서를 길들이려는 의도가 담겨 있다고 주장하는 글입니다. 양반집의 안채, 사랑채, 행랑채의 구조와 위치, 접근성, 설계 시 고려 사항 등을 살펴보면서 거기에 스며든 당시 사회의 신분 차별 의식을 보여 주고 있습니다.

● **글의 특징**
– 자신의 주장을 먼저 밝힌 뒤, 그것을 증명하는 방식으로 글을 전개하고 있습니다.

● **글의 구조**

1문단	조선 시대 양반집은 신분 질서 길들이기의 전형임.	→	글쓴이의 주장
2문단	행랑채는 안채와 엄격하게 구분되어 있고, 사랑채와는 접근이 쉬움.	→	행랑채와 안채, 사랑채와의 공간 구조 비교
3문단	행랑채와 사랑채는 설계 단계에서부터 분명하게 구분되어 있음.	→	신분 의식이 반영된 양반집의 설계 원리
4문단	누마루는 신분의 차이를 강조하고 양반의 권위를 확인해 줌.	→	누마루의 기능 ①
5문단	누마루는 일꾼들을 감시하는 공간이기도 함.	→	누마루의 기능 ②
6문단	양반집의 공간 구조는 자신도 모르는 사이에 신분 질서를 길들이고 길들여지게 함.	→	양반집 공간 구조의 의미

⬇

주제 길들이기의 전형인 조선 시대 양반집 구조

어휘 수준 ★★★★☆ 글감 수준 ★★★★☆ 글의 길이 1,497자

1 2문단을 보면 담장이 설치된 안채와는 달리 행랑채와 사랑채 사이에 담장이 있는 경우는 드물었고 쉽게 드나들 수 있었다는 것을 알 수 있습니다. 하지만 한눈에 알아볼 수 있도록 그 영역의 구분은 확실하였다고 3문단에서 말하고 있습니다.

2 ㉠은 조선 시대 양반집의 구조에 대한 설명입니다. 담장 밖에 주인이 소유한 농토가 있는 것은 항상 그러한 것도 아니며 양반집의 구조와도 관련이 없습니다.

3 이 글의 핵심 주장은 '조선 시대 양반집의 건축 구조는 신분 차별 의식을 무의식적으로 길들인다.'입니다. 한편 〈보기〉의 아파트 사진은 모든 집이 똑같은 구조임을 보여 주고 있습니다. 이를 이 글의 주장과 관련지어 생각해서 제시된 문장의 맥락에 맞게 정리하면, '조선 시대 양반집의 건축 구조에는 신분 차별 의식이 반영되어 있지만, 오늘날의 건축 구조에는 사람은 누구나 다 평등하다는 의식이 반영되어 있다.' 정도로 쓸 수 있습니다.

4 조선 시대 양반집의 구조에 대해 글쓴이는 '신분 의식을 길들이는 구조'라고 보고 있습니다. 이러한 구조를 오늘날의 관점에서 비판적으로 평가한다면 누마루의 경우 감시와 우월감 과시라는 매우 비인간적인 의도를 가지고 지어진 구조라고 볼 수 있습니다.

오답 피하기 ① 비판적인 관점이 아니라 긍정적인 관점에서 평가한 것입니다.
③ 경제적인 시각에서 긍정적으로 평가하고 있습니다.
④ 하인들의 거리감과 조심성을 강화한다고 보는 것은 신분 차이를 더욱 확고히 하려는 것이라고 생각하는 입장이므로, 이는 긍정적인 관점에서 평가한 것입니다.
⑤ 신분 질서를 건축에 더욱 엄격하게 반영해야 한다고 주장하는 것이므로, 이는 오늘날의 관점이라고 보기 어렵습니다.

1 ③	**2** ③	**3** ①
4 ④	**5** ①	**6** 세계 유산, 문화,

복합, 자산

● 독해력을 기르는 어휘

❶ 유산 ❷ 수몰 ❸ 보호

❹ 발견 ❺ 계기 ❻ 현저하게

❼ 훼손 ❽ 자산

유네스코가 지정한 세계 유산의 개념과 종류, 세계 유산 협약의 기원과 제정에 대해 설명한 글입니다. 전 세계에 분포된 세계 유산과 우리나라의 세계 유산을 소개하면서, 세계 유산이 개별 국가의 소유일 뿐 아니라 전 인류의 공통 자산임을 강조하고 있습니다.

● **글의 특징**

– 유네스코 세계 유산과 관련된 정보를 전달하고 있습니다.

– 세계 유산을 세 가지로 구분하여 설명하고 있습니다.

– 우리나라의 세계 유산을 나열하여 모두 소개하고 있습니다.

● **글의 구조**

1문단	세계 유산은 유네스코가 인류 전체를 위해 보호해야 할 현저한 보편적 가치가 있다고 인정한 유산임.	→	세계 유산의 개념
2문단	세계 유산은 문화유산, 자연 유산, 복합 유산으로 나뉨.	→	세계 유산의 구분
3문단	세계 유산은 1960년 이집트가 아스완 하이 댐을 만들면서 시작됨. 제17차 유네스코 정기 총회에서 세계 유산 협약을 제정함.	→	세계 유산 협약의 시작과 제정
4문단	세계 유산은 전 세계 167개국에 분포되어 있으며, 우리나라에 총 13점이 제정됨.	→	전 세계에 분포된 세계 유산과 우리나라의 세계 유산
5문단	세계 유산은 전 세계인이 가꾸고 보존해야 할 인류의 공통 자산임.	→	세계 유산의 의의

주제 세계 유산의 개념과 구분, 시작과 제정, 의의

어휘 수준 ★★★☆☆   글감 수준 ★★★★☆   글의 길이 1,312자

---

1 세계 유산은 그 특성에 따라 문화유산과 자연 유산, 복합 유산 세 가지로 구분할 수 있습니다.

오답피하기 ① 우리나라의 세계 유산은 '해인사 장경판전', '종묘', '석굴암·불국사', '창덕궁', '수원 화성', '고창·화순·강화 고인돌 유적', '경주 역사 유적 지구', '제주 화산섬과 용암 동굴', '조선 왕릉', '한국의 역사 마을: 하회와 양동', '남한산성', '백제 역사 유적 지구', '산사, 한국의 산지 승원'으로 총 13점이 있습니다.

2 문화유산은 유적·건축물·장소로 구성되는데, 대부분 세계 문명의 발자취를 연구하는 데 중요한 유적지·사찰·궁전·거주지 등과 종교 발생지 등을 포함합니다. '제주 화산섬과 용암 동굴'은 자연 유적에 해당합니다.

3 2문단에서 세계 유산 가운데 특별히 '위험에 처한 세계 유산'은 세계 유산 지정을 취소하는 것이 아니라 별도로 지정된다고 하였습니다.

4 2문단에서 특별히 '위험에 처한 세계 유산'은 별도로 지정된다고 하였지만 구체적으로 어떤 것들이 있는지는 이 글을 통해 알 수 없습니다.

5 '출현하다'는 '나타나거나 또는 나타나서 보이다.'라는 의미이므로, '나타나다'와 대응 관계라고 할 수 있습니다.

오답피하기 ② '목적지를 향하여 나아가다.'라는 의미입니다.

③ '사라져 없어지다.'라는 의미입니다.

④ '더 낫고 좋은 상태나 더 높은 단계로 나아가다.'라는 의미입니다.

⑤ '움직여 옮기다. 또는 움직여 자리를 바꾸다.'라는 의미입니다.

1 ⑤   2 ①   3 ③
4 ①   5 알람브라, 문화유산, 이슬람

● 독해력을 기르는 어휘
❶ 유입   ❷ 절묘한   ❸ 방치
❹ 명소

세계 문화유산으로 선정된 그라나다의 알람브라 궁전을 소개하는 글입니다. 궁전 내부에서 볼 수 있는 기하학적 무늬와 장식 등을 통해 이슬람 건축 양식의 특징을 설명하고 있습니다.

● **글의 특징**
– 역사적 사실을 언급하며 글을 시작하고 있습니다.
– 그라나다 알람브라 궁전의 건축에서 볼 수 있는 이슬람 건축 양식의 특징을 설명하고 있습니다.

● **글의 구조**

1문단	800여 년 동안 이슬람 통치하에서 이슬람 문화가 유입된 스페인의 안달루시아	→	안달루시아에 유입된 이슬람 문화
2문단	'붉은 성'이라는 의미의 알람브라 궁전은 내부 공간과 주변 공간이 절묘한 조화를 이룸.	→	이슬람 건축 예술의 백미 알람브라 궁전
3문단	이슬람 전통의 아라베스크 무늬와 코란 글귀들로 장식된 내부 공간	→	왕궁 내부 공간의 장식
4문단	스투코라고 불리는 치장 벽토 세공. 천장 구조의 벌집 모양 장식	→	알람브라 궁전 내부의 이슬람 건축 특징
5문단	워싱턴 어빙이 〈알람브라 이야기〉라는 여행기를 출판한 후 세계적인 명소로 주목받게 된 알람브라 궁전	→	유럽 속의 이슬람 문화를 보여 주는 알람브라 궁전

⬇

주제 유럽 속 이슬람 건축 양식을 보여 주는 알람브라 궁전

어휘 수준 ★★★★☆   글감 수준 ★★★☆☆   글의 길이 1,311자

1 이 글에서는 이슬람 제국이 스페인의 안달루시아 지방을 통치하면서 이슬람 문화가 유입되었고, 이를 알 수 있는 대표적인 건축물로 그라나다의 알람브라 궁전을 소개하고 있습니다. 따라서 이 글의 내용을 포괄할 수 있는 제목으로는 '유럽 속의 이슬람 건축, 알람브라 궁전'이 알맞습니다.

2 3문단에서 "이슬람교에서는 우상 숭배를 금지하여 사람이나 동물 모양의 그림을 그릴 수 없기 때문에 기하학적인 무늬를 이용하여 벽과 바닥, 천장을 장식하였다."라고 하였습니다. 이 기하학적인 무늬에 해당하는 것이 바로 〈보기〉의 아라베스크 무늬입니다.

3 1문단에서 이슬람 제국이 스페인의 안달루시아 지방을 통치하게 된 역사적 사실을 언급하며 화제를 소개하고 있습니다.
오답 피하기 ② 대상이 지닌 특징에 대해서 분석하고 있지만 대상의 양면성에 대해서는 언급하고 있지 않습니다.
④ 스페인 지방에 유입되었던 이슬람 문화에 대해서 시간의 순서에 따라 설명하고 있지만 이 글이 대상으로 하는 알람브라 궁전의 변화 과정에 대해서는 설명하고 있지 않습니다.

4 ㉠의 '세우다'는 '나라나 기관 따위가 처음으로 이루어지게 하다.'라는 의미로 쓰였는데, 이와 문맥적 의미가 같은 것은 ①입니다.
오답 피하기 ② '처져 있던 것을 똑바로 위를 향하여 곧게 만들다.'라는 의미입니다.
③ '줄을 짓게 하다.'라는 의미입니다.
④ '주장이나 고집 따위를 강하게 내세우다.'라는 의미입니다.
⑤ '공로나 업적 따위를 이룩하다.'라는 의미입니다.

문화의 보편성과 다양성에 대해 설명한 뒤, 이러한 문화를 이해하는 바람직한 태도를 주장하는 글입니다. 문화를 이해하는 태도에는 자문화 중심주의, 문화 사대주의, 문화 상대주의가 있는데, 글쓴이는 바람직한 태도로 문화 상대주의를 들고 있습니다. 하지만 문화 상대주의라도 무조건 옳은 것은 아니며, 인류의 보편적인 가치를 무시하는 극단적 문화 상대주의는 지양해야 한다고 말하고 있습니다.

● **글의 특징**

– 문화를 좁은 의미와 넓은 의미로 구분하고 있습니다.

– 문화에 우열이 있는지 없는지의 기준에 따라 문화를 이해하는 태도를 나누어 설명하고 있습니다.

● **글의 구조**

1문단	좁은 의미의 문화와 넓은 의미의 문화로 나눔.	→	문화의 구분
2문단	모든 사회에 공통으로 나타나는 문화 현상을 문화의 보편성, 사회마다 독특하게 나타나는 생활 양식의 차이를 문화의 다양성이라고 함.	→	문화의 보편성과 다양성
3문단	자문화 중심주의와 문화 사대주의	→	문화를 이해하는 태도
4문단	한 사회의 문화를 그 문화가 형성된 상황이나 맥락에서 이해하려는 태도인 문화 상대주의	→	다른 문화를 바르게 이해하려는 태도
5문단	모든 문화에서 나타나는 인간의 행위를 다 옳다고 보는 극단적 문화 상대주의는 지양해야 함.	→	문화 상대주의의 유의점

주제 다른 문화를 바르게 이해하려는 태도

어휘 수준 ★★★★☆   글감 수준 ★★★★☆   글의 길이 1,616자

1 이 글에서 문화의 발전 방향에 대해서는 언급하고 있지 않습니다.

오답 피하기 ①, ② 문화의 보편성과 다양성은 2문단에서 확인할 수 있습니다.

④ 좁은 의미의 문화의 정의는 1문단에서 확인할 수 있습니다.

⑤ 문화를 이해하는 태도의 종류는 3~5문단에서 확인할 수 있습니다.

2 〈보기〉는 인류의 보편적 가치인 생명을 경시하는 행위조차도 옳다고 생각하는 극단적 문화 상대주의의 태도를 보여 주고 있습니다. 따라서 글쓴이는 〈보기〉에 대해 생명 존중, 인권과 같은 인류의 보편적 가치를 바탕으로 다른 문화를 이해해야 한다고 비판할 수 있습니다.

3 이 글에서 한 사회가 문화를 전승하는 방식이 무엇인지는 확인할 수 없습니다.

오답 피하기 ② 문화의 보편성에 관한 내용으로 2문단에서 확인할 수 있습니다.

③ 2문단의 "사회의 구성원들이 서로 다른 자연환경과 사회적 상황에 적응하면서 그 나름의 독창적인 생활 양식을 만들어 왔기 때문이다."에서 확인할 수 있습니다.

④ 3문단에서 자문화 중심주의의 문제점을 확인할 수 있습니다.

⑤ 문화 상대주의에 관한 내용으로 4문단을 통해 확인할 수 있습니다.

4 ㉠의 '자문화 중심주의'는 자신이 속한 문화는 우월하다고 여기고 다른 문화는 열등하거나 미개하다고 생각하는 태도입니다. '서양인의 체형에 맞춘 성형 수술'은 다른 사회의 문화를 절대적 기준으로 삼고 우월하다고 여기는 문화 사대주의적 태도입니다.

1 ④   2 ⑤   3 ①

4 ②   5 ②   6 대중 매체, 대중문

화, 비판적

● 독해력을 기르는 어휘

❶ 공유   ❷ 왜곡   ❸ 비판적

❹ 획일화

대중 매체의 발달이 대중문화의 형성과 확산에 영향을 미쳤음을 설명한 글입니다. 대중문화의 특징을 긍정적 측면과 부정적 측면에서 분석하고, 대중 매체로 전달되는 대중문화를 그대로 받아들이는 것이 아니라, 비판적이고 주체적인 관점에서 해석하고 받아들여야 함을 주장하고 있습니다.

● **글의 특징**

– 전문가의 견해를 인용하여 자신의 견해를 밝히고 있습니다.

– 대중문화의 특징을 긍정적 측면과 부정적 측면에서 분석하고 있습니다.

● **글의 구조**

1문단	다수의 사람에게 대량의 정보를 전달하는 매체로 인쇄 매체, 음성 매체, 영상 매체, 뉴 미디어로 구분함.	→	대중 매체의 정의와 종류
2문단	일방적 기존의 매체 → 뉴 미디어 → 쌍방향 의사소통	→	매체의 속성에 따른 매체의 특징
3문단	대중 매체의 발달로 소수 계층만 누리던 문화가 대중에게 확장됨.	→	대중 매체 발달의 영향
4문단	다수의 취향에 따라 형성, 대량 생산과 소비, 대중 매체를 통한 확산과 공유	→	대중문화의 긍정적 측면
5문단	상업성, 오락성, 획일화, 왜곡된 정보의 전달, 여론 조작의 가능성	→	대중문화의 부정적 측면
6문단	대중문화를 비판적, 주체적으로 받아들여야 함.	→	대중문화의 수용 자세

⬇

주제 대중 매체의 발달로 인한 대중문화 형성과 대중문화의 바람직한 수용 자세

어휘 수준 ★★★★☆   글감 수준 ★★★★☆   글의 길이 1,454자

---

1 대중 매체는 불특정 다수의 사람에게 대량의 정보를 동시에 전달합니다.

2 이 글에서 대중문화에 대한 찬성과 반대의 견해를 소개한 내용은 확인할 수 없습니다.

오답피하기 ① 1문단에서 대중 매체의 구체적인 예를 제시하고 있습니다.

② 4문단에서 "대중문화는 어떠한 특징을 가지고 있을까?"라는 질문을 던지며 화제를 제시하고 있습니다.

③ 1문단에서 대중 매체의 개념을, 3문단에서 대중문화의 개념을 확인할 수 있습니다.

④ 2문단에서 마셜 맥루한의 말을 인용하여 자신의 견해를 서술하고 있습니다.

3 대중문화의 부정적 측면을 평가하는 문제입니다. 대중이 쉽게 접할 수 있는 것은 대중문화의 긍정적 측면에 해당합니다.

오답피하기 ② '정확한 정보를 전달하고 있는가?'는 왜곡된 정보를 전달할 수도 있는 대중문화의 부정적 측면을 비평하는 항목이 될 수 있습니다.

4 〈보기〉에서 뉴스를 선택하는 과정에서 특정 사건이 수정 또는 왜곡될 수 있다고 하였습니다. 이를 통해 대중문화를 수용할 때에는 대중 매체가 전달하는 정보를 맹목적으로 받아들이기보다 비판적으로 평가하고 주체적인 관점에서 해석하고 수용해야 함을 알 수 있습니다.

5 ㉠은 '영향이나 작용 따위가 대상에 가하여지다. 또는 그것을 가하다.'라는 의미로 쓰였는데, 이와 문맥적 의미가 가장 유사한 것은 ②입니다.

오답피하기 ① '정신이 나갈 정도로 매우 괴로워하다.'라는 의미입니다.

③ '어떤 일에 지나칠 정도로 열중하다.'라는 의미입니다.

④ '공간적 거리나 수준 따위가 일정한 선에 닿다.'라는 의미입니다.

⑤ '정신에 이상이 생겨 보통 사람과 다르게 되다.'라는 의미입니다.

1 ⑤	2 ②	3 ②
4 ⑤	5 ⑤	6 민중, 구전, 향토

● 독해력을 기르는 어휘

❶ 전파   **❷** 한정   **❸** 구애

❹ 선율   **❺** 자족   **❻** 제창

❼ 개작

민중들이 즐겨 불렀던 민요에 대해 설명한 글입니다. 민요의 가창 방식부터 후렴구, 그리고 통속 민요와 향토 민요의 특징을 비교하여 설명하고 있습니다.

● **글의 특징**

– 민요의 개념과 형식을 구체적으로 설명하고 있습니다.

– 민요를 통속 민요와 향토 민요로 나누어 차이점을 중심으로 설명하고 있습니다.

● **글의 구조**

민요의 가창 방식	민요는 민중 사이에 불려 오던 노래이며, 앞소리와 후렴으로 구성됨.

↓

통속 민요의 특징	향토 민요의 특징
통속 민요는 전문 소리꾼들이 부르며, 전국적으로 전파됨.	향토 민요는 일반 민중들이 즐겼으며, 일정한 지역 안에서 불림.

	향토 민요는 주로 노동요가 많으며, 메기고 받는 방식으로 가창됨.

⬇

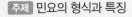

주제 민요의 형식과 특징

1 1문단에서 "이미 알고 있는 노랫말을 이용하여 부분적으로 재구성하는 경우가 많다."라고 하였으므로, 기존에 없는 새로운 노랫말을 창작했다는 설명은 알맞지 않습니다.

2 1, 2문단에서는 민요의 공통된 특징을 설명하고 있으며, 3~5문단에서는 통속 민요와 향토 민요의 차이점을 밝히며 그 특징을 설명하고 있습니다. 따라서 공통점을 살피는 비교와 차이점을 살피는 대조의 방법이 사용되었다고 볼 수 있습니다.

오답 피하기 ⑤ 3문단에서 민요를 통속 민요와 향토 민요로 구분하고 있기는 하지만, 이 둘을 구분하는 기준에 대한 새로운 관점을 소개하고 있지는 않습니다.

3 4문단에서 향토 민요는 음악을 직업으로 하지 않는 민중들이 즐기던 노래로, 구비 전승되었기 때문에 부르는 집단에 따라 변화되는 경우가 많았다고 하였습니다. 따라서 ㉠의 이유로는 전문적인 집단의 노래가 아니라 입에서 입으로 전해져야 했으므로 음악적인 형태가 단순했을 것으로 추측할 수 있습니다.

4 5문단에서 "노동요는 여럿이 규칙적인 동작을 반복하는 작업 과정에서 부르기 때문에"라고 하였으므로, 노동요에 속하는 (나)는 감상보다는 작업과 관련된 일정한 기능을 가진 노래로 볼 수 있습니다.

5 ⓐ는 '일정한 의미나 뜻을 나타내 보이다.'라는 의미로 쓰였는데, 이와 문맥적 의미가 같은 것은 ⑤입니다.

오답 피하기 ① '평하거나 논하다.'라는 의미입니다.

② '확인·강조의 뜻'을 나타냅니다.

③ '어떠한 사실을 알려 주다.'라는 의미입니다.

④ '말리는 뜻으로 타이르거나 꾸짖다.'라는 의미입니다.

어휘 수준 ★★★★★   글감 수준 ★★★★★   글의 길이 1,214자

1 ④	2 ②	3 ④
4 ③	5 춤을 추다, 종합 예술	

● 독해력을 기르는 어휘

❶ 선정   ❷ 지불   ❸ 조성

❹ 명료하게   ❺ ㉣   ❻ ㉤

❼ ㉮   ❽ ㉰   ❾ ㉯

종합 예술인 발레의 개념과 구성 요소를 소개한 글입니다. 대본, 안무, 마임, 음악, 의상, 무대 미술로 발레의 구성 요소를 나누어 설명하고 있습니다.

● **글의 특징**

– 발레의 어원을 소개하며, 화제를 제시하고 있습니다.

– 전문가의 말을 인용하여 발레의 구성 요소 중 줄거리의 중요성을 강조하고 있습니다.

– 발레의 구성 요소를 차례대로 설명하며 발레가 종합 예술임을 드러내고 있습니다.

● **글의 구조**

발레의 구성 요소	발레는 줄거리와 음악, 미술, 연기 등 여러 요소가 혼합된 종합 예술임.

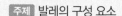

대본	안무	마임	음악	의상	무대
발레에서는 줄거리가 있는 대본이 필요함.	대본에 따라 안무를 만듦.	마임을 통해 감정을 표현함.	발레만을 위한 음악을 작곡하기도 함.	의상도 매우 중요함.	무대 장치를 최소화하여 무대 분위기를 조성함.

주제 발레의 구성 요소

1 5문단에서 "발레 음악은 발레만을 위한 음악으로 창작되기도 하지만, 교향곡이나 협주곡 등 이미 있는 음악 중에서 저작권료를 지불하고 사용하는 경우도 있다."라고 설명하고는 있지만, 음악가들이 발레 음악 작곡에 어려움을 느꼈는지는 확인할 수 없습니다.

오답 피하기 ① 3문단에서 시대에 따라 변화한 안무의 의미를 확인할 수 있습니다.

② 2문단의 "줄거리를 바탕으로 대본을 만들고, 대본의 각 장면에 맞게 음악을 선정하며, 무용수의 동작을 짠다."에서 알 수 있듯이, 대본은 발레를 창작하기 위한 시작이라고 볼 수 있습니다.

2 이 글은 대상인 발레의 장단점을 비교하여 설명하고 있지는 않습니다.

오답 피하기 ① 1문단에서 '발레'의 어원, 3문단에서는 '안무'의 어원, 4문단에서는 '마임'의 어원을 설명하고 있습니다.

③ 4문단에서 마임의 구체적인 예를 보여 주고 있습니다.

④ 2문단에서 프랑스 무용 이론가인 노베르의 말을 인용하고 있습니다.

⑤ 7문단에서 연극이나 오페라 등의 무대와 발레 무대의 차이점을 설명하고 있습니다.

3 7문단에서 무대 미술로 그림이 그려진 커튼을 배경막으로 이용하거나 주름 잡은 천, 조명을 이용한다고 이미 언급하고 있으므로 심화 학습의 주제로는 알맞지 않습니다.

4 7문단에서 "장면의 이미지를 강렬하게 드러내기 위해서는 무대 미술이 가장 효과적이기 때문이다."라고 하였습니다. 이는 무대 미술이 무용수들의 역할만큼 중요하다는 것을 의미하는 것입니다. 무대 위의 장치가 아닌 조명도 이러한 무대 미술의 한 요소라고 할 수 있습니다.

1 ①	2 ④	3 ⑤
4 ⑤	5 ①	6 관객, 현재, 허구

● 독해력을 기르는 어휘

❶ 절정 ❷ 반론 ❸ 허구
❹ 구별 ❺ 뚜렷이 ❻ 설정
❼ 진전 ❽ 구실

연극의 특징에 대해 설명하는 글입니다. 연극에 대한 여러 관점을 제시하고, 이를 종합하여 연극의 특징을 나열하고 있습니다.

● **글의 특징**

– 연극에 대한 여러 관점과 이에 대한 반론을 제시하고 있습니다.
– 다른 예술 분야와의 차이를 언급하며 연극의 특징을 강조하고 있습니다.

● **글의 구조**

연극에 대한 여러 관점

브룬티에르	아처	와일더
브룬티에르가 주장하는 '갈등'은 연극만의 특징으로 보기 어려움.	아처가 주장한 '위기'는 연극만의 특징으로 보기 어려움.	와일더는 연극의 사건이 현재 속에서 일어난다고 주장함.

↓

연극의 특징	
생동성	연극은 관객들과 함께 호흡하는, 살아 있는 인간을 통한 예술임.
직접 전달	연극은 직접 전달의 성격을 지님.
상호 전달	연극은 상호 전달의 기능을 지님.
현재성	연극은 현재의 사건으로 받아들여지는 예술임.
허구성	연극은 허구에 바탕을 둠.

주제 연극의 특징

어휘 수준 ★★★★☆   글감 수준 ★★★★☆   글의 길이 1,568자

1 연극의 본질적 특징에 대해 1문단에서는 브룬티에르의 관점을, 2문단에서는 아처의 관점을, 3문단에서는 손튼 와일더의 관점을 제시하고 그것들을 검토하고 있습니다.

2 5문단의 "연극은 상호 전달의 기능을 가지고 있다. 관객들의 반응이 다시 무대에 반영되어 배우들은 그들이 재연하는 인물이나 사건을 더욱 살찌게 한다."를 통해 연극에서 관객들은 단순히 구경꾼이 아니라 연극에 영향을 주는 하나의 요소가 됨을 알 수 있습니다.

오답 피하기 ① 2문단에서 "대부분의 연극은 무대에서 사건이 진행되다가 어떤 돌발적 사건이 일어나거나 사건 자체가 폭발하지 않으면 더 이상 진전될 수 없는 위기를 맞게 된다."라고 하였습니다. 그만큼 연극에서 위기가 중요한 역할을 하는 것으로 볼 수 있습니다.

3 ㉮의 앞부분은 연극이 직접 전달의 성격을 갖는다는 내용입니다. 반면 ㉮는 시인이나 소설가들은 직접 전달을 할 수 없다는 의미이므로, 문맥상 시나 소설은 간접적으로 전달된다는 것을 알 수 있습니다.

4 〈보기〉는 연극이 삶을 반영하지만 그대로 반영하는 것이 아니라 "예술의 형태로 선택된 반영"이라고 설명하고 있습니다. 7문단에서도 "주위의 인물이나 사건을 있는 그대로 무대에서 보여 주는 것이 아니라, 극작가를 통해 허구화되어 표현된다."라고 설명하고 있습니다.

5 ⓐ는 '사물을 분별하고 판단하여 알다.', ⓑ는 '어떤 태도로 상대하다.'라는 의미로, 이 둘을 공통으로 대체할 수 있는 단어로는 '생각하다'가 가장 알맞습니다.

오답 피하기 ② '사물의 본질이나 이치 따위를 생각하거나 궁리하여 알게 되다.'라는 의미입니다.
③ '미루어 생각하여 헤아리다.'라는 의미입니다.
④ '사정이나 형편 따위를 어림잡아 헤아리다.'라는 의미입니다.
⑤ '어떤 일이 원하는 대로 이루어지기를 바라면서 기다리다.'라는 의미입니다.

| 1 ④ | 2 ④ | 3 ② |
| 4 ① | 5 ① | 6 사실적, 유화 |

● 독해력을 기르는 어휘

❶ 지평   ❷ 단면   ❸ 세부

❹ 껍질째   ❺ 캔버스

르네상스 회화의 특징에 대해 설명하는 글입니다. 르네상스가 시작된 원인과 그 시대적 배경을 설명하고, 르네상스 회화의 특징을 세 가지의 그림 양식을 통해 설명하고 있습니다.

● 글의 특징

- 르네상스 시대가 시작된 원인, 인체와 자연의 사실적 묘사가 가능했던 시대적 배경을 설명하고 있습니다.

- 르네상스 시대에 새롭게 등장한 회화 기법 세 가지를 나열하고 있습니다.

● 글의 구조

1문단	르네상스는 과거의 미술 개념에서 탈피하려는 노력에서 시작되어 유럽 각지로 퍼져 나감.	→	르네상스의 시작과 전파
2문단	과학적 탐구와 기술의 발달, 종교 개혁으로 인간과 자연을 사실적으로 묘사하려는 경향이 강해짐.	→	르네상스의 등장 배경
3문단	유화가 발명되면서 새로운 그림 양식이 등장함.	→	유화의 발명이 끼친 영향
4문단	유화에서 화가들은 색조의 단계적 변화를 표현하게 됨.	→	유화의 의의
5문단	원근법을 적용하여 3차원적 공간감과 거리감을 나타냄.	→	원근법의 등장
6문단	명암 대조법으로 입체감을 나타냄.	→	명암 대조법의 등장
7문단	피라미드 구도로 안정된 그림을 그림.	→	피라미드 구도법의 등장

⬇

주제 르네상스 회화의 특징

어휘 수준 ★★★★☆   글감 수준 ★★★★★   글의 길이 1,501자

1 2문단에서 레오나르도 다빈치와 미켈란젤로, 라파엘로 같은 예술가들을 언급하고 있지만, 이들의 작품에 대한 당시의 비평은 나와 있지 않습니다.

2 1문단에서 르네상스가 등장하게 된 배경을 "과거의 미술 개념에서 탈피하고 새로운 미술을 창조하려는 노력에서 시작되었다."라고 하였습니다. 또한 3문단에서도 원근법, 명암 대조법, 피라미드 구도법이 등장하게 된 배경을 유화의 발명에서 찾고 있습니다. 이를 통해 이 글은 대상이 등장하게 된 배경을 밝히며 설명하고 있음을 알 수 있습니다.

오답 피하기 ⑤ 이 글은 르네상스 회화의 특징에 대해서만 다루고 있으므로 대상의 특징이 다른 예술 분야에 적용된 결과를 보여 주고 있는 것은 아닙니다.

3 2문단의 "종교 개혁으로 인해 교회가 뿌리째 흔들리게 되었다. 결과적으로 신이나 절대자에 대한 관심이 점차 식게 되었고"에서 당시 사람들은 이전보다 종교에서 벗어난 삶을 살고 있었음을 알 수 있습니다.

4 〈보기〉 ㉮의 그림은 르네상스 이전의 작품입니다. 3문단에서 르네상스 시기에 현실을 표현하는 새로운 양식이 등장하게 되었다고 하면서 명암 대조법을 제시하고 있습니다. 따라서 명암 대조법은 르네상스 시대 이전에는 없었던 그림 기법임을 알 수 있습니다.

5 지위가 높아졌다는 것은 지위가 변화한 것으로도 볼 수 있습니다. '상승하다'는 '낮은 데서 위로 올라가다.'라는 의미로, 문맥상 ㉠과 바꾸어 쓸 수 있습니다.

오답 피하기 ② 단어를 바꾸어 쓸 수 있으려면 의미가 동일해야 하는데, '변화하다'에는 '높게 되다.'라는 의미가 포함되어 있지 않으므로 ㉠과 바꾸어 쓸 수 없습니다.

1 ①   **2** 중국, 인도   **3** ④

4 (2) ○   **5** ㄱ, ㄹ   **6** 무작위, 보, 승유

패변

● 독해력을 기르는 어휘

❶ 주관   ❷ 경향   ❸ 선정

❹ 임의

우리가 일상생활에서 흔히 하는 가위바위보에 대해 설명하는 글입니다. 가위바위보의 규칙과 유래를 살펴보고, 가위바위보를 이기는 확률을 높이는 방법을 실험을 통해 소개하고 있습니다.

● **글의 특징**

– 가위바위보와 관련된 여러 가지 정보를 문단별로 나열하여 자세히 설명하고 있습니다.

– 가위바위보를 이기는 확률을 높이는 방법을 실험을 통해 소개하고 있습니다.

● **글의 구조**

1문단	가위는 보를, 보는 바위를, 바위는 가위를 이김.	→	가위바위보의 규칙
2문단	가위바위보는 중국과 인도에서 유래되어 유럽에는 17세기, 미국에는 18세기, 우리나라에는 일제강점기에 전해짐.	→	가위바위보의 유래와 전파
3문단	상대방이 무엇을 낼지 모를 때, 최선의 접근법은 무작위로 내는 것임.	→	가위바위보를 이기는 확률을 높이는 방법
4문단	실험 결과 대부분의 사람은 처음에 바위를 내고, 자신이 질 때까지 자신의 선택을 바꾸지 않음.	→	가위바위보를 할 때 보이는 사람들의 경향
5문단	역사적인 걸작의 운명이 가위바위보로 결정됨.	→	중요한 일을 가위바위보로 결정한 예

↓

주제 가위바위보의 규칙과 유래, 이기는 확률을 높이는 방법

어휘 수준 ★★★☆☆   글감 수준 ★★★★☆   글의 길이 1,514자

1 2문단에서 가위바위보는 중국과 인도에서 유래되어 유럽에는 17세기, 미국에는 18세기에 전파되었다고 하였습니다.

오답 피하기 ③ 1문단에서 가위바위보의 세계 대회와 협회에 대해 설명하고 있습니다.

④ 3문단에서 가위바위보의 제로섬 게임으로서의 특징에 대해 설명하고 있습니다.

2 2문단에서 가위바위보는 중국과 인도에서 유래되었다는 내용을 찾을 수 있습니다.

3 2문단에서는 "전 세계인이 알고 있는 가위바위보는 언제 시작되고 전파되었을까?", 3문단에서는 "그렇다면 가위바위보를 이기는 방법이 있을까?"라는 질문을 통해 가위바위보에 대한 독자의 호기심을 유발하고 있습니다.

4 이 글에서는 가위바위보를 이기는 확률을 높이는 방법으로 자신이 이긴 수를 계속 선택한다는 '승유패변의 법칙'에 대해 설명하고 있습니다. 이에 따르면 도윤이는 처음에 바위를 내서 이겼기 때문에, 다음 판에서도 바위를 낼 확률이 높을 것입니다. 그리고 예준이는 처음에 가위를 내서 졌기 때문에, 다음 판에서는 가위가 아닌 다른 것을 낼 확률이 높을 것입니다.

5 3문단에서 제시한 가위바위보를 이기는 확률을 높이는 방법은 동일한 확률로 무작위로 내는 것입니다. 또한 4문단에서 대부분의 사람이 처음에 바위를 내는 경향이 있다고 했으므로, 보를 내면 이길 확률이 높아질 것입니다.

오답 피하기 ㄷ. 자신이 질 때까지 자신의 선택을 바꾸지 않는 것이 승유패변의 법칙입니다. 이를 고려하여 반대의 것을 내야 이길 확률이 높아집니다.

1 ④	2 ⑤	3 ④
4 ③	5 (가)	6 완화, 언어

● 독해력을 기르는 어휘

❶ 부정적	❷ 가정	❸ 관장
❹ 무심코	❺ 겪은	❻ 현상
❼ 상황	❽ 대화, 완화	

일상생활에서 많이 겪는 귀벌레 현상에 대해 설명한 글입니다. 귀벌레 현상이 생기는 이유와 이를 사라지게 하는 방법을 중심으로 설명하고 있습니다.

● **글의 특징**

– 귀벌레의 개념과 귀벌레 현상이 생기는 이유를 살펴보고 있습니다.

– 귀벌레 현상을 사라지게 할 수 있는 방법을 소개하고 있습니다.

● **글의 구조**

1문단	귀에 벌레가 있는 것처럼 본인의 의지로 멈출 수 없는 현상을 말함.	→	귀벌레 현상의 개념
2문단	귀벌레 현상은 뇌의 피로와 스트레스를 완화하기 위한 작용임.	→	귀벌레 현상의 원인
3문단	귀벌레 현상을 경험한 사람들과 잘 겪는 사람들의 특징	→	신시내티 대학교 연구 결과
4문단	귀벌레 현상이 잘 일어나는 노래들의 공통점을 연구함.	→	영국과 독일 연구진 연구 결과
5문단	전곡 다 듣기, 대화 나누기, 낱말 맞추기 퍼즐이 도움이 됨.	→	귀벌레 현상의 극복 방법 ①
6문단	껌을 씹는 것도 도움이 됨.	→	귀벌레 현상의 극복 방법 ②
7문단	자연스러운 신체 활동으로 여기는 여유로운 마음가짐이 필요함.	→	귀벌레 현상을 대하는 마음가짐

↓

주제 귀벌레 현상의 개념, 원인, 극복 방법

어휘 수준 ★★★☆☆ 글감 수준 ★★★☆☆ 글의 길이 1,665자

1 이 글에서 귀벌레 현상이 자주 일어나는 공간에 대한 설명은 나와 있지 않습니다.

오답 피하기 ①은 1문단에서, ②와 ⑤는 3문단에서, ③은 2문단에서 확인할 수 있습니다.

2 2문단의 "귀벌레 현상은 뇌의 피로와 스트레스를 완화하기 위한 작용이다."에서 확인할 수 있습니다. 스트레스를 완화하기 위해 한곳에 쏠린 관심을 다른 방향으로 분산시키려고 하며, 과거에 들었던 노래를 떠올려 긴장을 완화하려고 하는 것입니다.

오답 피하기 ② 귀벌레 현상은 강한 집중력이 필요한 순간에 나타나기 때문에 부정적으로 인식되는 것입니다. 강한 집중력을 발휘하기 위해서 귀벌레 현상이 일어나는 것은 아닙니다.

3 4문단에서 중독성이 강한 노래는 "악기 연주보다 가사가 있는 노래, 빠른 박자, 다소 흔한 멜로디 형식, 불규칙적이고 특이한 음정 간격이라는 공통점이 있다."라고 하였습니다. 따라서 규칙적인 음정의 노래는 귀벌레 현상이 일어나는 노래의 공통점이 아닙니다.

4 귀벌레 현상을 사라지게 할 수 있는 방법은 5, 6문단에 나와 있습니다. 귀벌레 현상을 막기 위해서는 노래의 전곡을 듣는 것, 대화를 나누거나 낱말 맞추기 퍼즐을 하는 것, 껌을 씹는 것이 도움이 된다고 하였습니다.

5 2문단에서 "우리의 뇌는 스트레스를 완화하기 위해 한곳에 쏠린 관심을 다른 방향으로 분산시키려고 한다. 귀벌레 현상은 과거에 들었던 노래를 떠올려 긴장을 완화하려는 뇌의 자연스러운 활동"이라고 하였습니다. 〈보기〉에서 스트레스 상황에 있는 사람은 내일 시험을 앞두고 있는 영희입니다.

1 ①	2 ②	3 ②
4 ④	5 ①	6 색온도, 공간

● 독해력을 기르는 어휘

❶ 시시각각 ❷ 설정 ❸ 토로
❹ 다르다 ❺ 틀리다 ❻ 다르다
❼ 틀리다

색온도의 개념과 특징을 설명하는 글입니다. 색온도는 시간과 날씨에 따라 달라지며, 인간의 감정과 생체 리듬에 큰 영향을 미치기 때문에 공간마다 다른 색온도를 설정하는 것이 필요함을 설명하고 있습니다.

● **글의 특징**

– 시간과 날씨에 따라 달라지는 색온도의 개념을 설명하고 있습니다.
– 인간의 감정과 생체 리듬에 영향을 미치는 색온도에 대해 구체적인 예를 들어 설명하고 있습니다.

● **글의 구조**

1문단	빛의 온도에 따라 조명의 색이 다르게 보임.	→	색온도의 개념
2문단	해가 떠 있는 위치에 따라, 날씨에 따라 색온도가 달라짐.	→	시간과 날씨에 따라 달라지는 색온도
3문단	빛의 색온도는 인간의 감정과 생체 리듬에 큰 영향을 미치기 때문에 공간마다 다른 색온도의 설정이 필요함.	→	인간의 감정과 생체 리듬에 영향을 미치는 색온도
4문단	우리 눈에 가장 아름다운 색온도는 자연광과 가장 비슷한 파장을 가진 노란빛인 3,500K임.	→	우리 눈에 가장 아름답게 보이는 색온도

⬇

주제 색온도의 개념과 특징

어휘 수준 ★★★☆☆ 글감 수준 ★★★★☆ 글의 길이 1,561자

1 1문단에서 "색온도가 낮으면 노랗거나 붉은 색을 띠고, 색온도가 높으면 희고 푸른색을 띤다."라고 하였으므로 알맞지 않습니다.

2 2문단의 "물론 날씨에 따라서도 색온도는 달라진다. 오후의 하늘에 구름이 끼었다면 7,000K, 맑다면 8,000K 정도가 된다. 유난히 맑은 날에는 10,000K 이상으로 오른다."에서 확인할 수 있습니다.

3 3문단에서 "많은 사람이 모여 강사의 말에 집중해야 하는 강의실은 색온도를 보통 5,000~6,000K 정도로 설정한다."라고 하였습니다.

오답 피하기 ① 마음을 안정시키도록 해 주는 색온도는 3,000~3,500K입니다.
③ 긴장을 하면 배변 활동을 빨리 할 수 없으므로, 화장실에서는 긴장을 풀어 주는 3,500K의 색온도가 알맞습니다.
④ 고객 데스크에서 높은 색온도를 사용하면 고객의 신경을 더 날카롭게 할 수 있으므로, 6,000K의 색온도는 알맞지 않습니다.
⑤ 마트는 사람들이 빨리 움직이고 활기차게 쇼핑할 수 있도록 6,000K 정도 되는 밝고 환한 빛을 사용하는 것이 알맞습니다.

4 〈보기〉는 색온도에 따라 심리적, 생리적으로 영향을 받는다는 내용으로 이와 관련 있는 것은 ⓔ입니다.

5 '사용하다'는 '일정한 목적이나 기능에 맞게 쓰다.'라는 의미로, 문맥상 ⓐ와 바꾸어 쓸 수 있습니다.

오답 피하기 ② '삯을 주고 사람을 부리다.'라는 의미입니다.
③ '사실이나 일의 상태 또는 물질의 구성 성분 따위를 조사하여 옳고 그름과 낫고 못함을 판단하다.'라는 의미입니다.
④ '말이나 수사법, 기교, 수단 따위를 능숙하게 마음대로 부려 쓰다.'라는 의미입니다.
⑤ '어떤 일이나 사물에 대하여서 깊이 있게 조사하고 생각하여 진리를 따져 보다.'라는 의미입니다.

1 ②	2 ①	3 ①
4 ②	5 ①	6 스몸비, 인지, 사고

● 독해력을 기르는 어휘

❶ 마련 ❷ 방안 ❸ 적발

❹ 합성어 ❺ 파생어 ❻ 단일어

스마트폰에 정신이 팔려 주변을 인지하지 못하는 사람을 빗댄 '스몸비'의 위험성에 대해 설명하는 글입니다. 스몸비의 개념을 설명하고, 스몸비로 인한 사고를 방지하기 위한 전 세계 각국의 노력을 제시하고 있습니다.

● **글의 특징**

– 스몸비의 개념과 위험성을 구체적인 예를 들어 설명하고 있습니다.

– 스몸비로 인한 사고를 줄이기 위한 세계 각국의 노력을 소개하고 있습니다.

● **글의 구조**

가	스몸비는 '스마트폰'과 '좀비'의 합성어임.	→	스몸비의 개념
나	보행 중 스마트폰 사용으로 일어난 사고가 늘어남.	→	스몸비의 위험성
다	스웨덴의 새로운 표지판, 보행 중 스마트폰을 사용하면 벌금을 부과하는 호놀룰루의 사례를 소개함.	→	스몸비 사고 방지를 위한 스웨덴과 호놀룰루의 방안
라	우리나라에서는 바닥 신호등을 설치하고, 보행 중 스마트폰 사용에 대한 예절 교육을 강화함.	→	스몸비 사고 방지를 위한 우리나라의 방안
마	스마트폰 사용자의 인식 변화가 필요함.	→	인식 변화와 경각심의 필요

↓

주제 스몸비 관련 사고를 줄이기 위한 다양한 방안

어휘 수준 ★★★☆☆   글감 수준 ★★★★☆   글의 길이 1,336자

1 이 글에서 스마트폰에 중독되면 뇌 조절 기능이 떨어진다는 내용은 확인할 수 없습니다.

오답 피하기 ①은 가 에서, ③, ④는 나 에서, ⑤는 다, 라, 마 에서 확인할 수 있습니다.

2 가 에서 '스몸비'는 '스마트폰'과 '좀비'의 합성어라고 밝히며 용어의 개념을 제시하고 있습니다.

3 〈Look up, people〉이라는 표지판에는 두 사람이 스마트폰 화면만 보고 고개를 숙인 채 걷는 모습을 담았다고 하였으므로 ①이 알맞습니다.

4 나 에는 보행 중에 스마트폰을 사용하면 시야가 좁아져 각종 사고에 노출된다는 내용이 나와 있고, 자료 (B)는 스마트폰을 사용하면 보행자가 차량 소리를 인지할 수 있는 거리가 짧아진다는 것을 알 수 있습니다. 따라서 이 둘을 연관시켜 보행 중 스마트폰 사용이 사고의 위험성을 높인다는 내용을 서술한다는 계획은 적절합니다.

오답 피하기 ① '청소년 스마트폰 중독'에 관한 내용을 가 와 자료 (A) 모두에서 찾을 수 없습니다.

③ 다 는 다른 나라의 스몸비 사고 예방 방안이지만, 자료 (A)는 관련 내용이 아닙니다.

④ 라 와 자료 (B) 모두에서 스마트폰 사용 예절 교육 실태와 관련된 내용을 찾을 수 없습니다.

⑤ 마 에서는 스몸비 사고 방지 대책이 아니라 사용자의 인식 변화를 촉구하고 있고, 자료 (A)는 다양한 방안에 관한 내용이 아닙니다.

5 ⓐ는 '무엇에 정신이 아주 쏠리어 헤어나지 못하다.'라는 의미로 쓰였는데, 이와 문맥적 의미가 같은 것은 ①입니다.

오답 피하기 ② '속에 있는 액체나 기체 또는 냄새 따위가 밖으로 새어 나가거나 흘러 나가다.'라는 의미입니다.

③ '차례를 거르거나 일정하게 들어 있어야 할 곳에 들어 있지 아니하다.'라는 의미입니다.

④ '물이나 구덩이 따위 속으로 떨어져 잠기거나 잠겨 들어가다.'라는 의미입니다.

⑤ '남이나 다른 것에 비해 뒤떨어지거나 모자라다.'라는 의미입니다.